gebrauchsanleitung
mitarbeiter

FRANK SIMMETH

Für Natalie,
die schon viele Jahre am schönsten
Kapitel meines Lebens schreibt.
Mit ihr gemeinsam ist jede neue Seite
spannend und aufregend ...

gebrauchsanleitung
mitarbeiter

mitarbeiter gastorientiert führen

FRANK SIMMETH

Illustrationen und Piktogramme: Daniel Fuhr

MATTHAES VERLAG GMBH

ISBN 978-3-87515-079-7

Lektorat: Dr. Ulrike Strerath-Bolz, usb Bücherbüro, Friedberg / Bayern
Satz und Gestaltung: fidus Publikations-Service GmbH, Nördlingen
Illustrationen und Piktogramme: Daniel Fuhr, Karlsruhe
Umschlagbild: Roland Schmid, München
Umschlaggestaltung: Büroecco Kommunikationsdesign GmbH, Augsburg

© 2013 Matthaes Verlag GmbH, Stuttgart
Printed in Germany

Inhalt

Gebrauchsanleitung Mitarbeiter

Über dieses Buch

„In meinem ersten Job als Chef bin ich gescheitert." Ehrlich gesagt, hatte ich kurz überlegt, ob es tatsächlich sinnvoll ist, ein Buch über Führungskompetenz mit einer doch eher entmutigenden Geschichte zu starten. Und das auch noch mit meiner eigenen ... Ich kann mir aber gut vorstellen, dass sich der eine oder andere Leser sofort wiedererkennt.

Also: In meinem ersten Job als Chef bin ich gescheitert. Was war passiert? Noch ziemlich jung, aber fachlich gut ausgebildet, hatte ich gewagt, in einem Münchner Systembetrieb die Betriebsleitung zu übernehmen. Mein erstes Team war eine kleine Gruppe österreichischer Kellner, denen ich nun sagen sollte, wie sie ihre Arbeit zu tun hatten. Diesen ersten „Führungs-Selbstversuch" habe ich nach acht Wochen ziemlich ernüchtert wieder abgebrochen. Es war mir nicht gelungen, Respekt zu gewinnen, und dann hat mich noch mein Mut verlassen. Zumindest habe ich mit dieser Erfahrung sehr früh gelernt, dass man nicht automatisch Chef ist, nur weil das so im Arbeitsvertrag oder im Dienstplan steht. Darüber hinaus konnte ich aber am eigenen Leib erfahren, wie der Aufstieg in unserer Branche – Hotellerie und Gastronomie – oftmals funktioniert: Wer eine anständige Ausbildung hat und seine Arbeit gut macht, kann doch eigentlich den nächsten Schritt gehen und Führungskraft werden ...

So läuft das nur allzu oft. Bei dieser Herangehensweise wird aber völlig vernachlässigt, dass „Führen" eine sehr spezielle Tätigkeit ist. Es würde auch niemand auf die Idee kommen, einen Restaurantausstatter zum Restaurantleiter zu machen mit der Begründung, dass sich beide Tätigkeiten doch irgendwie um dieselbe Sache drehen. Wenn man aber, wie ich in der beschriebenen Situation, eine Aufgabe übernimmt, von der man eigentlich wenig Ahnung hat, beginnt man mit der teuersten und ineffektivsten Art des Lernens: Trial and Error – Versuch und Irrtum. Und glauben Sie mir, es ist teuer. Inkompetente Führung ist ein Verlustgeschäft: Die Mitarbeiter verlieren ihre Motivation, Führungskräfte verlieren jede Menge Nerven und das Unternehmen verliert Unmengen Geld. Es ist höchste Zeit, die Führungskompetenz in der Branche zu stärken, weil wir sonst langfristig nicht mehr ausreichend Mitarbeiter für die zwar schöne, aber auch sehr fordernde Tätigkeit am Gast motivieren können.

Wie auch schon in meinem ersten Buch Gebrauchsanleitung Gast will ich mit diesem Buch dazu beitragen, (angehende) Führungskräfte zu stärken und möglichst konkrete „Rezepte" vorzuschlagen, mit welchen „Zutaten" man im Führungsalltag zum gewünschten Ergebnis kommt. Die Analogie zu Rezepten liegt schon durch meine Kochausbildung nahe, hat aber zugegebenermaßen zwei „Schwächen", auf die ich gleich hier am Start hinweisen möchte:

Zum einen: Jeder, der bereits Menschen geführt hat, wird wahrscheinlich schon die Erfahrung gemacht haben, dass gleiche „Zutaten" im Führungsalltag nicht zwangsweise zum gleichen Ergebnis führen müssen. In der Führungspraxis ist es manchmal, als würde ein Koch mit bestimmten Zutaten einen Kuchen backen und beim nächsten Versuch käme zufällig ein Schnitzel heraus. Ein Ziel dieses Buches ist es deshalb, für mehr Klarheit im Umgang mit Mitarbeitern zu sorgen und aufzuzeigen, warum das so ist. Die Schlussfolgerung vieler Führungskräfte ist nämlich folgende: „Gleiche Zutaten und falsches Ergebnis? Also ist der Ofen kaputt ..." Mit fatalen Folgen – denn Menschen sind nun einmal verschieden und reagieren verschieden.

Die zweite Schwäche des Vergleichs mit Kochrezepten ergibt sich auch ein wenig aufgrund des Titels: „Gebrauchsanleitung Mitarbeiter". Man könnte daraus nämlich schließen, dass sich die enthaltenen „Zutaten" auf die Mitarbeiter beziehen. Mit anderen Worten: Hier erfahren Führungskräfte, was sie tun müssen, damit sich Mitarbeiter (endlich!) ändern und sich in dieser oder jener Form verhalten. Aber so funktioniert Führung nicht. Es wird in diesem Buch nicht um das Verhalten Ihrer Mitarbeiter gehen, sondern um Sie: Es geht um die Einstellung und das Verhalten von Führungskräften. Sollten Sie dieses Buch also mit dem Ziel in der Hand halten, (endlich) Ihre Mitarbeiter zu verändern, muss ich Sie gleich zu Anfang enttäuschen. Sie werden Mitarbeiter nur verändern können, wenn Sie Ihr eigenes Verhalten ändern.

Wenn Sie dieses Buch aber mit einer gehörigen Portion Veränderungsbereitschaft in der Hand halten, neugierig sind und Ihr eigenes Verhalten kritisch auf den Prüfstand stellen möchten, verspreche ich Ihnen, dass sich Ihre Führungskompetenz im Laufe dieses Buchs dramatisch steigern wird und dass Sie in Ihrem Führungsalltag unerwartet positive Ergebnisse erzielen werden.

Verständnis kommt von verstehen! Wie schon in meinem letzten Buch habe ich auch diesmal aus den verschiedensten Wissensgebieten Erklärungen zusammengestellt, um möglichst genau die Dynamiken im Umgang mit Mitarbeitern zu erklären. Insbesondere beziehe ich mich auf Erkenntnisse aus den Bereichen Neurolinguistisches Programmieren (NLP), Neuropsychologie, Systemtheorie, Philosophie sowie auf soziokulturelle und systemische Wirkungsweisen. Als Leser sollten Sie aber wissen, dass alle diese Theorien nur Modelle sind, die versuchen, die Wirklichkeit abzubilden. Diese wie auch die von mir entwickelten Modelle haben nur so viel Wahrheit, wie sie in der Praxis dann auch tatsächlich Wirkung haben. Ich habe mir deshalb angewöhnt, alle neuen Modelle zunächst einmal in der Praxis auf ihre Wirkung zu überprüfen. Genau das empfehle ich Ihnen auch mit den Inhalten aus diesem Buch.

Bevor Sie nun mit Ihrer „Gebrauchsanleitung" beginnen, möchte ich Ihnen abschließend noch eine Gebrauchsanleitung für dieses Buch geben. Um Sie beim Ausprobieren in der Praxis zu unterstützen und zur besseren Übersichtlichkeit, habe ich auch die Inhalte dieses Buches wieder mit vier Signalen versehen:

1 Wissen und Verhalten

Immer wenn Sie dieses Zeichen neben dem Text entdecken, geht es um Inhalte und um Wissen. Sie werden dann etwas über Theorien, Erkenntnisse oder Thesen lesen. Ich werde anhand anschaulicher Beispiele aus der Praxis diese Inhalte näher erläutern. Ich bin der Überzeugung, dass es in den meisten Fällen sinnvoll ist, Wirkungsweisen zunächst zu verstehen, um darauf aufbauend Verhalten zu entwickeln.

2 Überprüfen

So ein Buch enthält sehr viel Text, und ich halte es nicht für sinnvoll, sich große, zusammenhängende Textmengen zu merken. Sehr geschickt ist es aber, sich wie an einem Büffet die „Sahnestückchen" herauszupicken. Immer wenn Sie dieses Zeichen entdecken, finden Sie einige Fragen, mit denen Sie überprüfen können, ob Sie sich Ihre „Sahnestücke" auch tatsächlich herausgepickt haben.

3 Tipps, Erkenntnisse & Übungen

Ich persönlich finde es schwer, einmal Gelesenes oder Erfahrenes sofort in Verhalten umzusetzen, sich womöglich sogar gleich zu verändern. Hinter unserem Verhalten steckt ja oftmals jahrelange Routine. Außerdem sind einige in diesem Buch enthaltene Modelle sehr komplex und erfordern ein gewisses Maß an Aufmerksamkeit. Immer wenn Sie dieses Zeichen sehen, wird die Essenz eines Modells noch einmal auf den Punkt gebracht. Sie erhalten entweder Vorschläge, wie Sie die Inhalte in der Praxis trainieren können, oder es gibt Tipps, die Sie einfach und schnell im Alltag umsetzen können.

4 Hintergründe

An dieser Stelle unterscheidet sich dieses Buch von meinem letzten Titel: Gebrauchsanleitung Gast. Dieses Kennzeichen wird dort als „Nur für Profis" bezeichnet. Aufzeigen sollte es, dass ab hier Hintergrundwissen wartet, dass man als Gastgeber wissen **kann**. Führungskräfte haben aber meiner Meinung nach erheblichen Einfluss darauf, ob sich Mitarbeiter im Beruf wohlfühlen oder nicht, und tragen damit große soziale Verantwortung. Somit ist ein angemessenes psychologisches Hintergrundwissen hier ein absolutes **Muss**! Lesen Sie also auch dann einfach weiter, wenn die Inhalte nicht so einfach zu schlucken sind wie ein fluffig-leichtes Dessert, sondern sich eher anfühlen wie ein tanninreicher französischer Rotwein, der erst auf den zweiten Schluck so richtig schmeckt. Menschenführung ist nicht nur „fluffig", und so möchte ich auch mit diesem Buch nicht nur an der Oberfläche bleiben ...

Habe ich Ihnen Lust gemacht, endlich richtig anzufangen? Dann lade ich Sie ein zu dieser philosophischen und konkreten Reise, auf der Sie sich und Ihre Mitarbeiter besser kennenlernen werden. Übrigens: Sollten Sie beim Lesen einmal schmunzeln oder sogar laut lachen wollen, dann ist dies durchaus beabsichtigt. Eines hat nicht nur mein Alltag in Gastronomie und Hotellerie gezeigt: Humor hilft ...

Ihr
Frank Simmeth

Erster Teil – Basiswissen

1 Ursachen und Wirkung(en)

Zwei junge Fische schwimmen im Meer. Ein älterer Fisch kommt ihnen entgegen und ruft ihnen zu: „Hey Jungs, wie ist das Wasser?". Ein paar Meter weiter dreht sich der eine Fisch zu dem anderen um und fragt: „Was zum Teufel ist Wasser?"

David Foster Wallace

„Ich habe das Gefühl, dass ich nur noch von Idioten umgeben bin." Diesen erschreckenden Satz habe ich einmal von einem Küchenchef bei einer Betriebsbesichtigung gehört. Solche Aussagen machen mich immer ein wenig betroffen. Abgesehen davon, dass es nicht für Intelligenz spricht, seine Mitarbeiter als Idioten zu bezeichnen, stelle ich mir immer vor, zu welchem Verhalten so eine Meinung führen mag. Wie behandle ich Menschen, von denen ich eine so geringe Meinung habe? Auf keinen Fall wertschätzend! Und so beginnen oftmals die berühmten Teufelskreise. Verhalten sich Mitarbeiter nun idiotisch, weil der Chef sie idiotisch behandelt oder umgekehrt? Das führt zurück zur uralten Streitfrage, wer nun zuerst da war, das Huhn oder das Ei.

Sobald man solche Aussagen aber hinterfragt, wird schnell klar, dass sie aus großem Unverständnis resultieren. Damit wird die Aussage des Küchenchefs aber sogar noch interessanter. Man kann dahinter nämlich folgende Denkhaltung erahnen: Ich kann dieses oder jenes Verhalten nicht verstehen, also muss mein Gegenüber „nicht richtig" sein. Sie erinnern sich an unser Einleitungskapitel? „Rezept stimmt, aber das Ergebnis nicht? Dann muss also der Ofen kaputt sein ..." Natürlich gäbe es noch weitere mögliche Erklärungen, beispielsweise, dass man nicht gut genug kochen kann. Das wäre dann Inkompetenz. Solche Erklärungen wären aber für manche Sprecher viel zu unbequem und sind deshalb im wahrsten Sinne des Wortes „undenkbar".

Praxistipp Nr. 1
Denken Sie nur das Beste von Ihren Mitarbeitern! Ihre Denkhaltung wirkt sich auf das Verhalten Ihrer Mitarbeiter aus und kann erwünschtes wie auch unerwünschtes Verhalten auslösen.

Aus diesen Gedankenspielen werden nun zwei Dinge klar: Zum einen wird mein Verhalten zu Mitarbeitern (und natürlich auch zu allen anderen Menschen) dadurch beeinflusst, ob ich deren Verhalten verstehen kann. Zum anderen muss ich mir meinen eigenen Einfluss auf das Verhalten anderer Menschen bewusst machen. Vielleicht bin ich ja sogar selbst der Auslöser für ein bestimmtes Verhalten. Mitarbeiterführung fängt deshalb damit an, mich selbst und meine Mitarbeiter besser zu verstehen.

David Foster Wallace macht in der eingangs genannten kleinen Geschichte einen interessanten Umstand deutlich: Es kann Dinge geben, die uns umgeben, die direkt vor unseren Augen liegen und deshalb eigentlich klar sein müssten, aber dennoch oder womöglich sogar gerade deshalb außerhalb unserer Wahrnehmung liegen. Ursprünglich bezog sich diese „Fisch-Metapher" aus Wallace' berühmter Rede vor Collageabsolventen im Jahr 2005 darauf, dass Menschen die Welt nur durch ihre eigene ichbezogene Brille betrachten und ihr eigenes Verhalten dabei ausblenden. Ich glaube allerdings, dass es eine ganze Reihe von Dingen gibt, die für Führungskräfte im Alltag das „Wasser" darstellen und deshalb manchmal für Unverständnis sorgen …

Ich habe das Beispiel des Küchenchefs deshalb ausgewählt, weil ich glaube, dass dieses Beispiel exemplarisch für viele Situationen in der Praxis ist. Gefragt, worauf der Küchenchef seine Meinung über „idiotische Mitarbeiter" denn stützen würde, ist er bei der Betriebsbesichtigung noch ein wenig konkreter geworden: Er habe schon x-mal gesagt, was alles für das Tagesgeschäft vorbereitet werden müsse. Und immer noch würden seine Mitarbeiter nur etwa 50 Prozent der Arbeiten tatsächlich erledigen. Etwas verallgemeinert lässt sich daraus folgendes Muster ableiten: Ein Vorgesetzter betrachtet das Verhalten vom Mitarbeiter (**Beobachtung**) und vergleicht dieses Verhalten mit seinen eigenen Vorstellungen von Richtig und Falsch (**Bewertung**). Jetzt nimmt er mittels einer Anweisung Einfluss darauf, Ist- und Sollzustand anzugleichen (**Steuerung**). Anschließend kontrolliert er, ob der gewählte Eingriff die gewünschte Auswirkung hatte (**Kontrolle**).

Sollten Sie sich schon einmal gefragt haben, ob man den Prozess des Führens in einer Strategie zusammenfassen kann, dann hätten wir hier ein solches Modell. So weit, so gut und sinnvoll: Sie sehen diese Strategie in Abbildung 1.1 als Modell. Problematisch wird dieses Modell erst, wenn – wie in unserem Beispiel – die Steuerung nicht zum gewünschten Ergebnis führt und der Mitarbeiter sich nicht so verhält, wie er es doch eigentlich „rational" gesehen tun müsste. Oder um es im gastronomischen Umgangston zu sagen: „Das verstehe ich jetzt nicht, ich hab´s ihm doch gesagt …"

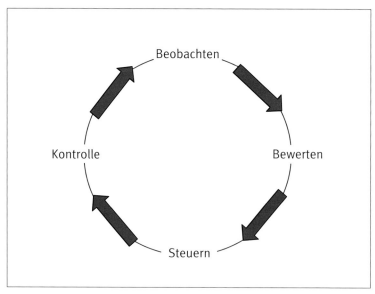

Abb. 1.1: Einfache Führungsstrategie

Unser Modell hat nämlich einen entscheidenden Mangel. Dadurch, dass wir die menschlichen Aspekte unserer Mitarbeiter nicht in die Gleichung mit einbeziehen, reduzieren wir unsere Mitarbeiter auf gehorsame Reiz-Reaktions-Maschinen, auf die ich in einer Form X einwirken kann, um ein Ergebnis Y zu erzielen. Ich bin mir sicher, dass jede Leserin, jeder Leser mit ein wenig Führungserfahrung bestätigen wird, dass sich die Praxis oftmals irgendwie anders darstellt. Menschen sind eben nicht nach dem Ursache-Wirkungs-Prinzip (Kausalität) zu erklären, so wie beispielsweise ein Auto. Ein Auto ist im direkten Vergleich eine einfache Maschine. Vollgetankt fährt es eine Weile, und wenn es plötzlich stehen bleibt (**Wirkung**), ist etwas nicht in Ordnung und ich bringe es in die Werkstatt (Suche nach der **Ursache**). Ein Auto käme auch nie auf die „Idee", heute einmal nicht anzuspringen, weil es doch gestern erst 300 Kilometer gefahren ist und einfach keine Lust hat. Sie selbst kennen diesen Punkt aber ganz sicher aus eigener Erfahrung, zumindest im Privatleben: Während Sie beispielsweise heute den Müll vielleicht ohne Murren rausbringen, diskutieren Sie morgen stundenlang mit Ihrem Partner über die Aufteilung der Hausarbeit, und das vielleicht nur aus einer anderen Tagesstimmung heraus.

Aus Reiz-Reaktions-Sicht wäre die eingangs erwähnte Aussage des Küchenchefs über „idiotische Mitarbeiter" womöglich sogar richtig: Der „Reiz" hat doch sonst funktioniert, also muss die „Maschine" kaputt sein. Da man Mitarbeiter aber nicht in eine Werkstatt bringen kann, holen Führungskräfte mit einer solchen Denkhaltung gerne einmal ersatzweise einen Trainer oder Coach in den Betrieb, der es bei den Mitarbeitern „richten" soll ...

Das ist natürlich alles Blödsinn und meiner Meinung nach auch nicht erstrebenswert. Ich empfinde es eher als Horrorvorstellung, wenn Mitarbeiter maschinengleich gehorchen und ihre Aufgaben ausführen. Für Sie als Führungskraft bedeutet das, dass Sie sich vom einfachen Reiz-Reaktions-Modell verabschieden und zu Modellen greifen müssen, die versuchen, die komplexen psychologischen und menschlichen Aspekte stärker zu berücksichtigen. Nehmen wir doch noch einmal unseren Küchenchef als Beispiel. Mitarbeiter erledigen trotz Anweisung nur 50 Prozent der übertragenen Aufgaben. Welche Aspekte können bzw. müssen wir in unsere Gleichung mit einbeziehen? Hier eine kleine Auswahl an Möglichkeiten:

▶ Habe ich in meiner Beobachtung die Situation richtig bzw. ausreichend wahrgenommen?
▶ Ist mein eigenes Modell über „Richtig und Falsch" der Situation angepasst?
▶ Habe ich das richtige Steuerungsinstrument gewählt?
▶ Hat mich mein Gegenüber verstanden?
▶ Ist mein Gegenüber einverstanden?
▶ Welche inneren Prozesse finden bei meinen Mitarbeitern statt?
▶ Welchen Einfluss hat mein eigenes Verhalten (Einstellung, Erwartungen usw.) auf das Ergebnis?
▶ Und so weiter und so fort ...

Die meisten dieser Punkte werde ich noch an anderer Stelle in den einzelnen Kapiteln genauer betrachten und ausführen. Hier und jetzt möchte ich aber zumindest noch eine andere, allgemeine Führungsstrategie vorschlagen, die meines Erachtens besser auf den komplexen Führungsalltag abgestimmt ist als das in Abbildung 1.1 genannte Modell.

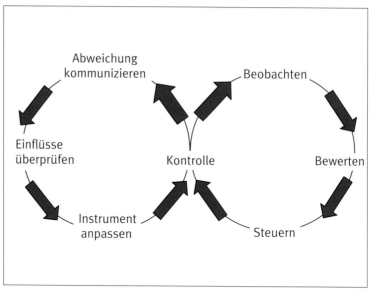

Abb. 1.2: Komplexe Führungsstrategie

Ich hoffe, ich konnte bis zu dieser Stelle bereits ausreichend verdeutlichen, dass die Strategie des im Beispiel genannten Küchenchefs, mit der er auf abweichende Ergebnisse reagiert, nicht besonders geschickt ist. Solche Erklärungen sind höchstens einfache und für Führungskräfte bequeme „Schutzbehauptungen". Es tragen damit ja auch die Mitarbeiter die alleinige Verantwortung für ungenügende Ergebnisse. Aber wir brauchen keine Kläger als Führungskräfte, sondern Handelnde. Die in Abbildung 1.2 vorgeschlagene komplexe Führungsstrategie sieht bei Abweichungen deshalb weiteres Handeln vor:

1. Abweichungen kommunizieren
Mitarbeiter müssen wissen, wenn ihr Verhalten die Erwartungen nicht erfüllt. Sie bekommen damit nicht nur Gelegenheit, Stellung dazu zu beziehen, sondern können den Mangel auch eigenständig beheben.

2. Einflüsse überprüfen
Der vorherige Abschnitt hat bereits gezeigt, dass es eine Unzahl von Faktoren geben kann, die Einfluss auf das Ergebnis haben. Bevor weitere Schritte geplant werden, lohnt es, sich die möglichen Einflüsse noch einmal zu vergegenwärtigen.

3. Instrument anpassen
Die bisherige Vorgehensweise hat noch nicht zum erwünschten Ergebnis geführt? Dann muss gegebenenfalls ein neues Steuerungsinstrument verwendet werden.

In diesem Abschnitt sind bereits, ohne dass die Begriffe konkret ausgesprochen wurden, mehrere psychologisch-wissenschaftliche Denkrichtungen zur Sprache gekommen: Behaviorismus, Determinismus, Kognitivismus und Kybernetik. Da sich diese Denkrichtungen (auch) mit dem Verhalten von Menschen befassen, finde ich es wertvoll, wenn Sie als moderne Führungskraft in diese Gebiete zumindest einmal einen kurzen gedanklichen Ausflug gemacht haben. Außerdem kann ich vielleicht mit ein paar Missverständnissen aufräumen, die Ihnen womöglich schon an der einen oder anderen Stelle begegnet sind …

Behaviorismus und Determinismus gründen sich, wie fast all unser westliches Wissenschaftsdenken, auf Kausalität, also das Prinzip von Ursache und Wirkung. Einfach gesagt: Ich mache eine Beobachtung und suche nach der Ursache für diese Beobachtung. Der Determinismus lehnt jeglichen Zufall ab und sagt, dass jedes Ereignis von festen (Natur-) Gesetzen abhängt und damit eine oder mehrere aufeinander folgende bestimmbare Ursachen hat. Kochen ist beispielsweise eine ziemlich deterministische Angelegenheit. Wenn ich Hefe für den Teig nehme, bestimmt diese, dass der Teig aufgeht. Geht der Teig nicht auf, habe ich das als Koch meist durch eine falsche Vorgehensweise verursacht.

Behaviorismus könnte man auch als „Determinismus für Lebewesen" bezeichnen, weil sich das Kausalitätsprinzip hier auf menschliches Verhalten (behavior) bezieht. Auch hier wird wieder etwas beobachtet, nämlich das Verhalten, und dann wird versucht, diesem Verhalten eine fest bestimmbare Ursache zuzuweisen. So gesehen sind wohl die meisten Führungskräfte mehr oder weniger überzeugte Behavioristen. Die Aussage des Küchenchefs zum Start des Abschnitts ist ein schönes Beispiel dafür: Meine Mitarbeiter führen ihre Arbeit nicht richtig aus (Verhalten), also sind sie „Idioten" (Ursache). Aber auch eine Mutter, die z. B. sagt: „Mein Kind ist hyperaktiv, es geht eben nach dem Vater", zeigt klare behavioristische Ansätze. Diese Denkhaltung vieler Menschen ist ganz gut zu verstehen, weil wir schon in der Schule darauf trainiert werden, kausal (begründend) zu denken.

Im Behaviorismus werden die inneren Prozesse, also alles, was im Gehirn passiert, ausgeblendet. Das Gehirn wird als „Black Box" bezeichnet bzw. behandelt. Ich beobachte also nur Input und Output, ohne die interne Verarbeitung von Informationen und anderen Reizen zu beachten. Diese Theorie war für eine gewisse Zeit ganz sinnvoll, weil man die Black Box ohnehin nicht erklären konnte. Sigmund Freud, der Begründer der modernen Psychologie, war einer der ersten, die es Anfang des 20. Jahrhunderts wagten, die Black Box sozusagen zu „öffnen" und damit den Versuch zu unternehmen, innere Prozesse zu erklären. Seitdem hat sich viel getan, und mit den zunehmenden psychologischen Erkenntnissen hat der Kognitivismus den Behaviorismus praktisch abgelöst. Kognitivismus bedeutet, dass sich menschliches Verhalten aus äußeren Reizen **und** inneren Prozessen (Kognitionen) begründet. Das ist eine Haltung, die meines Erachtens schon eher moderne Führungskräfte auszeichnet. Wer heute beispielsweise immer noch denkt, dass er von Mitarbeitern eine gewisse Leistung jeden Tag wieder garantiert bekommen muss, weil er doch Gehalt bezahlt, hängt wohl immer noch an der „Black Box" und blendet etwas ganz Entscheidendes im menschlichen Verhalten aus.

Zusammengefasst bedeutet das, dass wir Menschen als komplexe Systeme betrachten müssen, in denen interne und externe Prozesse miteinander agieren und sich immer wieder rückkoppeln. Seit Mitte des 20. Jahrhunderts gibt es eine Theorie, die sich mit solchen komplexen Systemen befasst: die Kybernetik. Diese Theorie besteht aus zwei Ordnungen. In der ersten Ordnung geht es darum, dass ein Beobachter komplexen Systemen gegenübersteht und versucht, durch Bewertung der internen und externen Prozesse Aussagen über das Verhalten zu treffen. (Kybernetik erster Ordnung). In der zweiten Ordnung wird der Beobachter selbst mit seinem möglichen Einfluss auf das Verhalten mit in die Gleichung einbezogen. Mit anderen Worten, ich beobachte den Beobachter. (Kybernetik zweiter Ordnung). Hört sich kompliziert an? Die Kybernetik zweiter Ordnung ist nur die wissenschaftliche Erklärung für den anfangs genannten Effekt, dass Führungskräfte durch die eigene Denkhaltung das Verhalten der Mitarbeiter beeinflussen können. Es mag zwar auf den ersten Blick ein wenig abstrakt erscheinen, dass der Beobachter durch die Beobachtung das Objekt seiner Beobachtung beeinflusst (Kybernetik zweiter Ordnung). Der daraus folgende Umstand sollte aber jedem, der in Führungsverantwortung steht, stets bewusst sein. Nehmen wir zur besseren Erklärung noch einmal die Metapher vom Anfang: Wer war zuerst da, Huhn oder Ei? Nehme ich hier die Position ein, dass das Huhn zuerst da war, ist die Aussage wahr. Nehme ich aber die Position ein, dass das Ei zuerst da war, ist, so gesehen, eben auch diese Aussage wahr. Daraus kann ich den Schluss ziehen: Die Wahrheit ergibt sich aus der Sichtweise des Betrachters.

Das bedeutet aber auch: Die Suche nach dem „heiligen Gral" der Führung, nach dem richtigen Weg, Mitarbeiter zu beeinflussen, ist wohl eine romantische Fehlvorstellung. Aus der Kybernetik ergibt sich, dass schon allein mathematisch, aufgrund der Vielzahl von Einflüssen, Mitarbeiter im wahrsten Sinne nicht berechenbar sind. Vielleicht muss man sich Mitarbeiterführung eher vorstellen, als würde man mit verbundenen Augen durch einen Wald zu einem Teich laufen. Entscheidend ist nicht, ob ich nun links oder rechts um diesen oder jenen Baum herumlaufe (Sicht des Betrachters). Viel wichtiger ist die Erkenntnis, dass es nicht weitergeht, wenn man vor einem Baum steht, und dass man irgendwann am Teich ankommt.

Die in Abbildung 1.2 beschriebene Führungsstrategie könnte man damit auch als kybernetische Führungsstrategie bezeichnen: Bei Abweichungen vom Ergebnis wird vom rechten Kreis in den linken Kreis gewechselt. Jetzt werden so viele Wiederholungen im linken Kreis vorgenommen (Ausschließen der Bäume) bis man zum gewünschten Ergebnis kommt (Ankommen am Teich) und wieder in den rechten Kreis gewechselt werden kann. Mehr möchte ich gar nicht in die Tiefen und Untiefen der dahinter liegenden Theorien abtauchen. Wir haben damit aber eine schöne Definition, welche Sichtweise für Führungskräfte „state of the art", also auf neuestem Stand ist:

Moderne Führungskräfte betrachten ihre Mitarbeiter als komplexe Individuen. Um Aussagen über das Verhalten der Mitarbeiter treffen zu können, müssen äußere Reize, innere Prozesse sowie Verhalten und Einstellung der Führungskraft berücksichtigt werden.

Ich hoffe, ich habe Sie mit diesen Ausführungen über unberechenbare Mitarbeiter nicht so geschockt, dass Sie momentan überlegen, ob Sie nicht doch lieber in ein Kloster eintreten sollten, statt Mitarbeiter zu führen. Zum Glück haben Menschen gute Gründe, im beruflichen Kontext nicht alle ihnen zur Verfügung stehenden Verhaltensmuster auch tatsächlich zu zeigen. Damit wird es ja doch zumindest ein wenig berechenbarer. Und für alle scheinbar irrationalen Ausnahmen und irgendwie „komischen" Reaktionen haben Sie jetzt eine gute und fundierte Begründung: Sie führen Menschen!

1.1 Modell(e) der Welt

Ein Mann kam zu Pablo Picasso und fragte den Meister: „Warum malen Sie eigentlich nur so abstrakte Bilder?" Der Maler antwortete: „Was meinen Sie mit abstrakt?" Der Mann legte nach: „Ich meine, warum malen Sie die Dinge nicht, so wie sie tatsächlich sind?" Picasso sagte: „Ich fürchte, ich verstehe nicht ..." Da zog der Mann ein Bild seiner Frau aus seiner Geldbörse, zeigte es dem Maler und sagte: „Sehen Sie, das ist z. B. ein Bild meiner Frau, so wie sie wirklich ist!" Picasso betrachtete das Bild eine Weile und sagte dann: Finden Sie nicht, dass Ihre Frau ein wenig klein ist, und auch ein wenig flach geraten?"

Erzählung von Heinz von Foerster

Wenn es mir und meinem Bruder früher in Kindertagen auf langen Zug- oder Autofahrten langweilig wurde, haben wir angefangen, ein Spiel zu spielen: „Ich sehe was, was du nicht siehst!" Ich kann mir gut vorstellen, dass der eine oder andere Leser jetzt schmunzelt und denkt: „Ja, das kenne ich auch!" Für alle anderen eine kurze Erklärung: Als Erstes wählt man sich gedanklich einen Gegenstand aus, den man gerade wahrnimmt. Dann sagt man beispielsweise: „Ich sehe was, was du nicht siehst, und das ist rot!". Der Spielpartner muss nun erraten, welchen Gegenstand man gerade meint. Hat der Spielpartner den Gegenstand erraten, ist er dran und eröffnet eine neue Runde mit anderen Wahrnehmungen wie beispielsweise grün, groß, klein usw. Für uns als Kinder wurde diese Beschäftigung meist nach ein paar Runden langweilig. Ich finde es deshalb umso interessanter, dass Erwachsene dieses Spiel oftmals sogar mit Hingabe über mehrere Stunden, Tage oder Wochen spielen wollen. Damit es nicht so schnell langweilig wird, haben sich Erwachsene aber zwei Spielvarianten einfallen lassen, die dem Spiel neue Tiefen und Facetten geben. Zum einen heißt das Spiel jetzt: „Ich sehe etwas, was du **anders** oder **gar nicht** siehst." Zum anderen müssen mittlerweile beide Spielpartner erraten, wer was gemeint hat! Verwirrend? Ich bin mir sicher, dass Sie viele Aussagen aus diesem Spiel schon oft gehört haben. Da sagt eine Servicekraft beispielsweise zum Restaurantleiter: „Warum? Ich habe dem Gast doch freundlich geantwortet." Und der Restaurantleiter erwidert: „Also, ich sehe das anders!" Ich bin der Überzeugung, dass solche Spiele im Führungsalltag nicht wirklich zielführend sind und deshalb unterbrochen werden müssen. Dieser Abschnitt soll ein wenig Klarheit darüber schaffen, auf welchen Grundlagen solche Spiele überhaupt entstehen können.

Wer sich fragt, warum zwei Menschen Dinge unterschiedlich betrachten, muss sich zunächst einmal darüber klar werden, was „Betrachten" als Prozess der Wahrnehmung überhaupt bedeutet. Auch hier gibt es einen grundsätzlichen Irrglauben. Die meisten Menschen nehmen an,

Wahrnehmung sei ein Prozess, vergleichbar beispielsweise mit digitalem Fotografieren. Hierbei wird mittels eines Objektivs eine Aufnahme von der Realität genommen, welches dann als Abbild auf der Speicherkarte gespeichert wird. Wenn man diese Metapher noch einen Schritt weiterdenkt, kann man das Abbild auf der Speicherkarte problemlos auf verschiedene Festplatten weiterkopieren. Auf uns Menschen übertragen würde das bedeuten, dass wir mit unseren Augen (Fotoapparat) die Welt betrachten und dieses Bild in unserem Gehirn abspeichern (Festplatte). Dieses Bild kann man dann natürlich auch kommunizieren (auf andere Festplatten speichern). Diese Analogie mag sich zwar ganz vernünftig anhören, ist aber falsch. Schon allein die ständig wiederholte Praxiserfahrung, dass beim Übertragen zwischen den „Festplatten" oftmals dramatisch unterschiedliche Ergebnisse herauskommen, müsste doch eigentlich zwangsweise dazu führen, dieses Modell in Frage zu stellen. Menschliche Wahrnehmung funktioniert über unsere fünf Sinneskanäle: Sehen, Hören, Riechen, Schmecken und Tasten. Das bedeutet zum einen, dass „Wahrheit" für uns Menschen zu einem Teil davon abhängt, welche Informationen uns über einen oder mehrere Wahrnehmungskanäle erreichen. Zum anderen Teil hängt „Wahrheit" aber auch davon ab, wie wir diese Informationen dann verarbeiten. Im Unterschied zum Menschen wird ein Fotoapparat ein Bild nie nach z. B. der jeweiligen Tagesverfassung darstellen. Die Bilder sind nicht einmal trüb und ein anderes Mal in den buntesten Farben, sondern jeden Tag genau so, wie z. B. Canon oder Nikon das technisch vorherbestimmt haben. Menschen haben auch kein „Objektiv", sondern genau genommen eigentlich nur ein „Subjektiv", mit dem sie das Objekt (die Welt) betrachten. Welches Bild also beim Menschen am Ende auf der „Festplatte" erscheint, hängt ganz entscheidend von weiteren Punkten ab:

1. Subjektive Wahrnehmungsverzerrungen
Nach dem Lehrbuch *Physiologie des Menschen* von dem Mediziner Manfred Zimmermann nehmen wir über unsere fünf Sinneskanäle etwa 11 Millionen Bit Informationen pro Sekunde wahr. Unser Bewusstsein, auf das wir Menschen ja so stolz sind, kann von dieser Informationsflut gerade einmal 40 Bit verarbeiten, was rein rechnerisch einen fast lächerlichen Anteil von einem 275 000stel darstellt. In der reinen Informationsabbildung ist uns also jede 8-MB-Kamera weit überlegen. Damit wir aufgrund dieses Umstandes nicht andauernd gegen irgendwelche Bäume laufen, lässt unser Unterbewusstsein genau so viele Informationen in unser Bewusstsein dringen, dass wir einigermaßen unversehrt durchs Leben kommen (Tilgung von Informationen). Das bedeutet aber auch, dass unser Gehirn für diesen unbewussten Auswahlprozess eine Bewertung nach zumindest „wichtig" und „unwichtig" vornehmen muss (Verzerrung der Informationen). Dass beispielsweise alle meine Kollegen weiße Kochjacken tragen, ist als

Information unwichtiger als die Information, dass gerade die Gemüsesuppe anbrennt. Habe ich dann auch noch gelernt, dass Umrühren oder Von-der-Herdplatte-Ziehen hilfreich gegen Anbrennen ist, werde ich bei einer Gulaschsuppe nicht plötzlich ratlos dastehen, sondern das gelernte Verhaltensmuster auch dort anwenden, und zwar ohne lange nachzudenken (Generalisieren der Informationen). Schon beim Betrachten dieser drei universellen Wahrnehmungsfilter – Tilgen, Verzerren und Generalisieren – wird klar, dass es sich bei der Vorstellung, Menschen würden die Welt wirklich gleich wahrnehmen, um einen schlechten Scherz unseres Bewusstseins handeln muss.

2. Individuelle Wahrnehmungspräferenzen

Manfred Zimmermann erklärt weiterhin, dass sich die Informationsaufnahme in den einzelnen Wahrnehmungskanälen folgendermaßen zusammensetzt: 10 Mbit entfallen alleine auf die visuelle Wahrnehmung, also die Augen. Weitere 1 Mbit werden über die Haut, also taktil wahrgenommen. Noch einmal 0,1 Mbit über die Ohren, also auditiv, und 0,01 Mbit über den Geruchssinn, also olfaktorisch, und 0,001 Mbit über den Geschmackssinn, also gustatorisch, fallen dabei schon unter „ferner liefen …" Zu beachten ist aber, dass man auch hierbei zwischen Informationsaufnahme und bewusster Verarbeitung unterscheiden muss. Menschen scheinen über die Informationsaufnahme hinaus unterschiedliche „Vorlieben" in den Wahrnehmungskanälen zu haben. So können beispielsweise zwei Menschen in der gleichen Situation durchaus unterschiedliche Dinge hören, fühlen, sehen und schmecken. Das erklärt den Umstand, dass z. B. die eine Servicekraft auch in einem vollen Restaurant noch bewusst wahrnimmt, wenn ein Besteckteil herunterfällt. Der Kollege hingegen merkt, dass es gerade zu warm wird. Beide haben aber womöglich für die Wahrnehmung des anderen im selben Moment sprichwörtlich wie buchstäblich „keinen Kopf".

3. Erfahrungen, Erziehung, Erwartungen, Stimmung …

Wenngleich die individuellen Wahrnehmungspräferenzen wohl angeboren sind, gibt es auch noch weitere Faktoren, die unsere Wahrnehmung bzw. unsere Wahrnehmungsfilter beeinflussen. Eine einsame Sommerwiese kann in Ihnen heute beglückende oder beklemmende Gefühle auslösen. Morgen könnte aber genau das Umgekehrte der Fall sein. Das hängt vielleicht von Ihrer Tagesstimmung ab oder vielleicht auch von Ihren früheren Erfahrungen. Womöglich haben Sie sich gestern von Ihrem Partner getrennt, mit dem Sie öfter auf Sommerwiesen spazieren gegangen sind. Vielleicht hat Ihnen Ihre Mutter als Kind aber auch erzählt, dass es in Sommerwiesen viele gefährliche Zecken gibt und man sich vorsehen muss. Vielleicht wurden Sie in einer Sommerwiese auch schon einmal von einer Zecke gebissen … Dieses Spiel könnten wir jetzt natürlich beliebig weiterspielen. Zusammengefasst bedeutet das aber, dass es eine unendliche Anzahl von Möglichkeiten gibt, die auf unsere Wahrnehmung Einfluss haben können.

4. Widerspruchsfreie Wahrnehmung

Viele Menschen glauben, eine Entscheidung sei das Ergebnis bewusster kognitiver Verarbeitungsprozesse. Gehirnforscher haben diesen Punkt erschreckenderweise widerlegt. Nachweislich finden Entscheidungsprozesse meist schon statt, bevor unser Bewusstsein überhaupt etwas davon erfährt. Dieser Umstand wirft nicht nur in der Fachwelt die Frage auf, was unser Bewusstsein dann überhaupt sein soll. Womöglich ein PR-Gag des Gehirns, damit wir trotz unseres manchmal „seltsamen Verhaltens" nicht „ver-rückt" werden? Fest steht, dass unser Gehirn einen Großteil der Energie in der Wachphase nicht dafür verwendet, Entscheidungen zu treffen, sondern dafür, uns unsere eigenen Entscheidungen widerspruchsfrei zu erklären! Wahrnehmungen, die widersprüchlich zu Ihrem Verhalten, Ihren Erfahrungen und Ihren Entscheidungen stehen würden, lässt Ihr Unterbewusstsein einfach nicht zu! So entstehen auch die meisten optischen Täuschungen, wie z.B. die in Abb. 1.3 gezeigte „Verwirrung". Wenn Sie Ihren Blick über das Bild schweifen lassen, können Sie immer wieder wahrnehmen, dass der Elefant vier Beine hat, obwohl das in der Zeichnung faktisch falsch ist! Ihr Unterbewusstsein verzerrt die Realität, damit sich diese für Sie widerspruchsfrei darstellt. Sollten Sie zukünftig also noch einmal das Sprichwort „Ich kann meinen eigenen Augen nicht trauen" verwenden, dann mit gutem Grund …

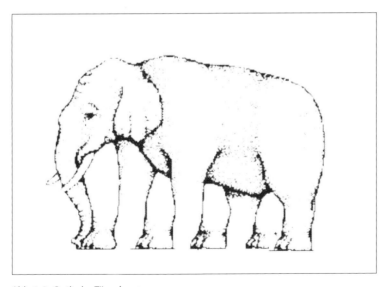

Abb. 1.3: Optische Täuschung …
Wie viele Beine hat der Elefant auf dieser Zeichnung?

So kann es Ihnen z. B. passieren, dass Sie mit einem Mitarbeiter darüber diskutieren, ob Sie nun eine bestimmte Anweisung gegeben haben oder nicht. Womöglich *kann* Ihnen Ihr Mitarbeiter gar nicht Recht geben, weil sein Verhalten dann ja einen Widerspruch darstellen würde. In seiner Wahrnehmung (in diesem Fall seiner Erinnerung) können Sie deshalb diese oder jene Anweisung gar nicht gegeben haben, und er muss das ablehnen, um (sich) sein eigenes Verhalten erklären zu können.

Praxistipp Nr. 3

Akzeptieren Sie, dass Ihre Mitarbeiter Dinge, Situationen und Verhalten möglicherweise anders sehen als Sie selbst. Ihre Weltsicht ist nur eine von vielen Möglichkeiten und hat deshalb keinen Anspruch auf Richtigkeit.

Es ist also kein unglücklicher Umstand, wenn Ihre Mitarbeiter etwas anders sehen als Sie, sondern der Normalzustand! Das ist eben so, auch wenn der eine oder andere Vorgesetze über diesen Umstand unglücklich ist. Führungskräfte und Vorgesetzte, die auf die unterschiedliche Sichtweise ihrer Mitarbeiter mit Vorwürfen und Verständnislosigkeit reagieren, sagen mit so einer Reaktion nicht nur etwas über den eigenen geringen Wissenstand zum Thema „menschliche Wahrnehmungsprozesse" aus, sondern setzen auch noch die gute Beziehung zu ihren Mitarbeitern aufs Spiel.

Damit ist sehr klar geworden, welchen Umstand die Geschichte von Heinz von Foerster zu Beginn dieses Kapitels beschreibt. Wir können die Dinge niemals so wahrnehmen, wie sie tatsächlich sind, sondern nur so, wie sie für *uns* „tatsächlich" sind. Wir haben also *alle* nur eine Abbildung der Realität im Kopf. Die Theorie, die das Phänomen beschreibt, dass sich Menschen aufgrund der sinnlichen Wahrnehmung ein individuelles Abbild der Realität schaffen, heißt Konstruktivismus. Menschen, also auch Ihre Mitarbeiter, konstruieren sich ihre eigene Realität, ihre eigene Welt. Die deutsche Sprache nennt diese Konstruktion auch „eigenes Weltbild". Im NLP gibt es dazu die Metapher der Landkarte (Modell der Welt) und der Welt als solcher (Realität). Entscheidend für Führungskräfte ist dabei das Wissen, dass es genau wie bei einem Wanderausflug einen Unterschied zwischen der Landkarte und dem Gebiet geben muss. Oder um es gastronomisch zu sagen: Das Kochbuch ist nicht das Gericht. Nur dass der Konstruktivismus uns zu unserer anfänglichen Bestürzung sagt, dass wir *nie* einen direkten Zugang zum Gericht haben werden, sondern *immer* nur das Kochbuch betrachten können. Menschen reagieren also nicht auf die Realität selbst, sondern auf ihr eigenes verzerrtes, generalisiertes und getilgtes Modell der Welt. Mit dieser Erklärung werden unzählige Erfahrungen aus dem Führungsalltag nicht nur erklärbar, sondern sogar verständlich. Wenn Sie beispielsweise einmal einen Mitarbeiter erleben, der alle Ihre Anweisungen irgendwie als persönlichen Angriff versteht, muss das nicht unbedingt an Ihrem tatsächlichen Verhalten liegen. Womöglich hat er bei einem anderen Vorgesetzten diese Erfahrung gemacht und dieses Erlebnis generalisiert. Vielleicht wurde er aber auch dazu erzogen, Vorgesetzten gegenüber vorsichtig zu sein. Oder er verzerrt seine Wahrnehmung, damit sein Weltbild widerspruchsfrei bleibt.

Auf das Modell der Weltsicht werden wir spätestens im dritten Kapitel noch einmal zurückkommen, wenn es um Konfliktlösungen geht. Dass es unterschiedliche Wahrnehmungen und daraus resultierende unterschiedliche subjektive Weltbilder geben muss, ist wohl die „Mutter aller Konflikte". An dieser Stelle möchte ich aber noch einen anderen Punkt verdeutlichen, der sich aus dem Konstruktivismus erschließt und der noch viel globalere Auswirkungen auf Ihren Führungsalltag hat. Immer wieder höre ich von Vorgesetzten und Führungskräften, dass „man" doch gewisse Dinge nicht unbedingt sagen müsse, weil diese für den „gesunden Menschenverstand" eigentlich selbsterklärend seien. Mit anderen Worten: Es ist doch klar, dass ich pünktlich zum Dienstbeginn kommen muss, keinen Alkohol im Dienst trinken darf, jeden Tag ein frisches Hemd trage, freundlich zu Gästen bin … Mit anderen Worten: Ein paar Dinge dürfen wir doch von unseren Mitarbeitern erwarten, oder?

In englischer Sprache wird der gesunde Menschenverstand als „common sense" bezeichnet. Buchstäblich kann man „common" mit „allgemein" und „sense" mit „sinnliche Wahrnehmung", also zusammen als „Gemeinsinn" übersetzen. Wie die letzten Abschnitte hoffentlich gezeigt haben, gibt es aber so etwas wie einen verallgemeinerten Sinn, also eine allgemeine „Landkarte" zumindest im strengeren Sinne eben nicht. Genau genommen bezeichnen wir ja mit „gesundem Menschenverstand" meist auch viel mehr den *eigenen* Menschenverstand und somit die eigene Landkarte. Eine Erwartungshaltung an das Verhalten eines Mitarbeiters beschreibt also nur unsere Erwartung, dass sich ein anderer konform (passend) zu *unserem* eigenen Weltbild verhält. Diese Denkhaltung führt aber in der Praxis eher zu beiderseitigen Enttäuschungen, Vorwürfen und Konflikten. Deshalb sollten sich moderne Führungskräfte klar vom Gedanken des „gesunden Menschenverstandes" verabschieden. Führung bedeutet nicht, dass ich dieses oder jenes Verhalten von meinen Mitarbeitern erwarte, sondern, dass ich mit meinen Mitarbeitern in jeder denkbaren Situation konkretes, messbares Verhalten vereinbare! Erfüllt Ihr Mitarbeiter Erwartungen nicht, die Sie mit ihm nicht vereinbart hatten, dann hat nicht er Sie enttäuscht, sondern Sie sich …

Praxistipp Nr. 4
Wenn Sie sich ein gewisses Verhalten von Ihren Mitarbeitern erwarten, dann treffen Sie eine Vereinbarung darüber. Unausgesprochene Erwartungen haben keine Verbindlichkeit für Ihre Mitarbeiter.

1.2 Was Mitarbeiter glauben

Egal ob du glaubst, du kannst es oder du kannst es nicht: Du wirst auf jeden Fall recht behalten!

Henry Ford

Wenn wir schon in diesem Kapitel dabei sind, Menschen im Allgemeinen und Mitarbeiter im Besonderen besser kennenzulernen, darf ein weiterer Punkt nicht fehlen, der buchstäblich biblische Auswirkungen hat. Henry Ford bringt mit seiner Aussage zwar bereits auf den Punkt, dass Glaubenssystem und Ergebnis sich in einer gewissen Art und Weise gegenseitig beeinflussen. Er war aber nachweislich nicht der Erste, dem das aufgefallen ist. Ein Satz aus der Bibel ist da noch wesentlich globaler und berücksichtigt zusätzlich den Aspekt der Fähigkeiten: „Alles ist möglich für den, der da glaubt!" Wie auch immer Sie zum Thema Religion oder Bibel stehen mögen: Ich verspreche Ihnen jetzt schon, dass auch Sie nach diesem Abschnitt zumindest an diesen einen Satz aus der Bibel fest glauben werden.

Was Glaubenssysteme mit Verhalten und Fähigkeiten zu tun haben, ist am besten anhand eines Beispiels aus der eigenen Erfahrung zu erklären: In meiner Freizeit unternehme ich gerne eine Tour mit meinem Rennrad. Dabei kann es durchaus vorkommen, dass ich auf einer Straße steil bergab Geschwindigkeit aufnehme und mit 70 km/h über den Asphalt „flitze". Ich zähle eigentlich nicht zu den Menschen, die besonders risikoreich leben oder irgendwelche Nahtod-Erlebnisse suchen. Mit anderen Worten: Ich empfinde mein Verhalten als nicht außergewöhnlich. Damit ich mich aber überhaupt traue, mit 70 km/h einen Berg hinunterzurasen, ist ein gewisses „mentales Setting" erforderlich. Oder anders gesagt: Ich muss ein paar Dinge glauben, sonst würde ich das ganz sicher nicht tun. Ich muss beispielsweise daran glauben, dass ich mein Rennrad beherrsche. Würde ich nicht daran glauben, wäre diese Abfahrt tatsächlich vergleichbar mit einer seelischen Nahtod-Erfahrung. Darüber hinaus muss ich aber zur Unterstützung auch daran glauben, dass mein Fahrrad diese Belastung aushält.

Würde ich das nicht glauben, würde ich den Teufel tun, mit diesem Fahrrad mit 70 km/h einen Berg hinunterzufahren.

Wir sind uns aber hoffentlich einig, dass ich diese Dinge zunächst nicht ganz genau weiß. Ich glaube das alles eben nur und richte mein Verhalten danach aus. Man kann also durchaus sagen, dass ich ein *unterstützendes* Glaubenssystem für mein Verhalten habe. Würde ich etwas anderes über meine eigenen Fähigkeiten und über die Umstände glauben, dann würde mich das wahrscheinlich von diesem Verhalten abhalten und ich würde eher mit angezogener Bremse den Berg hinunterfahren. In diesem Falle wäre mein Glaubenssystem eher *limitierend*.

Mehr möchte ich Sie gar nicht in meine Freizeitbeschäftigungen mit einbeziehen. Diese Geschichte aus meiner Erfahrung beschreibt aber ganz gut einen Sachverhalt, der Ihnen aus dem Führungsalltag bestimmt bekannt ist. Auch Sie haben sicherlich schon Mitarbeiter kennengelernt, die sich immer mit „angezogener Bremse" durch den gastronomischen Alltag bewegen und irgendwie nie ihr ganzes Potenzial ausnutzen. Wenn Sie nun als Vorgesetzter fähig sind, den Punkt der unterstützenden bzw. limitierenden Glaubenssysteme in Ihren Führungsalltag mit einzubeziehen, könnte das Ihre Ergebnisse dramatisch steigern. Zunächst ist dafür aber erforderlich, dass Sie wissen, wie solche Glaubenssysteme entstehen. Hierbei ist es hilfreich, sich wieder das Modell der eigenen Weltbilder bzw. Landkarten vorzustellen. Glaubenssysteme bilden nicht die Realität ab, sondern sind einfach Aspekte meiner Landkarte und gehören damit zu den bereits genannten Verzerrungen, Generalisierungen oder Tilgungen der Realität. Wenn ich beispielsweise in meiner Vergangenheit einmal vom Fahrrad gefallen bin, werde ich diese Erfahrung vielleicht generalisiert haben und zukünftig über mich glauben, dass ich eben nicht Fahrrad fahren kann. Oder eines meiner Fahrräder ist tatsächlich kaputt gegangen und ich habe daraus den Schluss gezogen, dass man solchen Geräten nicht trauen kann. Möglicherweise hat mich aber auch jemand, der mein besonderes Vertrauen genießt (z. B. ein Elternteil) davor gewarnt, Fahrrad zu fahren und ich glaube das heute noch. Zusammengefasst ergeben sich aus den letzten Seiten folgende Thesen:

1. Ich kann nicht alles wissen. Damit ich mich trotzdem in dieser komplexen Welt bewegen kann, muss ich alles, was ich nicht genau weiß, zumindest glauben.
2. Das, was ich glaube, habe ich entweder von anderen übernommen oder aus eigenem Erleben geschlossen.
3. Mein Glaubenssystem kommt aus der Vergangenheit, wirkt aber auf die Zukunft.
4. Unser Glaubenssystem bestimmt unser Verhalten.

5. Da Glaube und Verhalten sich gegenseitig bestimmen, neigen Glaubenssysteme zur Selbsterfüllung.
6. Da unser Unterbewusstsein keine Widersprüche zulässt, nehmen wir verstärkt Informationen wahr, die unser Glaubenssystem bestätigen.
7. Glaubenssysteme müssen nicht der Realität entsprechen, sondern bilden nur das innere Modell ab.
8. Glaubenssysteme werden im inneren Erleben als Wahrheit empfunden. Eine Überprüfung mit der Realität findet deshalb selten statt.

Nehmen wir beispielsweise an, Sie hören von Ihrem Mitarbeiter folgende Aussage: „Ich kann mir die Karte nie merken!" Dann ist das ein Glaubenssatz über die eigenen Fähigkeiten, in diesem Fall die Merkfähigkeit. Dieser Glaubenssatz beschreibt nicht die Realität, dass dieser Mitarbeiter etwas tatsächlich nicht *kann,* sondern nur, dass er das *glaubt.* Dennoch können Sie aber davon ausgehen, dass Ihr Mitarbeiter sich die Karte wirklich nie merkt. Er wird es wahrscheinlich gar nicht versuchen. Davon gibt es natürlich eine Unzahl von Beispielen aus der Praxis. Hier eine kleine Auswahl: „Meine Gäste empfinden Zusatzverkauf als aufdringlich!" – „Dafür bin ich anscheinend zu blöd!" – „Gäste wollen ihre Ruhe haben!" – „Mein Chef interessiert sich gar nicht für mich!" – „Das konnte ich noch nie!" – „Unsere Gäste hier wollen dies oder jenes nicht essen!" Die Reihe ließe sich unendlich fortsetzen.

Problematisch für Sie als Vorgesetzten ist aber vor allem, dass Mitarbeiter oftmals dazu neigen, auch an limitierenden Glaubenssätzen festzuhalten wie ein Hund an einer Wurstsemmel! Ich glaube auch, dass Sie wahrscheinlich schon selbst die Erfahrung gemacht haben, dass Sie mit so launigen Formulierungen wie z.B.: „Ach komm, dass kannst du schon …" – „Das empfinden die Gäste doch nicht als aufdringlich!" – „Aber natürlich interessiere ich mich für dich!" oder: „Wollen wir das nicht mal ausprobieren?" irgendwie nicht weiterkommen. Glaubenssätze scheinen fast eine Art „Eigenleben" zu haben. Nach dem im Abschnitt 1.1 genannten Punkt über die Widerspruchsfreiheit könnten Sie dafür aber bereits eine mögliche Erklärung parat haben: Würde ich meine Überzeugungen und meinen Glauben so einfach wegwerfen, wären viele meiner bisherigen Verhaltensweisen überhaupt nicht mehr erklärbar.

In Kapitel 4 werde ich Ihnen eine sehr wirkungsvolle Art und Weise zeigen, wie Sie Glaubenssätze bei Ihren Mitarbeitern aufspüren können. Dazu stelle ich Ihnen mehrere elegante Möglichkeiten vor, limitierende Glaubenssätze durch unterstützende auszutauschen. Unterstützende Glaubenssätze könnten z. B. sein: „Ich kann das!" – „Ich probiere xy noch einmal aus, um es zu lernen." – „Ich finde, dass ich gut mit Gästen umgehen kann!" – „Ich bin ein guter Zuhörer!" – „Ich kann mir Dinge gut merken!" – Ich kann Gäste gut zum Lachen bringen!" – „Ich kann meine Gäste gut überzeugen!" – „Ich kenne mich sehr gut mit Weinen aus!" An dieser Stelle finde ich bei den Grundlagen vor allem wichtig, dass Sie die Dynamik der Glaubenssysteme und die Auswirkungen auf Verhalten und Fähigkeiten verstanden haben und zumindest schon einmal bewusst darauf achten, dass Sie bei Ihren Mitarbeitern möglichst keine neuen limitierenden Glaubenssätze installieren oder alte verstärken. Wie ja bereits angemerkt, können solche Überzeugungen durchaus auch von anderen Personen und damit konkret auch von Ihnen übernommen werden. Besonders große Auswirkungen haben hier Aussagen über die Identität und die Fähigkeiten Ihrer Mitarbeiter …

Praxistipp Nr. 5
Achten Sie darauf, dass Ihre Mitarbeiter möglichst stärkende und unterstützende Überzeugungen über sich selbst und die eigenen Fähigkeiten haben.

Vielleicht haben Sie sich gewundert, dass ich in diesem Abschnitt einmal von Glaubenssystemen und ein anderes Mal von Glaubenssätzen spreche. Wie mein Beispiel vom Radfahren am Anfang aufzeigt, ist Verhalten oftmals von einer Reihe verschiedener Glaubenssätze, also von einem ganzen Glaubenssystem in Bezug auf die eigenen Fähigkeiten, die Identität und die Umwelt abhängig. Um den Begriff der Glaubenssätze zu verstehen, muss man sich noch einmal kurz die Rolle von Sprache verdeutlichen. Ich benutze Sprache zum einen dafür, mit anderen Menschen zu kommunizieren. Das bedeutet, dass ich Worte und Sätze gebrauche, um anderen Menschen mein Weltbild zu erklären. So weit, so gut. Meist nicht so klar bewusst ist den meisten Menschen, dass wir Sprache auch dafür verwenden, *uns selbst* unser Weltbild zu erklären. Der üblichere Begriff hierfür ist wohl „denken". Der Rückschluss daraus ist, dass wir auch unsere Innenwelt in Worten und Sätzen abbilden. Und die Folge daraus ist, dass man das eigene Glaubenssystem in einzelnen Sätzen abbilden kann. Dieser Umstand muss aber nicht bedeuten, dass jeder Satz aus dem eigenen Glaubenssystem immer klar im Bewusstsein ausformuliert ist.

Klassische Glaubenssätze, die man gerne von den Eltern übernimmt, sind beispielsweise Aussagen wie: „Du musst im Leben hart arbeiten, wenn aus dir etwas werden soll." So eine Überzeugung hat, zumindest in den meisten Fällen, keine allzu limitierende Auswirkung auf das weitere Leben. Anders sieht es beispielsweise bei folgenden Sätzen aus: „Eigenlob stinkt!" oder: „Reden ist Silber, Schweigen ist Gold!" Obwohl ich viele wichtige Überzeugungen von meinen Eltern übernommen habe, bin ich sehr froh, dass ich diese beiden „Ammenmärchen" irgendwann einmal als Blödsinn identifizieren konnte und durch andere, für mich viel unterstützendere Überzeugungen getauscht habe: „Tu Gutes und rede darüber!" und: „Sprich die Dinge aus, die dir tatsächlich wichtig sind, damit dich andere Menschen verstehen können!" Eltern formulieren aber manchmal auch andere „Weisheiten", die nicht nur die (bzw. ihre) „Welt erklären". Sie treffen auch konkrete Aussagen über die Identität Ihrer Kinder. Oftmals werden solche Sätze zwar im Ärger ausgesprochen, verfehlen aber dennoch ihre Wirkung nicht: „Mann, bist du blöd!" – „Stell dich nicht immer so an!" – „Das kapierst du eh nicht!" – „Du bist so was von ungeschickt!"

Im Führungsalltag haben solche Aussagen über die Identität der Mitarbeiter jedenfalls nichts verloren. Gerade Auszubildende, junge Mitarbeiter sowie Mitarbeiter mit noch nicht so starker Persönlichkeit können solche limitierenden Sätze für wahr halten und ihr Verhalten zukünftig daran anpassen. Ähnlich wie bei Eltern sind solche Aussagen bei Führungskräften meist ein Zeichen der Machtlosigkeit und des Ärgers. Andere Führungskräfte setzen solche Aussagen sogar anscheinend als „Stilmittel" ein, um Betroffenheit bei den Mitarbeitern auszulösen. Aus meiner Sicht ist so ein Verhalten völlig unangemessen. Ähnlich verhält es sich, wenn Führungskräfte generalisierte Aussagen über die Fähigkeiten ihrer Mitarbeiter treffen wie z. B.: „Sie können ja den Gästen gar nichts verkaufen." Es fällt mir schwer, zu verstehen, welchen Sinn solche Aussagen überhaupt haben sollen. Ich kann mir nämlich nicht vorstellen, dass Mitarbeiter dadurch eine hohe Bereitschaft entwickeln, an sich zu arbeiten. Hier macht schon eine geringe Veränderung in der Formulierung einen großen Unterschied aus. Statt: „Du kannst etwas nicht" beispielsweise: „Du kannst etwas *noch* nicht!" Merken Sie den kleinen, aber entscheidenden Unterschied?

1.3 Die Sprache von Führungskräften

Am Anfang war das Wort, und das Wort war bei Gott,
und Gott war das Wort.

Neues Testament

Das führt uns direkt ins neue Thema. Ist Ihnen aufgefallen, wie man mit kleinen Veränderungen in der Sprache die Bedeutung völlig verändern kann? Ich werde in diesem Buch noch eine Reihe wirksamer Instrumente vorstellen, die Ihren Führungsalltag in Gastronomie und Hotellerie bereichern sollen. Sie sollten sich aber vorab bewusst sein, welche Rolle dabei Sprache spielt. Im vorherigen Abschnitt habe ich schon angeschnitten, dass wir Sprache dafür benutzen, uns und anderen unsere

Welt zu erklären. Sprache bildet also Wirklichkeiten ab, oder anders gesagt: Die meisten Dinge werden für uns erst durch Sprache „wirklich". Das lateinische Wort „communicare" bedeutet „verbinden". Sprache kann also Menschen verbinden und, wie Sie wahrscheinlich selbst schon erlebt haben, auch trennen! So betrachtet, gewinnt das Zitat am Anfang dieses Abschnitts eine andere, sehr tiefgehende Bedeutung. Zum einen drückt er aus, dass das Wort am Anfang aller Dinge steht, und darüber hinaus, dass das Wort etwas Göttliches hat. Dem möchte ich uneingeschränkt zustimmen. Ich glaube auch, dass es am Ende das Wort ist, das den Unterschied für Sie als Führungskraft macht. Ein Chirurg benutzt als Werkzeug ein Skalpell, um in seinem Alltag Ergebnisse zu erzielen. Ein Koch benutzt Messer und andere Küchengeräte, um Ergebnisse zu erzielen. Ein Stück Rindfleisch wird ja durch gutes Zureden nicht zum Gulasch. Mit welchem Instrument können Sie überhaupt Wirkung bei Ihren Mitarbeitern erzielen? Ihr wichtigstes Werkzeug ist die Sprache.

Quer durch alle Führungsinstrumente bildet also Sprache praktisch das „Meta-Instrument" (meta = über), das Universalwerkzeug. Das hat schon fast etwas Magisches. Der Grundgedanke der Magie ist ja, dass man durch Verwendung von Zaubersprüchen über Distanzen Veränderungen bei belebten und nichtbelebten Objekten erzeugt. So weit mir bekannt ist, ist das bei unbelebten Gegenständen physikalisch nicht möglich. Bei „belebten Objekten" wie z.B. Mitarbeitern sieht die Sache ganz anders aus. Hier können Sie durch „Zaubersprüche" große Wirkung erzielen.

Damit Sie Ihre Mitarbeiter zukünftig verzaubern, sollten Sie also vorab einige Dinge über Sprache wissen! Manchmal kommt man ja in der Führungsarbeit sprichwörtlich in der Realität an, wenn Sprache die gewünschte Wirkung eben nicht erzeugt. Anscheinend ist es in der Praxis manchmal gar nicht so selbstverständlich, dass sich zwei Menschen mittels Sprache „verbinden". Zwei Eigenarten der Kommunikation sind hier besonders bedenkenswert. Die erste ist uns schon im Abschnitt 1.1 über Modelle der Welt begegnet. Wir können unsere „Weltbilder" eben nicht wie bei einem Computer von einer Festplatte auf die nächste kopieren. Irgendwie fehlt da der entsprechende „Steckplatz" bei meinem Gegenüber. Bilderübertragung findet zwischen Menschen also „Wireless" statt. Nur kommen die Bilder definitiv beim Empfänger nicht so an, wie sie vom Absender gesendet wurden. Man könnte fast von einem „Datenverlust" sprechen, aber das trifft die Realität nur unzureichend. Sie wissen ja schon, dass Menschen ihre Welt konstruieren und nicht empfangen. Das bedeutet, dass Daten bei der Übertragung nicht nur verloren gehen können (Tilgung), sondern auch verändert (Verzerrung) und verallgemeinert werden (Generalisierung). Gerne wird an dieser Stelle das Kommunikationsmodell des Kommunikationswissenschaftlers und Psychologen Paul Watzlawick über Sender und Empfänger zitiert. Dieses Modell (Abbildung 1.4) sagt aus, dass Sender und Empfänger Nachrichten und Informationen über einen Code (verbale und nonverbale Kommunikation) austauschen und dass somit die Verwendung des „richtigen" Codes die Voraussetzung für einen erfolgreichen „Datentransfer" wäre. Aus meiner Sicht lässt dieses Modell aber einige Fragen offen. Es würde nämlich bedeuten, dass ich nur die richtige Sprache bzw. die richtigen Worte (den richtigen Code) verwenden müsste, um das richtige Bild zu erzeugen.

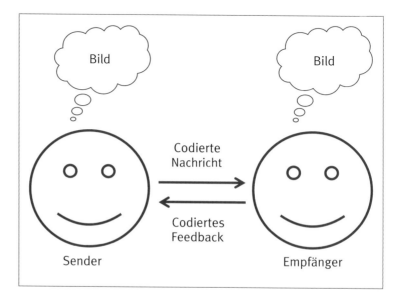

Abb. 1.4: Sender-Empfänger-Modell (Paul Watzlawick)

Daraus folgt dann der Schluss, dass der Sender für das Bild beim Empfänger verantwortlich ist. Würde aber der Sender das Bild des Empfängers tatsächlich bestimmen (determinieren), dann könnten wir Menschen wieder nach dem Ursache-Wirkungs-Prinzip erklären. Das haben wir aber bereits weiter oben ausgeschlossen. Praxisgerechter ist der Gedanke, dass die Bedeutung der Kommunikation nicht vom Sender bestimmt, sondern vom Empfänger konstruiert wird. Somit bleibt der Empfänger (Ihr Mitarbeiter) für sein Bild verantwortlich und nicht der Sender (Sie als Führungskraft).

Kompliziert? Dann noch einmal ganz einfach: Wenn Sie sprechen, dann erzeugen Sie mit Ihren Stimmbändern Schwingungen in der Luft. Diese Schwingungen kommen beim Trommelfell Ihres Gegenübers an, der diese Schwingungen wieder „decodiert", also in Bilder übersetzt. Über die Luft schwingen also keine Bedeutungen mit. Diese werden nur und ausschließlich von Ihrem Gegenüber konstruiert!

Womöglich werden Sie diese Gedanken ein wenig als „Erbsenklauberei" empfinden. Dennoch erklärt dieses Modell eine Erfahrung, die Sie mit Sicherheit bereits in Ihrem Führungsalltag gemacht haben: Sie richten die gleichen Worte an zwei Mitarbeiter und erhalten komplett unterschiedliche Reaktionen. Womöglich bekommen Sie sogar vom selben Mitarbeiter trotz des gleichen „Codes" heute eine andere Reaktion als morgen. Sie sagen zu einer Servicekraft beispielsweise: „Mach bitte die Tische im Restaurant sauber." Heute hört Ihr Mitarbeiter heraus: „Ich muss die Tische sauber machen", morgen hingegen: *Immer* muss *ich* die Tische sauber machen." Das schließt aus, dass es den „richtigen" Code, die „richtige" Sprache oder die „richtigen" Worte überhaupt gibt. Die erste Eigenart von Sprache ist also zusammengefasst, dass Ihre Mitarbeiter buchstäblich je nach Lust und Laune Bedeutung aus Ihren Worten generieren und Sie deshalb nie ganz sicher sein können, was gerade ankommt.

Die zweite Eigenart von Sprache wird klar, wenn man sich einmal bewusst macht, was Sprache im eigentlichen Sinne überhaupt ist. Worte sind von Menschen erzeugte abstrakte Zeichen, die die Realität abbilden sollen. Die beschriebene erste Eigenart von Sprache trennt nun schon das Zeichen von der Bedeutung. Worte an sich haben keine Bedeutung; diese entsteht jeweils beim Sender und beim Empfänger. Sprachwissenschaftlich bezeichnet man das jeweilige Zeichen als Syntax und die Bedeutung als Semantik. Die Trennung wird schnell verständlich, wenn einem bewusst wird, dass man die Zeichen (Syntax) in der Sprache tauschen kann, die Bedeutung (Semantik) aber (fast) gleich bleibt. Nehmen wir beispielsweise das Wort „Vorbereitung". Dieses Zeichen kann ich z. B. mit einem Zeichen in einer anderen Sprache tauschen: „Mise en place", wobei die Bedeutung (Semantik) besonders für Mitarbeiter von Gastronomie und Hotellerie ziemlich ähnlich sein wird.

Wenn nun Sprache eine Sache oder eine Gegebenheit in der Realität abbildet, muss es auch eine dazu passende Sache oder Gegebenheit geben, auf die sich das Wort bezieht. Klar? Wir sind uns hoffentlich einig, das das *Wort* „Kuchen" etwas anderes ist als ein Kuchen, von dem ich ein Stück essen kann. (Die Landkarte ist nicht das Gebiet). Sprachwissenschaftlich nennt man das „Ding" aus der Realität, das ein Wort abbildet, den *Referenten*. Wenn ich beispielsweise „Baum" sage, dann benutze ich ein Zeichen (Syntax), um mich auszudrücken, habe gleichzeitig dazu ein inneres Abbild (Semantik) eines Baums, und im Garten draußen steht das Ding, auf das sich mein Wort bezieht (Referent). Bei einem Baum ist Sprache so gesehen noch sehr einfach. Einen Baum kann ich sehen, anfassen und wenn ich dagegenlaufe, tut es weh. Da haben wir einen sehr realen Referenten. Wie sieht es aber beispielsweise mit Worten wie „Spaß" oder „sauber" aus? Hier ist der Referent ja selbst abstrakt. Welches Bild mögen solche Wörter also bei meinem Gegenüber auslösen?

Auch wenn die zweite Eigenart von Sprache sich zunächst wie ein wissenschaftliches Ungetüm anhört, wird damit hoffentlich klar, womit und warum wir uns im Alltag so oft „rumschlagen"! Sprache ist alles andere als ein klares, bestimmendes Konzept, mit dem ich so mir nichts, dir nichts Bilder in meinem Gegenüber erzeugen kann oder ganz leicht für Verständnis sorge. Welches Bild lösen Sie denn bei Ihren Mitarbeitern aus, wenn Sie beispielsweise sagen: „Behandle deine Gäste freundlich!" – „Sei möglichst höflich." – „Schau, dass du deine Station sauber hältst!" – „Schneide bitte kleine Würfel!" – „Gib bitte möglichst schnell ein Angebot ab!" – „Ich möchte, dass du dich mehr für deine Gäste anstrengst!" usw.? Wenn Sie nach solchen Anweisungen irgendwann feststellen, dass das Ergebnis nicht stimmt, dann sagen Sie bitte nicht: „Ich hab´s ihm oder ihr doch gesagt!" Die schlechte Nachricht nach diesem kleinen fachlichen Exkurs über Sprache ist die, dass Sie sich mit so einfachen Erklärungen zukünftig nicht mehr aus der Verantwortung stehlen können.

Was kann man also zusammengefasst über Sprache sagen? Sie können nicht wissen, was ankommt, geschweige denn, ob morgen noch einmal das Gleiche ankommt, und beziehen sich auch noch meist auf Dinge, die in der Realität keinen wirklichen Bezug haben. Sollten Sie an dieser Stelle schon wieder den Wunsch verspüren, Mitarbeiterführung gegen eine gewisse Zeit im Kloster zu tauschen, wird ihre Wahl jetzt wohl auf einen Schweigeorden fallen ... Nein, Moment noch! Ich habe nämlich auch eine gute Nachricht für Sie: Im Führungsalltag laufen Sie und Ihre Mitarbeiter wahrscheinlich nicht in babylonischer Verwirrung umher, bei der keiner den anderen versteht. Auch wenn die individuelle Bedeutung (Semantik) beispielsweise des Wortes „Spaß" von Mitarbeiter zu Mitarbeiter unterschiedlich sein mag, sorgt die kulturelle Verwendung des Wortes normalerweise nicht dafür, dass Ihr Mitarbeiter beim Wort Spaß zu weinen anfängt. Darüber hinaus sprechen aber die zwei genannten Eigenheiten von Sprache dafür, dass Führungskräfte ihren Kommunikationsstil unbedingt anpassen müssen.

Es ist dringend empfehlenswert, sich eine Angewohnheit daraus zu machen, von den Mitarbeitern Feedback einzufordern. Überprüfen Sie durch gezielte Rückfragen, ob das Bild im Kopf des Mitarbeiters mit dem Ihrigen so viele Schnittstellen hat, damit es im Anschluss keine

MATTHAES

IHR SCHLÜSSEL ZUM ERFOLG

**FACHBÜCHER FÜR DEN ERFOLGREICHEN
HOTEL- UND GASTRONOMIEBETRIEB**

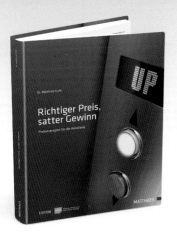

MANFRED KOHL
RICHTIGER PREIS, SATTER GEWINN

DAS Praxishandbuch für alle, die Lust haben auf neue Wege zum geschäftlichen Erfolg. Manfred Kohl gibt wichtige und praxisorientierte Impulse für aktives Handeln und zeigt, dass es großen Spaß macht, mithilfe der richtigen Methoden den eigenen Umsatz in die Höhe zu treiben. Ein unverzichtbares Werkzeug, um Ihr Unternehmen im „Haifischbecken Hotelmarkt" fit für die Zukunft zu machen.

160 Seiten | Hardcover
ISBN 978-3-87515-071-1 | € 39,90

POSSLER / THOMBANSEN
SERVICE-CHECK

Hotellerie & Gastronomie

Das Buch für Führungs- und Fachkräfte aus kleinen und mittleren Gastronomiebetrieben sowie Hotels, die ihren Service kritisch auf den Prüfstand stellen wollen.

160 Seiten | Softcover
ISBN 978-3-87515-056-8 | € 32,–

KAMMERER
100 GENIALE
PRAXISTIPPS

für Hotellerie & Gastronomie

Oft sind nur kleine Veränderungen nötig, um Großes zu bewirken – ohne erheblichen finanziellen und zeitlichen Aufwand zum doppelten Ertrag.

176 Seiten | Softcover
ISBN 978-3-87515-036-0 | € 32,–

KAMMERER
OPTIMIERUNG UND
EXISTENZSICHERUNG
IM GASTGEWERBE

Das Buch erläutert Zusammenhänge zwischen Kostenmanagement, Mitarbeiterführung, Erlössteigerung, Finanzmanagement und Geschäftsführung.

176 Seiten | Softcover
ISBN 978-3-87515-047-6 | € 32,–

NIERHAUS / PLONER
REICH IN DER
GASTRONOMIE

Strategien für die Zukunft

Zwei anerkannte Fachmänner der Branche erläutern Konzepte und Strategien zur Unternehmens- und Existenzsicherung.

272 Seiten | Softcover
ISBN 978-3-87515-022-3 | € 32,–

KAMMERER / CORDES
PARTYSERVICE &
CATERING

Der Ratgeber richtet sich sowohl an Einsteiger, als auch an erfahrene Caterer, die sich in Zukunft auch an die großen Aufträge heranwagen wollen.

159 Seiten | Softcover
ISBN 978-3-87515-017-9 | € 32,–

RICHTER / RICHTER
KÜCHENKALKULATION

Praxisorientiert und leicht verständlich wird die Fülle an Zahlen so aufgeschlüsselt, dass sie von jedermann verstanden und einfach umgesetzt werden kann.

216 Seiten | Softcover
ISBN 978-3-87515-021-6 | € 32,–

SCHUMACHER
DER CLEVERE
GASTRONOM

Das Buch erläutert ein variables Konzept mit fünf Bausteinen zum Erfolg, das in jedem gastronomischen Betrieb, auch in kleinen, umsetzbar ist.

192 Seiten | Softcover
ISBN 978-3-87515-014-8 | € 32,–

SIMMETH
GEBRAUCHS-
ANLEITUNG GAST

Zeigt Wege auf, wie man Gäste tatsächlich begeistert, an sich bindet und dabei auch noch mit Leichtigkeit den Umsatz steigert.

192 Seiten | Softcover
ISBN 978-3-87515-060-5 | € 32,–

GATTERER / RÜTZLER
HOTEL DER ZUKUNFT

Sechs Thesen zeigen, wohin die Entwicklung geht und wie sich das Konsumverhalten der Gäste und somit ihre Wünsche und Anforderungen an ein Hotel verändern. Wichtige Trendfelder werden ausführlich beleuchtet und geben jedem Hotelier unzählige Anregungen, die im eigenen Haus umgesetzt werden können. Kurze und prägnante Schlussfolgerungen schließen dieses inspirierende Buch ab.

180 Seiten | Hardcover
ISBN 978-3-87515-064-3 | € 39,90

DAWIDOWSKY
DER PERFEKTE
BUSINESSPLAN
für die Gastronomie

Grundsätzliches zum Businessplan, Vorbereitung auf unerlässliche Verhandlungen sowie Hilfestellung bei der Analyse wichtiger Aspekte.

152 Seiten | Softcover
ISBN 978-3-87515-046-9 | € 32,–

GRUDDA / HARTAUER
POWER BRIEFING

Eine innovative Methode, Mitarbeiter in 3 Minuten pro Tag zu schulen, zu motivieren, zu führen und gleichzeitig den Teamgeist zu stärken.

144 Seiten | Softcover
ISBN 978-3-87515-065-0 | € 32,–

JÄKEL / PLONER
AUF DER SUCHE NACH
ERFOLGSREZEPTEN

Ein fesselndes Buch, das Anregungen, Ideen, Erkenntnisse und unerschöpfliches Gastrowissen für jeden bietet.

152 Seiten | Hardcover
ISBN 978-3-87515-048-3 | € 32,–

GARDINI (HRSG.)
MIT DER MARKE ZUM
ERFOLG

Marco A. Gardini zeigt mittels theoretischer Grundlagen, Fallstudien und Anwendungserfahrungen, wie sich eine Marke positiv auswirken kann.

352 Seiten | Hardcover
ISBN 978-3-87515-517-4 | € 49,90

VON FREYBERG / GRUNER / LANG
ERFOLGREICH IN DER
PRIVATHOTELLERIE

Wie es gelingt, sich am hart umkämpften Hotelmarkt mit seinem Privathotel von der Masse abzuheben. Interviews mit Managern bzw. Inhabern von 16 außergewöhnlichen Hotelunternehmungen verschaffen einen fundierten Einblick in die Arbeit erfolgreicher Unternehmer. Zusammen mit zahlreichen Abbildungen, Tabellen und Checklisten wird die Grundlage für langfristigen und stabilen Erfolg mit dem eigenen Hotel gelegt.

224 Seiten | Hardcover
ISBN 978-3-87515-066-7 | € 39,90

FRANK SIMMETH
GEBRAUCHSANLEITUNG MITARBEITER

Wie findet man Menschen, die sich für die Arbeit am Gast begeistern und wie kann man sie halten und motivieren? Auf humorvolle und verständliche Art vermittelt Frank Simmeth, was man über seine Mitarbeiter wissen muss und wie man dieses Wissen im Führungsalltag geschickt umsetzen kann. Ein Buch, das Ihre Führungskompetenz steigern und Ihre Vorgehensweise entscheidend verändern wird.

256 Seiten | Softcover | ISBN 978-3-87515-079-7 | € 32,–

FRITSCH/SIGMUND
HOTELBEWERTUNGEN RICHTIG NUTZEN

Das Handbuch für den professionellen Umgang mit Gästebewertungen von den Tourismusexperten Alexander Fritsch und Holger Sigmund. Prall gefüllt mit Beispielen und Tipps, durch zahlreiche Abbildungen und Tabellen besonders praxisnah erläutert. Ein unverzichtbares Tool für jeden Hotelier und Touristiker, der Gästefeedback positiv für sein Unternehmen nutzen möchte.

200 Seiten | Softcover | ISBN 978-3-87515-080-3 | € 32,–

NIERHAUS / SÜSSMEIER
TRADITIONSREICH MIT GASTHOF, WIRTSHAUS UND KNEIPE

Die profilierten „Gastroprofis" Pierre Nierhaus und Michael Süßmeier zeigen, wie man mit authentisch gelebter Tradition erfolgreich werden kann. Die Erfolgsprinzipien der weltweiten Traditionsgastronomie werden facettenreich und leicht verständlich beleuchtet.

200 Seiten | Softcover
ISBN 978-3-87515-078-0 | € 32,–

HIER BESTELLEN!

Onlineshop
www.matthaes.de

Info & Bestellung
0711/2133-329

Portofreie Lieferung*

*innerhalb Deutschlands

Diskussionen über das Ergebnis gibt. Das können offene Fragen sein wie beispielsweise: „Was hast du / haben Sie jetzt gehört?" – „Was werden Sie jetzt als Nächstes tun?" – „Was haben Sie jetzt verstanden?" – „Was bedeutet meine Aussage / meine Anweisung nun für Sie?" Das können aber auch Feedbackfragen sein, die sich auf den „abstrakten Referenten" beziehen: „Was bedeutet für Sie Spaß?" – „Was genau verstehen Sie unter Freundlichkeit / Höflichkeit?" – „Woran machen Sie fest, dass Ihre Station wirklich sauber ist?" Die Liste ließe sich fortsetzen.

Praxistipp Nr. 6
Holen Sie sich Feedback! Prüfen Sie mit gezielten Rückfragen, ob Ihre Mitarbeiter Ihre Anweisungen und Aussagen verstanden haben und angemessen bewerten.

Ist Ihnen schon einmal aufgefallen, wie Politiker kommunizieren? Ich möchte mit dieser Frage nicht in die gesellschaftlich so beliebten Klage-Diskussionen über unfähige Politiker mit einstimmen. Ich meine, ob Sie schon einmal bewusst darauf geachtet haben, wie Politiker Sprache benutzen. Um diese Frage zu beantworten, muss man vielleicht auch bedenken, dass Politiker allein durch die Berufswahl automatisch ständig auf der Anklagebank sitzen: „Alles was Sie sagen, kann und wird gegen Sie verwendet." Der Kommunikationsstil, der sich aus diesem Umstand entwickelt hat, ist nämlich fast bewundernswert. Nehmen wir zum Beispiel folgende Aussage:

„Ich freue mich, dass Sie gemeinsam mit mir darüber nachdenken wollen, welche Schritte angemessen und sinnvoll sind, um eine sichere Zukunft zu gestalten!"

Dieser Satz hört sich irgendwie mächtig und aussagekräftig an, obwohl tatsächlich keine verbindliche Aussage enthalten ist. Sie können den Satz gerne noch einmal lesen und darauf prüfen. Das ist ein Kommunikationsstil, der versucht, dem Gegenüber einen möglichst großen Spielraum zu lassen: Konstruiere dir deine eigene Bedeutung (Semantik). Für Politiker, aber auch bei großen Reden, ist so eine übergeneralisierte Form der Kommunikation durchaus auch mal angebracht. Oder anders gesagt: Sonst wären solche Reden gar nicht möglich, in denen man viele Menschen gleichzeitig ansprechen, deren Meinung kanalisieren und gleichzeitig die Widerstände möglichst klein halten möchte. Was aber für Redner oder Politiker überlebenswichtiges Handwerkszeug ist, hat im Führungsalltag ganz andere Auswirkungen. Hier geht es ja darum, mit möglichst konkreter Kommunikation ein Ergebnis sicherzustellen. Es ist deshalb schnell einleuchtend, dass sich die Sprache von Führungskräften vom Sprachstil der Politiker dramatisch unterscheiden muss. Im Alltag vieler Führungskräfte hat sich diese Unterscheidung aber noch nicht ganz durchgesetzt. Oftmals verwenden Vorgesetzte noch eine Art der Kommunikation, die sich irgendwie gut anhört, aber erschreckend wenig Inhalt hat. Hier ein paar Beispiele aus der Praxis:

- ▶ „Wir müssen alle an einem Strang ziehen."
- ▶ „Wir haben heute Großes vor."
- ▶ „Die Gäste zahlen Ihr und unser Gehalt."
- ▶ „Wir erwarten, dass Sie Ihren Gästen die Wünsche von den Augen ablesen."
- ▶ „Wir müssen heute gut vorbereitet sein, um das Geschäftsaufkommen zu bewältigen."
- ▶ „Behandeln Sie Gäste wie Ihre Freunde."
- ▶ „Freundlichkeit ist unser höchstes Gut!"

Es ist gar nichts dagegen einzuwenden, wenn Sie solche Aussagen in einem kurzen Motivationsbriefing zum Arbeitsbeginn verwenden. Für konkrete Anweisungen oder Erklärungen darüber, was Sie von Ihren Mitarbeitern erwarten, sind solche Aussagen aber zu flach und entsprechen deshalb nicht der Sprache moderner Führungskräfte. Der Grund ist leicht erklärbar: Aus solchen generalisierten, metaphorischen Aussagen ergibt sich kein verbindliches Verhalten. Schauen wir uns doch einfach einmal die Forderung: „Wünsche von den Augen ablesen" an. Haben Sie das selbst schon einmal in der Praxis ausprobiert? Wie muss ich mir das vorstellen? Besteht die Gefahr, dass beim einen oder anderen Gast vor lauter starrem, wunschablesendem Blick die Kontaktlinsen schmelzen? Das ist natürlich Blödsinn. Diese Aussage ist ja im übertragenen Sinne gemeint. Wenn Sie aber mit Ihren Mitarbeitern nur „im übertragenen Sinne" kommunizieren, können Sie auf Ihr Wunschergebnis vielleicht hoffen oder sogar dafür beten, aber es bitte nicht erwarten! Die Regel ist ganz einfach: Sie erwarten ein klares Ergebnis? Dann müssen Ihre Mitarbeiter auch klare und konkrete Aussagen von Ihnen erwarten können.

Damit Sie selbst in Ihrer Mitarbeiterkommunikation nicht in die „Unverbindlichkeitsfalle" tappen, können Sie sich einen kleinen Trick zunutze machen: Ihre Anweisungen und Aussagen sind immer in dem Moment konkret, wenn man den Sinn Ihrer Aussage auch sinnlich wahrnehmen, also sehen, hören, schmecken, tasten, riechen oder schmecken kann. Wenn Sie nach diesem Kriterium die Aussage „von den Augen ablesen" noch einmal überprüfen, können Sie die dahinter steckende Anweisung nicht konkret sinnlich überprüfen. Das funktioniert übrigens auch bei der Aussage: „Sei freundlich zu deinen Gästen!" nicht, weil das Wort „freundlich" ebenso wie „Spaß" keinen wahrnehmbaren

Referenten in der Realität hat. Wenn Sie hingegen sagen: „Ich möchte, dass Sie Ihre Gäste anlächeln!", dann kann man diesen Satz sehr wohl mit einem der fünf Wahrnehmungskanäle, in diesem Falle eben visuell, überprüfen.

Praxistipp Nr. 7
Kommunizieren Sie möglichst klar und konkret mit Ihren Mitarbeitern. Aussagen und Anweisungen sind konkret, wenn deren Sinn auch sinnlich wahrnehmbar ist.

Ich könnte mir übrigens vorstellen, dass Sie bei meiner Definition von „freundlich" aus den letzten Zeilen die Stirn runzeln und denken: „Stimmt das, was da steht? Ich kann doch wahrnehmen, ob meine Mitarbeiter freundlich zum Gast sind oder nicht!" Da der Begriff der Freundlichkeit das mit am meisten verwendete Attribut im Umgang mit Gästen ist, lohnt es sich, darüber noch einmal nachzudenken. Kann man Freundlichkeit sinnlich wahrnehmen (also überprüfen) oder kann man doch eher nur die Ausdrucksweisen von Freundlichkeit wahrnehmen (Lächeln, Tonalität, Blickkontakt …)? So weit ich das verstehe, beschreibt der Begriff „Freundlichkeit" auch nicht konkretes Verhalten, sondern eine innere Einstellung, die sich in verschiedener Weise ausdrückt. Wofür ist das wichtig zu wissen? Wenn ich in meinen Seminaren Servicekräfte und Gastgeber, also womöglich Ihre Mitarbeiter, frage, was Gäste von ihnen erwarten können, bekomme ich meist folgende oder eine ganz ähnliche Aussage: „Ich muss freundlich, höflich und nett sein, auf meine Gäste zugehen und versuchen, ihnen die Wünsche von den Augen abzulesen." Meiner Meinung nach ist das keine Aussage erwachsener Profis vom Fach, sondern inhaltsloses Gerede! Wie sollen aber Mitarbeiter in unserer Branche ausdrücken, was heute von modernen Gastgebern erwartet wird, wenn oftmals Führungskräfte und Vorgesetzte das nicht mal angemessen in Worte packen können. Dieser Missstand, dass nicht mehr ganz klar ist, was von modernen Gastgebern erwartet wird, war im Kern der Grund für mein erstes Buch *Gebrauchsanleitung Gast*. Darin habe ich in vielen Beispielen versucht, das Verhalten am Gast zu konkretisieren. Sollten Sie sich also auf den letzten Seiten „ertappt" gefühlt haben und sich jetzt fragen, ob Sie selbst konkret mit Ihren Mitarbeitern kommunizieren, dann empfehle ich Ihnen, auch einen Blick in mein erstes Buch zu werfen.

Abschließend möchte ich im Zusammenhang mit der Sprache von Führungskräften noch ein letztes Phänomen aufzeigen, das sich oftmals in der Mitarbeiterkommunikation ausdrückt. Natürlich laufen die meisten Führungskräfte in unserer Branche nicht durch irgendwelche Restaurants oder Hotelbereiche und reden ausschließlich in inhaltsfreien Floskeln mit ihren Mitarbeitern. Oftmals werden Führungskräfte sehr konkret, wenn es darum geht, unerwünschtes Verhalten bei ihren Mitarbeitern abzustellen. In der Praxis hört sich das beispielsweise so an:

- ▸ „Ziehen Sie bitte nicht eine so ernste Miene vor Ihren Gästen."
- ▸ „Stehen Sie bitte nicht so gelangweilt herum."
- ▸ „Lassen Sie Ihren Schreibkram nicht so offen an der Rezeption liegen."
- ▸ „Lassen Sie Ihre Gäste nicht so lange warten."
- ▸ „Ich möchte nicht, dass Sie mit einem so zerknitterten Hemd zur Arbeit kommen."
- ▸ „Legen Sie die Flasche nicht beim Einschenken am Glasrand ab."
- ▸ „Lass die Gemüseabfälle nicht auf deinem Arbeitsplatz liegen."

Jetzt dürfte eigentlich schon klar sein, warum derartige Aussagen im Gegensatz zu vielen anderen Beispielen aus diesem Abschnitt sehr konkret sind: Alle diese Verhaltensweisen kann man sinnlich wahrnehmen. Daraus ergeben sich aber schon wieder zwei Probleme. Zum einen sieht es ja oftmals aus, also würden viele Chefs mit einer Art „Fehler-Scanner" herumlaufen und Mitarbeitern ständig deren Fehlverhalten aufzeigen. Das ist auch nicht verwunderlich, da wir ja schon aus unserer Schulzeit darauf konditioniert sind, Fehler aufzuzeigen. Ob es eine sinnvolle Vorgehensweise ist, um Menschen zu führen, darauf möchte ich im vierten Kapitel über Führungspersönlichkeiten noch einmal zurückkommen. An dieser Stelle finde ich eher das zweite Problem wichtig, das sich sprachlich auswirkt. Wenn ich als Führungskraft Fehlverhalten sehr konkret anspreche, habe ich noch lange nicht gesagt, welches Verhalten ich stattdessen haben möchte. Für unser Gehirn hat diese Unterscheidung aber große Auswirkungen. Um das zu verstehen, muss man sich noch einmal verdeutlichen, wie unser Gehirn Sprache decodiert (siehe Abb. 1.4). Damit Sie z. B. die Worte und Zeichen aus diesem Buch verstehen können, müssen Sie zu jedem Satz eine Vorstellung aufbauen. Die deutsche Redewendung: „Ich muss mir ein Bild machen" trifft diesen inneren Prozess eigentlich auf den Punkt. Wenn ich als Führungskraft nun genau das Fehlverhalten beschreibe, das ich in der Praxis von meinen Mitarbeitern sinnlich wahrnehme, muss mein Mitarbeiter in seiner Vorstellung dauernd Fehlverhalten aufbauen, um mich verstehen zu können. Das erschreckende Ergebnis daraus ist, dass ich damit kaum Verhaltensänderung erreiche und stattdessen das entsprechende Fehlverhalten noch einmal verstärke. Wenn Sie die letzten Praxisbeispiele weiter oben daraufhin prüfen, werden Sie feststellen, dass es sich um lauter sogenannte Negationen handelt: „Mach dies oder jenes *nicht*!"

Praxistipp Nr. 8
Sagen Sie Ihren Mitarbeitern, wie sie sich verhalten sollen, anstatt ihnen aufzuzeigen, wie sie sich nicht verhalten sollen. Wer unerwünschtes Verhalten aufzeigt, verstärkt dieses unerwünschte Verhalten.

Die Trainerin und Autorin Vera F. Birkenbihl hat diesen Punkt der Negationen in ihrem berühmten Beispiel mit dem „blauen Elefanten" verewigt: „Stellen Sie sich einmal *keinen* blauen Elefanten vor. Und jetzt stellen Sie sich bitte *nicht* vor, wie dieser blaue Elefant an Ihren Kühlschrank geht ..." Anhand dieses Beispiels wird sofort klar, dass das Gehirn förmlich dazu gezwungen wird, das Bild aufzubauen, obwohl der Satz eigentlich genau das Gegenteil erreichen will. Daraus hat sich bei manchen der Irrglaube abgeleitet, das Gehirn könnte Negationen nicht verstehen. Das ist natürlich falsch. Selbstverständlich können wir eine Negation verstehen. Richtig ist hingegen, dass ich, um eine Negation zu verstehen, das unerwünschte Bild zunächst in meiner Vorstellung aufbauen muss. Den entscheidenden und erklärenden Satz hat Vera F. Birkenbihl aber auch dazu geschrieben: „Unser Unterbewusstsein neigt dazu, unsere Vorstellung wahr zu machen!" Daraus schließt sich, dass es viel sinnvoller ist, sich eine Kommunikation anzugewöhnen, die das erwünschte Verhalten in der Vorstellung meiner Mitarbeiter erzeugt, und nicht das Fehlverhalten.

1.4 Vom Lernen und von Vorbildern

Ich gehe die Straße entlang
Da ist ein tiefes Loch im Gehsteig
Ich falle hinein
Ich bin verloren... Ich bin ohne Hoffnung
Es dauert endlos, wieder herauszukommen

Ich gehe dieselbe Straße entlang
Da ist ein tiefes Loch im Gehsteig
Ich tue so, als sähe ich es nicht
Ich falle wieder hinein
Ich kann nicht glauben, schon wieder am gleichen Ort zu sein
Aber es ist nicht meine Schuld
Immer noch dauert es sehr lange, herauszukommen

Ich gehe dieselbe Straße entlang
Da ist ein tiefes Loch im Gehsteig
Ich sehe es
Ich falle immer noch hinein ... Aus Gewohnheit
Meine Augen sind offen. Ich weiß, wo ich bin

Es ist meine eigene Schuld
Ich komme sofort heraus

Ich gehe dieselbe Straße entlang
Da ist ein tiefes Loch im Gehsteig
Ich gehe darum herum

Ich gehe eine andere Straße...

Autor unbekannt

Manche Führungskräfte vergleichen ihren Alltag in Gastronomie und Hotellerie mit einem Leben im Hamsterrad. Nach dem Motto: „Ich könnt´ schon wieder durchdrehen!" Solche Aussagen sollten natürlich sofort hinterfragt und näher betrachtet werden. Sie wissen ja spätestens seit dem letzten Abschnitt: lieber konkret als metaphorisch ... Ein Betriebsleiter aus der Gemeinschaftsverpflegung hat mir gegenüber in diesem Zusammenhang folgenden Umstand beklagt: „Jetzt habe ich meinem Mitarbeiter gerade erklärt, was er machen muss, und fünf Minuten später macht er es wieder falsch!" Bevor wir in das schnelle Urteil des Betriebsleiters über womöglich begriffsstutzige Mitarbeiter einstimmen, müssen wir noch einmal genau hinsehen bzw. in diesem Falle hinhören. Hat es sich um eine „banale" Anweisung bzw. Regelung gehandelt wie beispielsweise: „Ich möchte, dass du eine saubere Schürze anziehst" oder um eine Veränderung im Arbeitsablauf wie beispielsweise: „Ich möchte, dass du dem Gast zuerst in die Augen blickst und erst dann das Essen anrichtest"? Wenn Sie sich jetzt fragen, worin der Unterschied liegt, dann gibt es eine klare Antwort: im Gehirn des Mitarbeiters.

Die Geschichte zum Start dieses Abschnitts über Straßen und Löcher bezieht sich weniger auf die Interaktion zwischen Ihnen und Ihren Mitarbeitern als vielmehr auf einen Umstand, den Sie sehr genau aus Ihrem Leben kennen. Haben Sie schon einmal selbst versucht, sich ein neues Verhalten oder neue Anteile in der Kommunikation anzugewöhnen? Oder haben Sie – vielleicht noch schwieriger – versucht, sich ein Verhalten oder etwas in Ihrer Kommunikation abzugewöhnen? Wenn ja, dann kennen Sie folgende Aussage ganz genau: „Mist! Ich wollte doch nicht mehr ..." Das ist übrigens auch gleichzeitig die schlechte Nachricht für Sie als Leser: Veränderungen sind oftmals mit richtig viel Arbeit verbunden.

Wenn Sie also in diesem Buch ein paar Dinge entdecken, die Sie verändern möchten, dann werden Sie noch längere Zeit den Kampf mit dem inneren Schweinehund zu führen haben. Vielleicht ist diese Analogie aber auch nicht gut gewählt, weil der „innere Schweinehund" ja einen ungeliebten Anteil beschreibt, den man am liebsten sofort loswerden bzw. besiegen möchte. Dabei geht es in diesem Abschnitt nur darum, wie Menschen überhaupt lernen können. Das hat weniger mit „besiegen", als mit „meistern" zu tun.

Was für krause Vorstellungen Menschen oftmals von den Vorgängen beim Lernen haben, merkt man daran, dass sie sich bzw. andere in Frage stellen, wenn das Lernen einmal nicht so einfach funktioniert. Lernen zu reduzieren auf das, was wir früher in der Schule mit Englisch-Vokabeln oder Hauptstädten der Erde gemacht haben, ist schon fast fahrlässig. Außerdem geht es in unserem gastronomischen Alltag im Wesentlichen nicht um Wissen, sondern um Verhalten. Ein Verhalten oder eine Fähigkeit zu erlernen ist aber ein völlig anderer Prozess als das Pauken von Vokabeln. Wäre das nicht so, dann müsste jeder, der Noten gelernt hat, auch automatisch Klavier spielen können. Bei dem Vergleich muss aber sicherlich jeder laut auflachen, der schon jahrelang daran übt, dieses Instrument wirklich zu beherrschen.

In der Praxis verhalten sich manche Vorgesetzte aber vergleichbar. Da werden den Mitarbeitern die Noten erklärt und dann schickt man sie an ein Klavier: „Spiel!" Und wenn dann ein falscher Ton erklingt, gibt es auch noch Diskussionen. Ich hoffe, diese Sichtweise lässt die oben genannte Aussage des Betriebsleiters noch einmal in neuem Licht erscheinen. Genau genommen verlangen wir unseren Mitarbeitern oftmals sogar die beiden genannten Schritte gleichzeitig ab, an denen wir schon einzeln in unserem Leben scheitern. Mitarbeiter sollen gleichzeitig ein oftmals jahrelang eintrainiertes oder angewöhntes Verhalten ablegen *und* sich ein neues Verhalten angewöhnen. Je älter die Routine, desto schwieriger ist aber die Veränderung! Wenn Sie das selbst testen möchten, dann nehmen Sie sich z. B. jetzt vor, zukünftig beim Zähneputzen die Bürste in die andere Hand zu nehmen. Ich wünsche Ihnen jetzt schon viel Spaß!

Wenn Sie einem Mitarbeiter eine neue Verhaltensweise erklären und dann erwarten, dass er alles auf Anhieb richtig macht, dann tun Sie ihm Unrecht. Für Lernprozesse ist meist mehr erforderlich als eine bloße Erklärung. Das bedeutet natürlich nicht, dass Sie auf Erklärungen verzichten können. Erklärungen helfen einem Lernenden, die Lerninhalte wieder zu konstruieren oder genauer gesagt zu rekonstruieren. Dinge können erst Teil meines Verstandes werden, wenn ich sie verstanden habe. Darüber hinaus wird bei unserem Vergleich mit dem Klavierspielen schnell ein Lösungsweg klar, wie sich Menschen auch komplexe Verhaltensweisen angewöhnen können: durch Üben! Wenn ich hier von „komplexen" Verhaltensweisen spreche, meine ich eigentlich *alle* Verhaltensweisen, die den Arbeitsablauf betreffen. Zu lernen, wie man eine Servicestation als Kellner führt, ist durchaus mit dem Erlernen des Fahrradfahrens vergleichbar. Mit anderen Worten: Da braucht es schon ein paar Runden, bis das sitzt. Im Zweifelsfall muss man sogar mit Stützrädern (buchstäblich: Unterstützung) anfangen.

Praxistipp Nr. 9

Damit Ihre Mitarbeiter neue Verhaltensweisen lernen, sind drei Schritte erforderlich: Erkennen, Verstehen und Üben. Treten Schwierigkeiten auf, ist Unterstützung statt Kritik erforderlich.

Das erinnert schon fast an die AdA-Ausbildung. Haben Sie diese Eignungsprüfung der Ausbilder mit IHK-Zertifikat auch absolviert? Ich kann mich noch gut erinnern, was die Quintessenz dieser Ausbildung war. Ich hatte erfahren, dass man Auszubildenden zuerst erklären muss, wie ein Arbeitsschritt funktioniert, dann sollte ich es einmal vormachen und dann den Auszubildenden machen lassen. Im Zweifelsfall muss man den ganzen Vorgang mehrfach wiederholen. Eigentlich wird damit ganz gut erklärt, wie Menschen etwas lernen. Ich muss aber zugeben, dass ich diesen „Musterweg" mit meinen Auszubildenden früher nicht immer gegangen bin. Ich habe eher die Philosophie vertreten: „Gib viel Freiheit, lass Auszubildende selbst Erfahrung sammeln." Aus heutiger Sicht, mit mehr Wissen über die psychologischen Hintergründe, empfinde ich meine Einstellung von damals als ziemlichen Quatsch! So bin ich eben selbst öfter in ein Loch gefallen, obwohl ich es doch eigentlich hätte sehen müssen. Aber um bei der Eingangsmetapher zu bleiben: Es war meine eigene Schuld ... Philosophie hin oder her: Unsere komplexe und fordernde Arbeitswelt erfordert genau diese drei Schritte, damit Mitarbeiter etwas wirkungsvoll erlernen können: Erkennen, Verstehen und Üben. Damit passt unsere Vorgehensweise, wie wir unseren Mitarbeitern etwas beibringen, zu den wissenschaftlichen Statistiken über Lerntransfer, so wie ich diese in Abbildung 1.5 für Sie grafisch dargestellt habe.

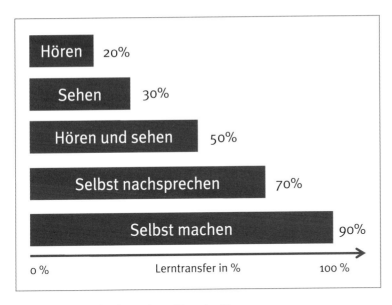

Hören	20%
Sehen	30%
Hören und sehen	50%
Selbst nachsprechen	70%
Selbst machen	90%

0 %   Lerntransfer in %   100 %

Abb. 1.5: Lerntransfer über mehrere Sinneskanäle

Nachdem wir schon die Punkte Verstehen und Üben etwas näher betrachtet haben, möchte ich auch noch kurz klären, was mit „Vormachen" im weitesten Sinne gemeint ist. Dazu hilft, wenn man sich einmal bewusst macht, wie man Verhalten im ursprünglichen Sinne überhaupt lernt. Wenn wir betrachten, wie z. B. Schimpansen und wohl auch alle anderen Säugetiere lernen, wird das klar. Hier gewinnt das Thema „verbale Kommunikation" und jegliche Erklärung nämlich sofort eine völlig untergeordnete Rolle. Hier werden die Eltern beobachtet und imitiert. Wir Primaten lernen also am Modell! Ich hoffe, Sie sind sich bewusst, dass Sie selbst in Ihrem Betrieb sozusagen als „Oberhaupt" das Modell sind. Sie sind das Vorbild für Ihre Mitarbeiter, und das im wahrsten Sinne des Wortes „in guten wie in schlechten Tagen".

Praxistipp Nr. 10
Nur Gastgeber führen auch Gastgeber. Sie sind als Vorgesetzter das Vorbild. Erwarten Sie keine Verhaltensweisen, die Sie nicht selbst vorleben.

Der Gedanke, dass Sie bei einem Auszubildenden einen Arbeitsschritt zunächst vormachen, umfasst den Punkt „Vorbild" nämlich nur unzureichend. Ich habe diesem Buch den Untertitel „Gastorientiert führen" gegeben und möchte Ihnen an dieser Stelle den wichtigsten Punkt nennen, wie Ihnen das gelingt: Sie müssen selbst gastorientiert arbeiten bzw. Gastgeber sein. Wenn Sie nie Ihre Gäste begrüßen, nie im Gastraum zu sehen sind, nie an die Tische gehen, an der Rezeption nie Gäste willkommen heißen usw., werden Sie auch nie Mitarbeiter haben, die ihre Arbeitsweise wirklich gastorientiert ausrichten. Was lösen Chefs denn aus, wenn ein Mitarbeiter ins Büro kommt und sagt: „Draußen steht ein Gast, der Sie gerne sprechen möchte." Und der Chef sagt: „Gehen Sie erst nochmal hin und fragen, was der will!"? Was löst ein Restaurantdirektor bei seinen Mitarbeitern aus, der zum Mittagsgeschäft am Büffet ununterbrochen Anweisungen gibt, aber keinem einzigen Gast einen „guten Appetit" wünscht? Der amerikanische Managementtrainer John C. Maxwell bezeichnet so ein Verhalten folgendermaßen: „That´s the law of the picture! People do, what people see …" Das Gesetz der Bilder – Menschen tun, was sie sehen. Dem ist meines Erachtens nichts hinzuzufügen.

Beantwortet ist an dieser Stelle aber immer noch nicht, was beim Lernen im Gehirn passiert. Wahrscheinlich vergleichen viele Menschen die Funktionsweise unseres Gehirns ja doch mit der eines Computers, den ich nur mit Informationen füttern muss. Mit „Intelligenz" wird dann gesellschaftlich die Fähigkeit beschrieben, möglichst viele Informationen in möglichst kurzer Zeit abzuspeichern. Menschen, denen das schlechter gelingt als mir, müssen im Umkehrschluss also weniger intelligent sein. Eigentlich müssten viele Menschen schon aufgrund eigener Erfahrungen an dieser selbst erklärten „Wahrheit" zweifeln. Man muss ja normalerweise auch keinen Fünfzehnjährigen darüber aufklären, dass es den Weihnachtsmann nicht gibt. Wahrscheinlich ist ihm irgendwann selbst aufgefallen, dass eine Viertelstunde vor der Bescherung Papa irgendwie immer verschwunden ist. Wie ist auf unser Gehirn übertragen z.B. sonst erklärbar, dass ich neue Informationen einmal ganz leicht und ein anderes Mal nahezu unmöglich auf meiner Festplatte abspeichern kann? Damit die Intelligenz (kognitive Leistungsfähigkeit) der Mitarbeiter nie in Frage steht, dürfen Führungskräfte meiner Meinung nach diesbezüglich auf keinen Fall noch an den „Weihnachtsmann" glauben.

Zunächst muss man wissen, dass unser Gehirn in vier unterschiedliche Gedächtnissysteme abspeichert, die auch räumlich im Gehirn an unterschiedlichen Orten lokalisiert werden können. Diese Gedächtnissysteme sind entweder explizit oder implizit. Das bedeutet, dass ich einen Teil der „Daten" bewusst abrufe (explizit) und andere Teile eben nicht (implizit). Wir besitzen ein explizites Gedächtnis, von den Wissenschaftlern auch *deklaratives Gedächtnis* genannt. Hier werden Zahlen, Daten und Fakten gespeichert. Aufgrund meines deklarativen Gedächtnisses weiß ich z.B., dass es sich bei einem Wein auf meiner Karte um einen deutschen Riesling von 2009 handelt. Weiterhin besitzen wir auch ein *episodisches Gedächtnis*. Hier werden zeitliche Abfolgen abgespeichert. Ich weiß z.B., dass ich diesen deutschen Riesling erst gestern nachbestellt habe. Darüber hinaus haben wir auch ein *implizites explizites prozedurales Gedächtnis*. Hier sind die komplexen Abläufe unserer Fähigkeiten gespeichert. Ich *weiß* z. B. nicht nur Schritt für Schritt, wie ich eine Weinflasche fachlich richtig öffnen muss, ich mache das sogar, ohne darüber groß nachzudenken. Abschließend haben wir auch noch ein *implizites Priming-Gedächtnis*. In diesem Gedächtnis sind Farben, Formen und Gerüche gespeichert. Dieses Gedächtnis hilft uns, Situationen und Dinge wiederzuerkennen. Ich erinnere mich z. B. gut, dass ich mit diesem Riesling schon viel Spaß hatte ...

Wenn Sie Ihren Mitarbeitern ein Verhalten bzw. einen Ablauf erklären, dann sprechen Sie praktisch sein deklaratives Gedächtnis an. Danach hat er etwas womöglich verstanden. Um sich dieses Verhalten dann selbst anzueignen, muss es dieses Wissen aber erst ins prozedurale Gedächtnis schaffen. Auch hier ist das Abspeichern kein Prozess, der mit einem Computer vergleichbar wäre. Ein Computer speichert nach dem Muster richtig/falsch die eingegebenen Informationen (binärer Code). Unser Gehirn ist hingegen ein Netzwerk, das aus neuronalen Verbindungen besteht. Das Aneignen einer Fähigkeit muss man sich deshalb als eine neuronale Bahnung vorstellen. Neuronal bedeutet jede neue oder veränderte Fähigkeit deshalb eine Neubahnung. Schon fast erschreckend ist nun, was der Neurologe Manfred Spitzer über das prozedurale Gedächtnis sagt. Er behauptet, dass für eine einigermaßen tragfähige Neubahnung mehrere tausend Wiederholungen des Reizes notwendig wären. Weiterhin sagt er, dass meisterliches Können mehrere zehntausend Wiederholungen erfordert! Hier bekommt ein bekanntes deutsches Sprichwort eine ganz neue Bedeutung: Übung macht den Meister.

Was aber Neurologen erst nach und nach herausfinden, wissen andere Kulturen schon seit vielen hundert Jahren auf der Erfahrungsebene. Das erklärt beispielsweise, warum die buddhistischen Shaolin-Mönche das Erlernen ihrer berühmten Kampfkunst in kleinste Abläufe unterteilen und dann jeden einzelnen Schritt Tage, Wochen und Monate, also manchmal buchstäblich bis zum Erbrechen üben. Ich hoffe, auch diese neurologische Sicht macht die Vorstellung fast lächerlich, wir könnten unseren Mitarbeiter etwas erklären und die könnten das Erklärte dann problemlos umsetzen. Man fällt nun einmal so lange in das gleiche Loch, bis man eine neue Verhaltensweise ausreichend wiederholt hat.

Aber auch schon das Abspeichern ins deklarative Gedächtnis, also in unser Wissenssystem, ist für den Führungsalltag interessant. Vielleicht haben Sie ja auch schon Mitarbeiter erlebt, die sich „ums Verrecken" die Weine auf der Karte nicht merken können, geschweige denn den einen oder anderen Gastnamen. Zunächst muss man sich wohl erst verdeutlichen, welche Rolle unser deklaratives Gedächtnis überhaupt spielt. Wir moderne Menschen legen ganz besonders Wert darauf, welche Menge da drin ist. „Wissen ist Macht", ist z. B. ein Sprichwort, das diese Denkhaltung ganz gut widerspiegelt. Evolutionär gesehen ist dieses Gedächtnissystem aber für das physische Überleben eigentlich ziemlich uninteressant. Ein Urmensch konnte nicht besser überleben, nur weil er Pflanzenarten möglichst gut benennen konnte. Er konnte aber durchaus besser überleben, wenn er Pflanzen wiedererkannt und verknüpft hatte, welche Pflanzen und Beeren giftig, heilend, wohltuend, wohlschmeckend oder sättigend waren. Aus diesem Grund hat die Natur unser deklaratives Gedächtnis wohl auch ziemlich bescheiden und im Vergleich leistungsschwach ausgestattet. Anders gesagt: In dieser Hinsicht ist uns jeder Computer aus dem Discounter weit überlegen, so stolz wir auf unser Gedächtnis auch sein mögen. Unser Gehirn arbeitet genau so, wie es für unser Überleben ursprünglich sinnvoll ist: assoziativ. Wir verbinden Dinge, damit sie in unserem Netzwerk hängen bleiben (diese oder jene Pflanze = wohltuend). Unser Wissen kann man sich also so vorstellen, dass Wissen mit Wissen zu einem unglaublichen, faszinierenden und komplexen Gebilde verknüpft ist. Daraus folgt, dass ein neues Wissenspaket immer an bereits vorhandenes Wissen „andocken" muss.

Jetzt kommen wir der Sache schon so nahe, dass diese Erklärung auch zu den eigenen vielen Erfahrungen im Alltag passt. Es gibt Informationen, die in Ihrem Netzwerk sofort hängen bleiben, und andere Informationen, die an Ihrem Netzwerk abgleiten, als wäre es eine Teflonpfanne. Die bereits genannte Autorin Vera F. Birkenbihl hat das einmal in einem eindrucksvollen Beispiel verdeutlicht. Sie hat behauptet, dass sie eine (wahrscheinlich neue) Information geben könnte, die jeder Leser nie mehr in seinem Leben vergessen würde. Hier die Information: „Bananen gehören zur Gruppe der Beeren!" Birkenbihls Erklärung klingt einleuchtend: „Sie kennen Bananen und Sie kennen Beeren. Diese Information verknüpft also nur zwei bereits vorhandene Informationen aus dem Netzwerk miteinander."

Für Sie als moderne Führungskraft bedeutet diese Erkenntnis, dass Sie erforderliches Wissen für Ihre Mitarbeiter auf interne Verarbeitungsprozesse abstimmen müssen.

Praxistipp Nr. 11
Vermitteln Sie Ihren Mitarbeitern erforderliches Wissen (Zahlen, Daten, Fakten) gehirngerecht. Verbinden Sie dafür neue Informationen mit bereits vorhandenem Wissen.

Dieser Lösungsweg ist übrigens nicht neu. Schon seit Menschengedenken werden Informationen in Metaphern, Geschichten und Analogien weitergegeben. Die Idee dahinter ist ja, dass sich der Zuhörer in einer Geschichte wiedererkennt und die enthaltene Botschaft deshalb besser verknüpft. Alle Religionen nutzen diesen Effekt. So wird in der Bibel beispielsweise erzählt, dass Jesus bei den Fischern das Bild vom „Netzeauswerfen" benutzte und bei Schäfern das Bild vom Hirten, der „die Herde behütet". Ich möchte aber jetzt nicht darüber philosophieren, ob die Bibel nun gehirngerecht geschrieben wurde oder nicht. Unser Beispiel zeigt nur eines ganz eindrucksvoll und einleuchtend: Wenn Sie verstanden werden wollen, müssen Sie neue Informationen mit bereits vorhandenem Wissen verknüpfen. Wenn Sie also beispielsweise möchten, dass Ihre Mitarbeiter die Weinkarte auswendig lernen, dann bietet es sich an, dass Sie eine kleine Weinprobe mit Ihren Mitarbeitern veranstalten. Verknüpfen Sie dann die neuen mit bereits bekannten Geschmacksnoten wie z. B. bekannten Früchten. So kann man sich dann auch eine umfangreiche Weinkarte schnell(er) merken.

Wenn Sie möchten, können Sie auch an der einen oder anderen Stelle zu einer sehr eleganten Form der Wissensvermittlung greifen: Erzählen Sie eigene Geschichten aus Ihrem Leben. Geschichten über Erfolge und Misserfolge und wie Sie das eine oder andere gemeistert haben. Wie ja schon an anderer Stelle gesagt: Sie sind das Vorbild!

Der letzte „wissenswerte" Punkt, den ich Ihnen zumindest hier im Kapitel über das Basiswissen aufzeigen möchte, betrifft nicht das Einspeichern, sondern das Abrufen von Informationen aus den Gedächtnissystemen. Auch dazu gibt es einen weitverbreiteten Irrglauben, der uns oftmals nicht nur an unseren Mitarbeitern, sondern schon an uns selbst zweifeln lässt: Wenn ich etwas mit mehr oder weniger Mühe in die „Kiste" hineinbekommen habe, muss ich es doch zumindest problemlos wieder abrufen können, oder? Ich weiß nicht, ob das bei Ihnen immer so leicht funktioniert; ich habe da ganz andere Erfahrungen. Sie wissen ja jetzt schon, dass unser Bewusstsein (explizit) nur an zwei von vier Gedächtnissystemen beteiligt ist. Das eröffnet die Frage, wie der Prozess der Abfrage von Informationen aus unserem Wissenssystem eigentlich abläuft. Vielleicht lässt sich das gut mit einem Selbstversuch erklären: Versuchen Sie einmal, sich *jetzt* sofort daran zu erinnern, was Sie alles in Ihrer Ausbildung gelernt haben! Na, alles da? Wohl eher nicht! Wenn Sie möchten, können Sie jetzt fünf Minuten Ihre Gedanken „schweifen" lassen und gleichzeitig beobachten, welches Wissen Ihnen nach und nach einfällt. Was wird wohl in Ihrem Kopf passieren? Bei mir passiert Folgendes:

- Zunächst herrscht da gähnende Leere. Mein System versucht, völlig aus dem Kontext gerissene Wissensfragmente abzurufen und startet erst einmal mit einem Moment Verwirrung.
- Dann tauchen erste Fragmente auf. Ich gehe gedanklich meine Ausbildung durch und nach und nach öffnen sich immer mehr „Türen" hinter denen weiteres Detailwissen liegt.
- Wenn ich jetzt weiter überlege, je nach Zeit, die ich bereit bin dafür zu investieren, werde ich wohl einen relativ großen Teil der Ausbildung „rekonstruieren" können. Wahrscheinlich werde ich mir aber nie mein komplettes Wissen aus der Ausbildung „vergegenwärtigen" können.

Welchen Sinn sollte das auch haben? Was sollte ich jetzt in diesem Moment mit meinem „kompletten Wissen" machen? Diese Gedanken sind natürlich völliger Blödsinn. Die gute Nachricht ist, dass uns die Natur deshalb lieber so ausgestattet hat, wie es sinnvoll ist, und uns damit daran hindert, mit unserem Gedächtnis Schindluder zu treiben. Damit wir uns nicht ständig überfordern, lässt unser Gehirn Informationen bevorzugt im passenden Kontext „frei". Ein Urmensch braucht beim Ausnehmen eines Mammuts momentan eher anatomisches Wissen über Mammuts als Kenntnisse übers Hüttenbauen. Der Rückschluss daraus ist, dass uns manches Wissen erst wieder einfällt, wenn wir möglichst genau oder sehr ähnlich in dem Kontext angekommen sind, in dem wir dieses Wissen gelernt haben. Mit anderen Worten: Ich erinnere mich erst in der Küche wieder daran, was ich als Erstes machen wollte, erinnere mich erst, wenn ich beim Gast stehe, wie man eine Flasche Wein fachlich öffnet. Oder wenn ich, wie beim Selbstversuch oben gesehen, den Kontext in meiner Vorstellung nachbilde.

Das Wissen von Mitarbeitern ebenso wie das eigene Wissen und Können völlig aus dem Kontext gerissen zu überprüfen, ist somit höchstens eine sehr einfache und sichere Methode, sich und seine Mitarbeiter zu verunsichern. Eine aussagekräftige Information über Fachkompetenz bekomme ich so aber nicht.

Man soll sich ja unbequeme Wahrheiten nicht bis zum Schluss aufheben. In diesem Abschnitt werde ich eine Ausnahme machen: Zum Kontext zählt unser Gehirn auch Stimmungen und Emotionen! Wenn ich verärgert bin, hat mein Gehirn gerade sehr guten Zugriff auf alle ärgerlichen Erinnerungen! So werden aus schlecht gelaunten Mitarbeitern ohne große Mühe gerne einmal sehr, sehr schlecht gelaunte Mitarbeiter …

1.5 Emotionen und Gefühle

Und der Fuchs sagte: „Wenn du zurückkommst, werde ich dir ein Geheimnis verraten." Und als der kleine Prinz zurückkam, sagte der Fuchs: „Hier ist mein Geheimnis! Man sieht nur mit dem Herzen gut, das Wesentliche ist für die Augen unsichtbar." – „Das Wesentliche ist für die Augen unsichtbar", wiederholte der kleine Prinz, um es sich besser zu merken.

Antoine de Saint-Exupéry

Auch wenn man heute noch lange nicht alles über die Funktionsweise(n) unseres Gehirns weiß, eines weiß man schon ziemlich genau: Unser Gehirn arbeitet überwiegend emotional. Das ist auch gar nicht verwunderlich, wenn wir wieder über unsere Evolution nachdenken. Dinge „rational" zu erfassen erfordert Sprache. Wie man heute weiß, ist aber Sprache in unserer Entwicklung eigentlich „brandneu". Unsere frühen Vorfahren waren einen viel längeren Zeitraum eher sprachlos und damit fast ausschließlich von Intuition, also durch unsere Gefühle gesteuert. Nicht nur beim Einspeichern und Abrufen von Informationen spielen also Emotionen eine große Rolle. Es sind unsere Gefühle, die auf der Brücke stehen und das Schiff steuern. Im Punkt 1.1 habe ich bereits darauf hingewiesen, dass unser Bewusstsein (rationaler Anteil) eben nicht wirklich am Ruder ist. Das Bewusstsein somit als Kapitän an Bord zu betrachten ist daher eher Wunschdenken als Realität. Fest steht, dass die Emotionen am Steuer nicht immer auf den „Kapitän" hören, sondern die Richtung praktisch nach „Lust und Laune" bestimmen. Wenn der „Dampfer" aber mal wieder durchgeht, erklärt der „Kapitän", obwohl eigentlich machtlos, der restlichen Mannschaft an Bord, warum der Richtungswechsel jetzt richtig und sinnvoll war. Er möchte ja verständlicherweise den Respekt der „anderen an Bord" nicht verlieren ... Für Führungskräfte ist es auf jeden Fall sehr sinnvoll, sich einmal näher mit dem „Steuermann", also mit Emotionen und Gefühlen zu beschäftigen. Wenn Sie auch bei Ihren Mitarbeitern nur auf das hören, was deren interner „Kapitän" gerade erklärt, werden Sie Ihre Mitarbeiter wahrscheinlich nie verstehen, geschweige denn, deren Verhalten irgendwie erklären können.

Zunächst möchte ich dafür mit ein paar Begrifflichkeiten (Syntax) aufräumen. In unserem Sprachgebrauch verwenden wir die Begriffe Emotionen, Gefühle und Stimmung manchmal sogar gleichbedeutend oder als Synonym (gleicher Referent). Das ist aber fachlich bzw. im wissenschaftlichen Sinne falsch. Fragwürdig ist auch, über gute und schlechte Gefühle zu sprechen. Viel sinnvoller ist der Gedanke, dass Gefühle einen Sinn haben müssen. Das wird schon aus dem Vergleich mit dem Steuermann klar. Gefühle und Emotionen sind dafür gedacht, unser

Verhalten zu steuern. Mit anderen Worten: Gefühle und Emotionen sind handlungsrelevant.

Praxistipp Nr. 12

Menschen werden von Gefühlen gesteuert. Emotionslose Führung oder Anweisungen, die keine Gefühle auslösen, sind für Mitarbeiter nicht handlungsrelevant.

Das wird schnell klar, wenn wir uns zunächst den Begriff „Emotion" genauer ansehen oder anhören. Darin steckt das lateinische „motio", also Bewegung. Ursprünglich sollen uns also Emotionen bewegen. Wenn ich hier im darwinistischen Sinne „ursprünglich" meine, muss diese Bewegung überlebenswichtig für uns sein. Warum sollte uns die Natur sonst damit ausgestattet haben? Um uns und manchmal unsere Mitarbeiter in den Wahnsinn zu treiben? Um das hier ein wenig besser zu verdeutlichen, möchte ich mich auf die Erkenntnisse des Anthropologen Paul Ekman stützen. Er hat sich in seiner Forschungsarbeit mit universellen Emotionen und deren Ausdrucksweisen befasst. Daraus ist das Konzept der sechs Grundemotionen entstanden: Wut, Angst, Trauer, Überraschung, Freude, Ekel. Der Begriff „Grundemotion" bezeichnet dabei, dass diese Emotionen mitsamt ihren Ausdrucksweisen bei allen Menschen gleich sind.

Ich hoffe, Sie genießen diese Information. Das ist in diesem Buch nämlich bisher die einzige Stelle, an der irgendetwas bei Ihren Mitarbeitern überhaupt berechenbar wird: Emotionen sind bei allen gleich. Die schlechte Nachricht ist, dass das nichts Besonderes ist. Diese Gemeinsamkeit haben Ihre Mitarbeiter nämlich auch mit allen anderen Primaten. Lassen Sie uns betrachten, wofür die Grundemotionen überlebenswichtig sein sollen. Womöglich ist auf den ersten Blick nicht klar, wofür Wut beispielsweise gut sein soll ...

Achten Sie einmal darauf, in welchen Situationen Sie wütend werden und welche Auswirkungen das in Ihnen hat. Womöglich werden Sie wütend, wenn Ihnen ein Autofahrer zu nah auf die „Pelle" rückt, jemand Ihnen im Supermarkt den Einkaufswagen auf die Füße schiebt oder Sie ein Fremder in den „Schwitzkasten" nehmen will. Die Auswirkungen sind Ihnen bekannt: Sie könnten im Auto womöglich losschreien, entwickeln im Supermarkt bedenkliche Vorstellungen, wie Sie Ihrem Gegenüber wehtun könnten, und verlieren im Schwitzkasten völlig die Beherrschung. Auch wenn Ihr Partner manchmal anderer Meinung ist: Diese Reaktionsmuster sind normal! Wir werden wütend, wenn ein anderer uns physisch oder psychisch einschränkt. Wut stattet uns in sehr kurzer Zeit mit viel Energie aus, damit wir unser Revier verteidigen können. Wichtig ist an dieser Stelle auch zu wissen, dass alle Emotionen ein inneres Reaktionsmuster hervorrufen, welches wir willentlich nicht gleich beeinflussen können. Mit anderen Worten: Ist der „Wut-Schalter" erst einmal betätigt, laufen innere Prozesse ab, die ich zunächst willentlich nicht mehr beeinflussen kann. Im Falle der Wut bedeutet das, dass die Energie kommt, ob ich das will oder nicht. Wenn jetzt mein Nachbar im Auto beispielsweise sagt: „Reg dich doch nicht so auf", dann löst das höchstens aus, dass ich erst richtig auf die Palme gehe.

Genauso kann man das auch mit den anderen Emotionen „durchspielen". Natürlich ist auch Angst überlebenswichtig. Aufgrund einer Wahrnehmung entsteht ein starker Bewegungsimpuls. Ich sehe eine Schlange, höre einen Knall oder ein anderes unbekanntes Geräusch und reagiere darauf unmittelbar, indem ich zur Seite springe, mich ducke, davonlaufe usw. Angst ist somit ein sehr effektives Mittel zum Eigenschutz, das uns möglichst schnell aus einer Gefahrensituation bringen soll.

Trauer ist eine Bewältigungsstrategie, die uns dabei hilft, Trennungserlebnisse zu verarbeiten. Beim Weinen spielt hierbei nicht nur die Atmung, sondern manchmal auch eine gewisse Bewegung (eine Art von Schütteln) eine Rolle. Die Beschreibung „erschütternde Trauer", ist buchstäblich nicht so weit hergeholt. Der Effekt ist, dass man nach so einem sehr intensiven Weinen und Schütteln wieder ein wenig klarer sieht. Ich vergleiche das gerne mit einem reinigenden Sommergewitter.

Ekel ist dafür gut, dass wir uns von Dingen, die uns schaden können, in der Form entfernen, dass wir diese nicht oral aufnehmen (essen oder trinken). Ekel ist somit ein wirksamer Schutz gegen Vergiftung.

Freude, oder auch in einem gewissen Sinne Glück, kann man wahrscheinlich als „Zielemotion" betrachten: Da wollen wir hin. Sie ist daher eng mit der eigenen Motivation verbunden. Dieses Gefühl bewegt uns in der Form, dass wir diese Emotion als Erlebnis erstrebenswert empfinden. Vielleicht wird damit verständlich, dass Glück als Gefühl kein Dauerzustand sein darf, damit wir Menschen nicht in Stillstand verharren.

In dieser Reihe bildet Überraschung als Emotion eine Ausnahme. Überraschung soll nicht uns, sondern die Menschen in unserem direkten Umfeld bewegen. Überraschung zeigt sich sehr deutlich in unserem Gesicht und bewegt Menschen in unserem Umfeld, sofort die eigene Aufmerksamkeit in die gleiche Richtung zu richten. Es könnte ja Gefahr drohen.

Diese Unterteilung in sechs Grundemotionen bedeutet nicht, dass es nicht mehr Grundemotionen gibt, sondern dass Paul Ekman hier mit seinen Forschungen aufgehört hat. Darüber bin ich übrigens sehr froh. Das bedeutet nämlich, dass es beispielsweise eine Erklärung für „Scham" geben kann. Meines Erachtens ist Scham ein gesellschaftliches Gefühl, dass uns dazu bewegen soll, uns wieder konform zu verhalten. Wir dürfen ja nicht vergessen, dass ursprünglich für uns Menschen (wie übrigens auch für alle anderen Primaten) ein Ausschluss aus der Gruppe einem Todesurteil gleichkam. Auch Scham ist also gut und nützlich. Diesen Gedanken finde ich hilfreich für alle Menschen, die gerne einmal wie ein Feuerwehrauto rot anlaufen ...

Im Übrigen bin ich froh, dass es noch eine Emotionswelt gibt, die über die Forschungsergebnisse von Paul Ekman hinausgeht, was er, nebenbei bemerkt, in seinen Veröffentlichungen auch selbst zugibt. Sonst wäre unsere Emotionswelt doch fast erschreckend arm. Fünf gegen eine? Nur eine positive Emotion, also Freude, gegen fünf andere, die zwar wichtig sind, sich aber nicht so gut anfühlen?

Aber auch auf der „positiven Seite" können wir unsere Emotionen noch einmal auffächern:

► Stolz ist eine Emotion, die mich motiviert, außergewöhnliche Ergebnisse zu erzielen.
► Genuss ist eine Emotion, die aus unserem gastronomischen Alltag gar nicht wegzudenken ist. Sie beschreibt die angenehme sinnliche Wahrnehmung.
► Euphorie ist die Emotion, die überschwängliche Energie nach außen trägt und damit sichtbar macht.

So haben wir mit Freude, Stolz, Genuss und Euphorie ein ausgewogenes Maß an guten Empfindungen, denen Wut, Trauer, Ekel und Überraschung gegenüber stehen. Mich zumindest beruhigt dieser Gedanke. Zusammengefasst lässt sich aber festhalten, dass Emotionen nach einem Reiz-Reaktionsmuster ablaufen. Ein Reiz (z. B. Schlange) löst eine Reihe von Reaktionen (z. B. Weglaufen, schneller Puls, bessere Durchblutung der Beine usw.) aus.

Damit ist jedoch bisher nur der Begriff der Emotionen erklärt. Was sind dann eigentlich Gefühle? Das kann man sich gut verdeutlichen, wenn wir beispielsweise wieder bei der Grundemotion Wut anfangen und diese mit Ärger als einem dazu passenden Gefühl vergleichen. Während Wut sehr schnell viel Energie auf- und dann auch sehr schnell wieder abbaut, entsteht Ärger eher langsam, hat nur mittlere Intensität, braucht aber manchmal sehr lange Zeit, um sich wieder abzubauen. Mit der Grafik in Abbildung 1.6 habe ich versucht, das zu verdeutlichen.

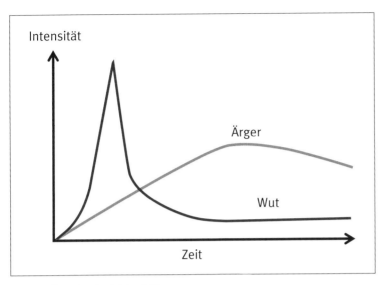

Abb. 1.6: Ärger im Vergleich mit Wut

Ein Gefühl kann man als Verbindung einer Grundemotion mit einer Kognition (Bewertung, Verzerrung, Vorstellung) betrachten. Ich kann vor einer Schlange Angst haben (Emotion) oder befürchten, dass ich meinen Job verliere (Gefühl). Ich kann mich vor verschimmeltem Brot ekeln oder meine Kollegen verachten. Ich kann einen verstorbenen Menschen betrauern oder deprimiert über einen verärgerten Gast sein. Das Kennzeichen von Gefühlen ist also ein innerer Bewertungsprozess, der im Gegensatz zur Grundemotion nicht von äußeren Reizen bestimmt sein muss. Die Fähigkeit, Gefühle zu entwickeln, unterscheidet uns Menschen also von den meisten anderen Lebewesen. Oder anders gesagt: Eine Amsel sitzt nicht auf einem Zweig und ist traurig, weil der Nachbar schöner singt. Daraus ergeben sich aber fatale Folgen für uns Menschen. Da wir nämlich fähig sind, Gefühle als körperliche Reaktion aufgrund unserer eigenen Kognitionen, also Gedanken und Vorstellungen zu erzeugen, sind wir die einzigen Lebewesen, die aufgrund ihrer Gedanken krank werden können. Wenn Sie die Abbildung 1.6 noch einmal betrachten, sehen Sie, dass Ärger einen zwar nicht so hohen Ausschlag hat, dafür aber, womöglich angefeuert von eigenen Bewertungen, lange auf mittlerem Energielevel bleibt. Deshalb kennt unsere Sprache auch den Ausdruck „nagender Ärger". Als Führungskraft und Vorgesetzter haben Sie großen Einfluss auf die Gefühle und Emotionen Ihrer Mitarbeiter. Ich wünsche Ihnen deshalb, dass Sie folgenden Satz nie mehr vergessen: Negative Gefühle machen auf Dauer krank!

Die Zeitungen sind voll mit Meldungen über Burn-out, über psychosomatische Krankheitsbilder, über die Zunahme von Fehltagen aufgrund psychischer Probleme und über Statistiken, wie viele Mitarbeiter mittlerweile Psychopharmaka nehmen, um den Arbeitsalltag noch zu bewältigen. Viele Führungskräfte sind bei diesen Meldungen erschrocken. Ich hingegen bin noch viel mehr darüber erschrocken, wie wenig Führungskräfte ihr eigenes Verhalten in Frage stellen, geschweige denn bereit sind, ihren Führungsstil anzupassen. Vergessen Sie nicht, dass die Arbeit in Gastronomie und Hotellerie körperlich wie mental einiges von den Mitarbeitern fordert. Bei manchem Küchenchef, Restaurantleiter, Hoteldirektor und Betriebsleiter scheinen sich beispielsweise Angstmachen und ständige Abwertung als legitime Stilmittel durchgesetzt zu haben, um Mitarbeiter zu diesem oder jenem Verhalten zu bewegen. Es gibt beispielsweise immer noch zahllose Küchenchefs, die ihre Mitarbeiter anbrüllen und dann mit einem Lächeln begründen, dieser Ton sei in der Küche eben üblich. Manche Restaurantleiter hingegen quittieren jedes Missgeschick ihrer Servicekräfte mit einem mitleidigen Lächeln und einem Kopfschütteln und sagen dann, dass es eben schwierig sei, noch vernünftig ausgebildetes Personal zu bekommen. Viele Betriebsleiter erzählen den Mitarbeitern jeden Tag, dass die Personalkosten zu hoch seien und dass Stunden eingespart werden müssten. Nach den Erklärungen in diesem Abschnitt kann man dieses Verhalten durchaus als fahrlässige Körperverletzung betrachten.

Wie der Praxistipp Nr. 12 zeigt, bedeutet das aber nicht, dass man seine Mitarbeiter möglichst von allen negativen Gefühlen fern halten sollte. Insbesondere bei den Gesprächsarten werde ich sogar aufzeigen, dass besonders Regelbrüche schlechte Gefühle auslösen müssen. Ich darf bzw. muss als Vorgesetzter durchaus verärgert oder traurig reagieren, wenn eine Vereinbarung (Commitment) von einem Mitarbeiter nicht eingehalten wird. Und mein Mitarbeiter muss diese Emotion im daraus folgenden Gespräch auch spüren. Sonst wird dieses Gespräch für den Mitarbeiter nicht handlungsrelevant. Als moderne Führungskraft bin ich dann aber auch fähig, meinen Mitarbeiter aus diesem schlechten Gefühl wieder herauszuführen, damit die Aufgabe wieder im Mittelpunkt stehen kann. Dann handelt es sich aber nicht um einen dauerhaften negativen Grundton der Verachtung, Abwertung, Demütigung oder Unsicherheit. Konkreter werde ich darauf im dritten Kapitel bei den verschiedenen Formen von Mitarbeitergesprächen eingehen.

Wenn Sie Ihre Mitarbeiter zu Bestleistungen anspornen möchten, ist es viel geschickter und auch viel weniger kraftraubend, diese Bestleistung mit möglichst guten Gefühlen und Emotionen zu verbinden. „Freude" allein als Grundemotion mit dem dazu passenden Gefühl „Wohlbefinden" empfinde ich da sogar als zu wenig. Die oben genannte Erweiterung der Grundemotionen bietet ja jetzt weitere Möglichkeiten wie

Stolz und Euphorie. Letzteres könnte man sogar als glattes Gegenteil von Wut bezeichnen, weil hier eine ähnliche Intensität erreicht wird. Mit dem Unterschied, dass die Emotionsrichtung bei der Euphorie positiv ist. Das dazu passende Gefühl heißt Begeisterung. Stolz bezieht sich ja auf eigene Leistung und ein Ergebnis. Deshalb empfinde ich diese Emotion als besonders wichtig im Führungsalltag. Wenn Sie sich beispielsweise mit durchschnittlichen Ergebnissen abfinden, verhindern Sie, dass Ihre Mitarbeiter stolz auf ihre Arbeit werden. In einem solchen Fall brauchen Sie sich nicht wundern, wenn irgendwann sprichwörtlich wie buchstäblich die „Luft raus ist".

Praxistipp Nr. 13
Fordern Sie von Ihren Mitarbeitern nur das Beste! Mittelmäßige Arbeitsergebnisse erzeugen eher Frust als Stolz.

Führung im Spannungsverhältnis zwischen positiven und negativen Emotionen und Gefühlen wird im Arbeitsalltag auch salopp als „Zuckerbrot und Peitsche" bezeichnet. Solange bei Ihnen in Küche und Service nur „Zugpferde" arbeiten und Sie sich als Kutscher (wortwörtlich: Coach) sehen, mag diese Umschreibung vielleicht sogar legitim sein. Dann sollten Sie sich aber auch bewusst machen, dass sich jemand, der hauptsächlich gepeitscht wird, von Ihnen irgendwann nicht mehr einspannen lässt ...

Nachdem jetzt klar ist, worin der Unterschied zwischen Emotionen und Gefühlen besteht und was das für Ihren Führungsalltag bedeutet, bleibt die Frage offen, was dann eine *Stimmung* ist. Während Gefühle und Emotionen bewegen sollen, beschreibt Stimmung eher eine Grundfärbung, also ein Gemüt. Wozu das evolutionär gut sein soll, ist noch nicht wirklich erforscht. Womöglich handelt es sich nur um ein „Überbleibsel" unserer Entwicklung, so überlebenswichtig wie ein Blinddarm. Vorstellen kann man sich Stimmungen als eine Art neurochemischen Cocktail, als eine gewisse Zusammenstellung der Neuromodulatoren, die eine ganz bestimmte Gemütslage erzeugen. Wichtig ist für Sie zu wissen, dass es für jede Grundemotion eine passende Grundstimmung gibt. So heißt die Grundstimmung zur Wut „gereizt", zur Trauer „betrübt" und zur Freude „heiter". Klar ist, dass ausgelöste Emotionen und Gefühle zur passenden Stimmung führen können. Ungünstig ist hingegen, dass das auch umgekehrt der Fall ist. Bin ich gerade gereizt, aus welchem Grund auch immer, habe ich sehr guten Zugang zu den passenden Gefühlen. Somit kann man schlechte Stimmung durchaus mit dem Effekt des „Teufelskreises" beschreiben: Schlechte Stimmung sorgt für schlechte Gefühle, die sorgen für noch schlechtere Stimmung, sie sorgt für noch schlechtere Gefühle usw. Man sagt ja schon, dass Menschen andere mit ihrer Stimmung „anstecken" können. So haben diese Teufelskreise schon fast etwas „Virales", das wie eine Grippe im ganzen Team grassiert. Und wenn so etwas ausbricht, stecken sich auch gerne einmal die Gäste damit an.

So weit soll und darf es natürlich nicht kommen. Deshalb muss es das Ziel von Führungskräften und Vorgesetzten sein, Mitarbeiter in möglichst gute Arbeitsstimmung zu führen. Das stärkt sozusagen das Immunsystem gegen Teufelskreise. Je besser die Stimmung im Team, desto leichter fällt es, auch Gäste in eine gute Stimmung zu führen. Umso höher wird also die Chance, dass Mitarbeiter in der Arbeitszeit auch positive Emotionen und Gefühle erleben. Mein Trainerkollege Helmut Fuchs hat das einmal so ausgedrückt: Ein Lächeln ist umso schwieriger, wenn man von ganz tief unten erst Anlauf nehmen muss. Entgegen dieser eigentlich selbstverständlichen Erkenntnis scheint es aber manchmal so, als würden Chefs ihre Mitarbeiter lieber schon bei Arbeitsbeginn in eine schlechte Stimmung führen. Meines Erachtens sind schlecht gelaunte Führungskräfte aber wirklich eine Krankheit! Wofür soll das gut sein? Um auszudrücken, dass es jetzt „ernst" wird? Ich hätte mit so einer Einstellung wahrscheinlich keine Lust mehr, auf Gäste zuzugehen!

Praxistipp Nr. 14
Gutgelaunte Mitarbeiter haben gutgelaunte Gäste. Tragen Sie mit Ihrem eigenen Verhalten zu einer positiven Arbeitsstimmung bei.

Damit Sie bei meinen Ausführungen über Emotionen, Gefühle und Stimmung nicht den Überblick verlieren, habe ich Ihnen das Gesagte noch einmal in einer Tabelle zusammengefasst:

Grundemotion	Gefühl	Stimmung	Eskalation
Wut	Ärger, Groll ...	gereizt	Hass
Angst	Furcht, Sorge, Hilflosigkeit ...	besorgt	Neurose
Ekel	Abscheu, Arroganz ...	ablehnend	Verachtung
Trauer	Verlorenheit, Betroffenheit ...	betrübt	Depression
Überraschung	Verblüfftung, Überrumpelung ...	– –	Eklat
Freude	Glück, Zufriedenheit ...	heiter	– –

Grundemotion	Gefühl	Stimmung	Eskalation
Genuss	Lecker, dufte, stimmig, wohlig, schön ...	zufrieden	Sucht
Stolz	Ehrgeiz, Würde ...	erhaben	Überheblichkeit, Hybris
Euphorie	Überschwang, Jubel ...	begeistert	Manie

Vermissen Sie bei dieser Tabelle Gefühle wie beispielsweise Liebe, Eifersucht oder Neid? Diese Gefühle sind meist eher ein Komplex aus mehreren Gefühlen. So wird Eifersucht oder Neid beispielsweise wohl ein Gefühlskomplex aus Wut und Angst sein. Interessanter für Führungskräfte finde ich den Umstand, dass Emotionen und Gefühle eine Eskalationsstufe haben können. Solche Eskalationsstufen, wie beispielsweise Depression, können natürlich pathologische, also medizinische Ursachen haben. Aber auch der Arbeitsalltag kann so etwas bei Mitarbeitern verursachen. Der Begriff „Burn-out" ist wohl nur ein Etikett (Bezeichnung, Syntax), der diese Eskalationsstufen (Depression, Neurose) bezogen auf das Arbeitsleben bezeichnet. Fest steht, dass dieses Krankheitsbild durch schlechte Gefühle im Arbeitsleben ausgelöst wird und dass die Angst vor der eigenen Unzulänglichkeit meist eine große Rolle spielt. Damit wird die besondere Verantwortung von Vorgesetzten und Führungskräften noch einmal klar.

Ein *moderner* Führungsstil ist, zusammengefasst, ein *emotionaler* Führungsstil, der positive wie negative Emotionen und Gefühle nutzt (Handlungsrelevanz), aber gleichzeitig darauf achtet, dass es den Mitarbeitern gut geht. Besonders Letzteres erfordert von Führungskräften ein besonderes Maß der Aufmerksamkeit und der Wahrnehmung. Mit anderen Worten: Wer mit den Emotionen und Gefühlen seiner Mitarbeiter arbeiten möchte, muss diese lesen können. Wenn Sie Ihre Wahrnehmung ein wenig schulen, können Sie Emotionen bei Ihren Mitarbeitern sogar schon erkennen, bevor sie sich selbst ihrer Emotionen bewusst sind. Dieser Effekt wird ganz gut in der amerikanischen TV-Serie *Lie to me* („Lüg mich an") beschrieben. Hierbei geht es darum, dass man Lügen an kleinen Veränderungen in der Mimik ablesen und erkennen kann. Das geht natürlich schon sehr weit. Fakt ist aber, dass sich alle unsere Emotionen in der Mimik und in der Stimme ausdrücken. Dass wir dadurch unsere Emotionen nach außen tragen, muss also irgendwann in unserer Evolution so wichtig gewesen sein, dass wir das bewusst nicht verhindern können. Wenn Sie beispielsweise einem Koch sagen, dass Ihnen seine Suppe nicht schmeckt, können

Sie also herausfinden, ob ihn das eher ärgert oder traurig macht. Und das sogar noch bevor er das selbst weiß! Das Einzige, was Sie dazu tun müssen: Genau hinsehen und sich mit den verschiedenen Ausdrucksweisen der Emotionen in der Mimik vertraut machen.

Wut drückt sich beispielsweise darin aus, dass die Lippen schmal werden und die Augenbrauen sich nach innen zur Nasenwurzel zusammenziehen. Bei Traurigkeit hingegen ziehen sie sich eher nach oben, sodass sie sich wie ein umgedrehtes V darstellen. Zusätzlich passiert natürlich auch etwas mit dem Mundpartie. Während bei Traurigkeit die Kinnpartie eher nach oben wandert, fällt der Mund bei Überraschung ungebremst nach unten ...

Macht Sie das neugierig? Im Internet gibt es unzählige Beschreibungen und Bilder dazu. Ich empfehle Ihnen, dass Sie sich die Ausdrucksweisen im Internet ansehen, verinnerlichen und Ihre Wahrnehmung dann schulen. Wenn Sie im Gespräch mit Ihren Mitarbeitern ungewollte und unpassende Emotionen wahrnehmen, dann gibt es meiner Meinung nach nur eine vernünftige Reaktion: Sprechen Sie das sofort an, bevor das ganze negative Reaktionsmuster mit all seinen Auswirkungen beim Mitarbeiter „geladen" wird. Das ermöglicht Ihnen, noch einmal Einfluss zu nehmen. Das können z. B. Formulierungen sein wie:

- ► „Ich habe das Gefühl, dass Sie meine Anweisung verärgert."
- ► „Ich bin mir nicht sicher, ob Sie jetzt wirklich einverstanden sind."
- ► „Für mich sieht das aus, als würde ich Sie mit dieser Aussage unglücklich machen."
- ► „Ihre Reaktion lässt mich vermuten, dass Sie mit dieser Entscheidung nicht zufrieden sind."

Läuft ein Reaktionsmuster erst einmal ab, ist es für einen gewissen Zeitraum praktisch unmöglich, darauf noch Einfluss zu nehmen. Um sich darüber klar zu werden, muss man verstehen, was Emotionen als Reiz-Reaktion im Gehirn auslösen. Wenn wir eine Schlange sehen, springen wir weg. Hier hängt das Überleben möglicherweise von Sekundenbruchteilen ab. So schnell kann unser Bewusstsein diesen Reiz gar nicht verarbeiten. Wenn wir erst mal denken: „Aha! Eine grüne Mamba!", könnte das einer unserer letzten Gedanken sein. Daher ist unser Emotionssystem schneller als das Bewusstsein. In so kurzer Zeit kann ich natürlich nicht ganz genau erkennen, ob das jetzt tatsächlich eine Schlange ist oder doch nur ein gekrümmter Stock. Aber egal! Lieber zehnmal bei einem gekrümmten Stock gehüpft, als einmal von einer grünen Mamba gebissen. Daraus ergibt sich, dass unsere Emotionen zwar sehr schnell sind, aber bezüglich des Auslösers ziemlich ungenau. Das entspricht wahrscheinlich auch Ihrer Praxiserfahrung aus dem Umgang mit Mitarbeitern. So kann es sein, dass Ihr Mitarbeiter verärgert reagiert, obwohl Ihre Aussage oder Anweisung im übertragenen Sinne nur ein „gekrümmter Stock" war und keine „grüne Mamba".

Der Neurologe Joseph LeDoux hat sich damit befasst, welche neuronalen Muster Emotionen im Gehirn verursachen. Er hat festgestellt, dass die emotionalen Reaktionen vom limbischen System, genauer gesagt in der Amygdala (dem sogenannten „Mandelkern") gesteuert werden. Das erklärt auch, warum der „Kapitän an Bord" kaum Einfluss hat. Neuronal gesehen, hat er zu diesem Bereich fast keine Verbindung. Einmal ausgelöst, läuft also eine gewisse Zeit der Autopilot, und der Kapitän bekommt erst wieder Einfluss, wenn das Manöver beendet ist.

Paul Ekman bezeichnet diesen Zeitraum, in dem wir auf den Reaktionsablauf kaum mehr Einfluss haben können, als „Refraktärzustand". Man kann sich das wie beim Fernsehen vorstellen. Habe ich einmal das Programm „Wut" gedrückt, dann haben alle anderen Programme vorübergehend Programmstörung. Unser Gehirn lässt in diesem Zustand nur Informationen zu, die zum ausgelösten Programm gehören.

Wofür ist dieses Wissen gut? Solange sich ein Mitarbeiter aus welchem Grund auch immer in diesem Zustand befindet, können Sie die Situation höchstens noch verschlimmern. Das ist so, also würden Sie einem ausgeflippten Kampfhund ein Leckerli zur Beruhigung anbieten. Führungskräfte, die glauben in solchen Situationen Diskussionen anzetteln oder Machtexempel statuieren zu müssen, werden scheitern und womöglich Dinge tun oder sagen, die sie zehn Minuten später wieder bereuen. Wenn auch der Kapitän nicht der Steuermann ist: Vernünftige Diskussionen mit Ihren Mitarbeitern erfordern, dass der Kapitän zumindest gerade auf der Brücke ist ...

1.6 Gipfelstürmer in Gastronomie und Hotellerie

Herzlichen Glückwunsch! Wenn Sie es bis zu diesem Abschnitt geschafft haben, ist das ein Zeichen dafür, dass Sie es tatsächlich ernst mit Ihrer Führungskompetenz meinen. Über das ganze Kapitel hinweg habe ich versucht, für ein wenig mehr Klarheit im Umgang mit Mitarbeitern zu sorgen, Ihnen zu helfen, ein Gefühl für die Tiefen und Untiefen zu entwickeln und Sie zu unterstützen, damit Ihr Führungsstil stimmig wird. Ich habe mich auch bemüht, mit dem einen oder anderen Irrglauben aufzuräumen. Ein weitverbreiteter Irrtum ist ja z. B., dass eine zwei- oder dreiseitige Gebrauchsanleitung, also eine Art Broschüre wie bei einem neuen Fernsehgerät, doch ausreichen müsste, um in unserer Branche Führungsverantwortung für Mitarbeiter zu übernehmen. Mit diesem Kapitel über das Basiswissen moderner Führungskräfte konnte ich Sie hoffentlich vom Gegenteil überzeugen. Vielleicht werden Sie aber jetzt auch denken, dass der Vergleich mit der Broschüre für einen neuen Fernseher hinkt. Zum Fernsehen muss ich ja auch nicht wissen, wie jedes technische Detail mit den einzelnen Platinen agiert. Meine Version von Gebrauchsanleitung beinhaltet solche Details aber sehr wohl. Wenn Sie aber bis zu dieser Seite sehr gründlich waren, müssten Sie die Antwort darauf eigentlich schon wissen: Das Bild des Fernsehers entsteht nach dem Ursache-Wirkungs-Prinzip. Ob ich die Tagesschau sehen kann, hängt nicht davon ab, mit welcher Hand ich die Fernbedienung halte oder ob mein Fernseher gerade Lust hat, mir diese Sendung zu zeigen. Das führt uns zurück zum Beginn dieses Buchs. Zusammengefasst können wir aus diesem Kapitel folgende Gedanken und Aussagen festhalten:

▶ Das Verhalten Ihrer Mitarbeiter kann nicht von diesem oder jenem Führungsstil bestimmt (determiniert) werden. Mitarbeiter sind komplexe Individuen, deren Verhalten von äußeren Reizen und von inneren Prozessen bestimmt wird. Führen ist deshalb vor allem ein steter Wechsel zwischen Bewertung des Ergebnisses und Anpassung der Vorgehensweise. Hierbei kann man nicht den *einen* richtigen Weg finden, sondern nur falsche Wege ausschließen.

▶ Sie müssen sich bewusst sein, welchen Einfluss Ihr eigenes Verhalten und Ihre Erwartungen auf das Ergebnis haben (Vermeidung des „blinden Flecks").

▶ Ihre Mitarbeiter konstruieren eigene Weltbilder und reagieren dann auf diese Weltbilder und nicht auf die Realität. Dass Ihre Mitarbeiter deshalb möglicherweise anderer Meinung sind als Sie, liegt in der Natur der Dinge.

▶ Die Überzeugungen Ihrer Mitarbeiter bestimmen deren Verhalten. Es muss somit ein Teil Ihrer Führungsaufgabe sein, für ein möglichst unterstützendes Glaubenssystem bei Ihren Mitarbeitern zu sorgen.

▶ Sie müssen sich darüber klar werden, dass Sprache nur ein Konzept ist, das die Wirklichkeit abbilden soll, und dass die Bedeutung Ihrer Kommunikation bei Ihren Mitarbeitern entsteht. Ständiges Einholen von Feedback ist deshalb im Alltag unverzichtbar.

▶ Konkrete Erwartungen erfordern konkrete Kommunikation. Durch einen Sprachstil, der sensorisch definit (sinnlich nachvollziehbar) ist, sorgen Sie für mehr Klarheit in Ihren Anweisungen und Aussagen.

▶ Anweisungen allein sind nicht ausreichend, damit Ihre Mitarbeiter Abläufe bzw. neue Fähigkeiten erlernen. Über das reine Verstehen hinaus müssen neue Verhaltensweisen mehrmals wiederholt und eingeübt werden.

▶ Wenn Sie Menschen führen, bedeutet das natürlich, dass Ihnen

Menschen folgen. Grundvoraussetzung ist deshalb, dass Sie erwünschte Verhaltensweisen vorleben. Die gilt in unserer Branche vor allem für die Rolle des Gastgebers.

- ▶ Ein moderner Führungsstil ist auf jeden Fall ein emotionaler Führungsstil. Ihre Mitarbeiter werden von Emotionen und Gefühlen gesteuert. Emotionslose Anweisungen und Aussagen sind deshalb nicht handlungsrelevant.
- ▶ Führung findet im Spannungsverhältnis zwischen positiven und negativen Gefühlen und Emotionen statt. Darüber hinaus dürfen Sie aber nicht aus den Augen lassen, dass sich Ihre Mitarbeiter grundsätzlich wohlfühlen sollten, um eine angemessene Arbeitsstimmung zu entwickeln.

Auf Ihrem Weg zur guten Führungskraft überragt Ihr Wissen bereits nach diesem Kapitel das vieler anderer Vorgesetzter in Gastronomie und Hotellerie. Wenn Sie jetzt aber glauben, dass Sie damit am Ziel angekommen wären, dann täuschen Sie sich. Als gastronomischer Gipfelstürmer sind Sie mit diesem Basiswissen über Führung praktisch erst im Basislager angekommen. Erst jetzt beginnt der eigentliche Aufstieg in neue Höhen.

Wer auf den Everest möchte, kommt aber am Basislager nicht vorbei. Womöglich muss man sich hier sogar erst ein wenig akklimatisieren. Das mag zwar manchmal langwierig sein, ist aber die Voraussetzung dafür, dass einem auf dem weiteren Weg nach oben nicht gleich auf den ersten Metern die Luft ausgeht. Schauen Sie sich also noch einmal genau um, bevor Sie weitergehen. Dann verspreche ich Ihnen, dass Sie den weiteren Aufstieg ohne „künstlichen Sauerstoff" meistern!

Hier beginnt Führung! Die nächste interessante Frage ist ja, was Sie mit diesem Wissen jetzt machen sollen. Was sind Ihre tatsächlichen Aufgaben als Führungskraft?

Was ist in der Kybernetik der Unterschied zwischen einem Beobachter 1. Ordnung und einem Beobachter 2. Ordnung?

....

....

Was sind die drei universellen Wahrnehmungsfilter?

....

....

Was bedeutet die Aussage: „Die Landkarte ist nicht das Gebiet"?

....

....

Nennen Sie jeweils ein Beispiel für eine limitierende und für eine unterstützende Überzeugung!

....

....

Welche zwei Gedächtnissysteme sind explizit? Welche sind implizit?

....

....

Was bedeuten die Begriffe Syntax, Semantik und Referent in der Sprachwissenschaft?

....

....

Was ist Ihr wichtigster Einfluss, um Mitarbeiter gastorientiert zu führen?

....

....

Was beschreibt der Begriff „Negation"?

....

....

Was können Sie tun, damit Ihre Anweisungen und Aussagen für Mitarbeiter möglichst konkret werden?

....

....

Was ist der Unterschied zwischen Grundemotion, Gefühl und Stimmung?

....

....

Zweiter Teil –
Mitarbeiter motivieren

2 Führungsaufgaben

Ein kleiner Junge hatte beim Stiefelanziehen Probleme, und so kniete sich seine Lehrerin nieder, um ihm dabei zu helfen. Mit gemeinsamem Stoßen, Ziehen und Zerren gelang es, zuerst den einen und schließlich auch noch den zweiten Stiefel anzuziehen. Als der Kleine sagte: „Die Stiefel sind ja am falschen Fuß!", schluckte die Lehrerin ihren Anflug von Ärger runter und schaute ungläubig auf die Füße des Kleinen. Aber es war so: Links und rechts waren tatsächlich vertauscht. Nun war es für die Lehrerin ebenso mühsam wie beim Anziehen, die Stiefel wieder abzustreifen. Es gelang ihr aber, die Fassung zu bewahren, während sie die Stiefel tauschten und dann gemeinsam wieder anzogen, ebenfalls wieder unter heftigem Zerren und Ziehen.

Als das Werk vollbracht war, sagte der Kleine: „Das sind nicht meine Stiefel!" Dies verursachte im Inneren der Lehrerin eine neuerliche, nun bereits deutlichere Welle von Ärger, und sie biss sich heftig auf die Zunge, damit das hässliche Wort, das darauf gelegen hatte, nicht ihrem Mund entschlüpfte.

So sagte sie lediglich: „Warum sagst du das erst jetzt?"

In ihr Schicksal ergeben, kniete sie sich nieder und zerrte abermals an den widerspenstigen Stiefeln, bis sie wieder ausgezogen waren. Da erklärte der Kleine deutlicher: „Das sind nicht meine Stiefel, sie gehören meinem Bruder. Aber meine Mutter hat gesagt, ich muss sie heute anziehen, weil es so kalt ist."

In diesem Moment wusste die Lehrerin nicht mehr, ob sie laut schreien oder still weinen sollte. Sie nahm nochmals ihre ganze Selbstbeherrschung zusammen und stieß, schob und zerrte die blöden Stiefel wieder an die kleinen Füße. Endlich fertig.

Dann fragte sie den Jungen erleichtert: „Okay, und wo sind deine Handschuhe?" Darauf der Kleine: „Ich hab sie vorn in die Stiefel gesteckt."

Autor unbekannt

Haben Sie sich eigentlich schon einmal den Begriff „Führungs-Kraft" näher durch den Kopf gehen lassen? Diese Bezeichnung mag zwar nicht ganz so verstörend sein wie „Vor-Gesetzter" aber dennoch fragwürdig genug. Wenn wir den Wortteil „Kraft" einmal herausnehmen, dann beschreibt dieser Wortteil wohl tatsächlich den Führungsalltag vieler Chefs in unserer Branche. Mit sehr viel Energie wird jeden Tag wieder über die gleichen Dinge diskutiert, werden die gleichen Fehler aufgedeckt, die gleichen Probleme bearbeitet.

Kein Wunder, dass dann der/die ein(e) oder andere KüchenchefIn, RestaurantleiterIn, ManagerIn oder GeschäftsführerIn seinen/ihren

Führungsalltag als täglichen Kampf empfindet. Bei solchen „Kämpfen" kommt es natürlich zu enormen energetischen Reibungsverlusten, woran sich auch mancher Chef im wahrsten Sinne des Wortes „aufreibt". Was Chefs oftmals dabei aber vergessen bzw. übersehen, ist, dass diesen Reibungsverlusten auch viele gute Mitarbeiter „zum Opfer" fallen. Wer jetzt sagt: „Na ja, Opfer sind normal, ich habe ja noch ein paar Soldaten in petto", lebt vielleicht in einer Parallelwelt, zu der ich noch keinen Zugang gefunden habe. So wie ich das wahrnehme, wird der Nachschub bei den „Soldaten" immer knapper. Wir können es uns gar nicht leisten, gute Mitarbeiter unter „Reibungsverlusten" zu verbuchen und damit zu opfern! Fehlender Nachwuchs und die angespannte Lage auf dem Bewerbermarkt zwingen meines Erachtens dazu, über neue Führungsmodelle nachzudenken und zeitgemäße Führungsstile zu entwickeln. Mit anderen Worten: Da warten große Aufgaben!

Bevor wir uns nun aber den konkreten Abläufen zuwenden, möchte ich Sie einladen, mit dem täglichen Kampf aufzuhören. Ich weiß noch aus meinem eigenen Führungsalltag, dass es da einen Zusammenhang gab: Je verbissener ich versucht habe, meine Wunschergebnisse bei den Mitarbeitern durchzusetzen, desto weniger ist es mir gelungen. Vielleicht kann man das ja, etwas abgewandelt, als „Ohmsches Gesetz für Führungskräfte" bezeichnen: Es gibt einen Zusammenhang zwischen Energie, Widerstand und Spannung: Je höher die investierte Energie, desto größer die Widerstände! Außerdem kommt es dann auch noch zu unglaublichen Spannungen …

Die Grundhaltung, die ich Ihnen ersatzweise an dieser Stelle anbieten möchte, ist folgende: „Es geht nur leicht!" Oder mit anderen Worten: „Wenn es nicht einfach geht, geht's einfach nicht!" Wie in der eingangs erzählten Geschichte, weisen Widerstände darauf hin, dass etwas gerade nicht richtig läuft. Eine angemessene Reaktion ist so gesehen, lieber innezuhalten, als noch mehr Kraft zu investieren.

Praxistipp Nr. 15
Es geht nur leicht! Widerstände im Führungsalltag deuten darauf hin, dass Sie gerade nicht die angemessene Vorgehensweise bzw. das richtige Instrument gewählt haben.

Aus diesem Grund werde ich ab dieser Seite im Buch auf die Bezeichnung „Führungskraft" verzichten und stattdessen lieber den Begriff „Führungspersönlichkeit" verwenden. Das drückt viel mehr meine Überzeugung aus, mit welchem Stil Ergebnisse bei den Mitarbeitern erzielt werden.

Damit können wir uns jetzt dem Punkt zuwenden, was überhaupt Ihre Aufgaben als Führungspersönlichkeit sind. In einem Führungsseminar für Gastronomen und Hoteliers wurde diese Frage einmal heiß diskutiert. Ich hatte folgende Frage gestellt: „Wie viele Tage, Stunden, Minuten in etwa pro Woche führen Sie Ihre Mitarbeiter?" Die Reaktion auf diese Frage war überraschend: Große Ratlosigkeit! Ein Wirt sagte dann, dass er doch immer „führen" würde. Herausgestellt hat sich dann aber, dass er eigentlich nie führt. Sein Alltag bestand hauptsächlich aus „Aus-Führen" und „Unternehmens-Führung". Es sollte aber klar sein, dass Mitarbeiter-Führung eine andere Tätigkeit ist. In diesem Seminar wurde übrigens auch diskutiert, ob man „Anweisen" als Führungstätigkeit bezeichnen könne. Ich weiß nicht, wie Ihre Position dazu ist, aber meines Erachtens ist der Begriff „Anweisen" als Führungsaufgabe ungeeignet. Nehmen wir einmal an, Sie sind Restaurantleiter und würden Ihre Mitarbeiter durch Anweisen führen. Dann würde sich das wahrscheinlich so anhören: „Jetzt decken Sie bitte den Tisch ein." – „Jetzt checken Sie den Pass." – „Jetzt holen Sie bitte die Weingläser aus dem Office." – „Und jetzt ..."

Meiner Meinung nach hat das nicht viel mit Mitarbeiterführung zu tun. Das Ergebnis einer solchen Vorgehensweise ist ja, dass die Chefs ständig von fragenden Mitarbeitern umgeben sind. Dennoch glaube ich, dass Sie wahrscheinlich auch schon einmal einen Vorgesetzten hatten, der „Führen" und „Anweisen" in ganz ähnlicher Form verwechselt hat. Wofür soll das gut sein? Vielleicht ist es diesen Vorgesetzten ja gar nicht so unrecht, ständig von fragenden Mitarbeitern umgeben zu sein? Für alle, die gerne von jemandem umgeben sein wollen, der sie groß und fragend ansieht, habe ich einen anderen Tipp: Kauf dir lieber einen Hund!

Jetzt ist aber immer noch offen, was eigentlich die Führungsaufgaben sind. Zumindest wird doch wohl dazugehören, die Mitarbeiter zu motivieren? Oder etwa nicht? Hier besteht offenbar ebenfalls ein gewisser Klärungsbedarf ...

2.1   Alles, was Spaß macht

Der Restaurantleiter, gerade zurück von einem Motivationsseminar, ruft seine Servicekräfte zu einem Meeting zusammen: „Ich möchte zukünftig, dass ihr eure Arbeit spielerisch betrachtet und dadurch mehr Spaß am Gast habt. Ich bin überzeugt, dass wir dadurch mehr Erfolg haben werden."
Einer der Serviceleute sagt darauf laut: „Bekommen wir dafür mehr Geld?"

„Aber nein!", sagt der Restaurantleiter. „Geld ist keine Motivation. Das würde euch nicht befriedigen!"

Da sagt ein anderer Kollege: „Aber wenn wir mehr Umsatz machen, dann bekommen wir doch mehr Geld?"

„Offensichtlich versteht ihr die Theorie der Motivation nicht richtig", antwortet der Restaurantleiter schon etwas genervt. „Ich habe von einem Buch über Motivation erfahren, das ich euch allen bestellen werde." Wieder meldet sich nun ein anderer Kollege und fragt: „Und wenn wir das Buch lesen, bekommen wir dann mehr Geld?"

Der für viele entzaubernde Satz gleich vorab: Ich glaube nicht, dass Sie Ihre Mitarbeiter jeden Tag motivieren müssen. Das gehört *nicht* zu Ihren Führungsaufgaben! Das mag im groben Gegensatz zu dem stehen, was in unzähligen Büchern geschrieben wurde, die ja genau hier mögliche Erfolgswege vorschlagen. Um aber für mehr Klarheit zu sorgen, müssen wir uns erst ein wenig näher damit befassen, was Motivation tatsächlich ist und welche Dynamik dahinter steht. Auch wenn *Motivieren* nicht Ihre Kernaufgabe ist, muss das Thema Motivation natürlich trotzdem im Fokus Ihrer Aufmerksamkeit stehen. Insofern Sie nicht die Kantine in einem sibirischen Arbeitslager betreiben, haben Sie wohl ein größeres Problem, wenn Ihre Mitarbeiter irgendwann die Lust verlieren.

Das Wort Motivation bedeutet übersetzt ein „Beweggrund", ein „Erstreben", „Bündelung von Motiven" oder auch „zielgerichtetes Verhalten". Anders gesagt: Ich habe einen Grund (Motiv), meinen „Ist-Zustand" gegen einen „Ziel-Zustand" zu tauschen und bewege mich deshalb bzw. handle.

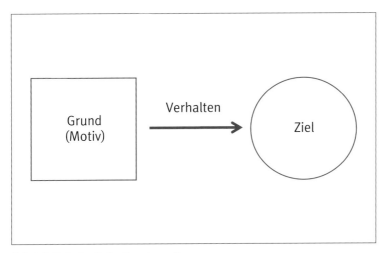

Abb. 2.1: Einfache Motivationsdynamik

Damit beschreibt „Motivation" die Grundlage für *jedes* Verhalten: Ihres wie auch das Ihrer Mitarbeiter. Wenn ich Führungspersönlichkeiten aus unserer Branche ganz allgemein frage, warum sie tagtäglich ihren Job machen bekomme ich folgende Aussagen zu hören:

▶ „Weil mir meine Arbeit Spaß macht."
▶ „Weil ich gerne mit meinen Kollegen arbeite."
▶ „Weil ich den Umgang mit Gästen liebe."
▶ „Weil der Job in Gastronomie und Hotellerie so abwechslungsreich ist."

Und natürlich Aussagen wie:

▶ „Weil ich Geld verdienen muss."
▶ „Weil ich meine Miete bezahlen muss."
▶ „Weil ich meine Zukunft absichern muss."

Finden Sie sich in dieser Beschreibung wieder? Dann raten Sie mal, was Mitarbeiter auf die gleiche Frage antworten. Na klar, die gleichen Dinge und das sogar meist in der gleichen Reihenfolge. Das bedeutet – auch beruhigenderweise –, dass Führungspersönlichkeiten und deren Mitarbeiter schon einmal ganz ähnliche Beweggründe haben. Wenn wir die Antworten näher betrachten, ist festzustellen, dass man diese in zwei Gruppen unterteilen kann. Einmal drehen sich die Beweggründe um das Thema Spaß, Freude, Zufriedenheit und ein anderes Mal um Geld, Sicherheit, Erfüllung privater Verpflichtungen. Im Kapitel 1 habe ich schon darauf hingewiesen, dass unser Steuermann aus Gefühlen und Emotionen besteht und voilà: Beide Kategorien sind entweder mit positiven oder negativen Gefühlen verbunden. Auf den Punkt gebracht, kann man also sagen: Ich tue etwas, um entweder gute Gefühle zu bekommen oder um schlechte Gefühle zu vermeiden. Die in Abbildung 2.1 gezeigte Dynamik drückt das nur unzureichend aus. Damit Sie die Motivation Ihrer Mitarbeiter verstehen können, müssen Sie sich das eher so vorstellen, wie es in Abbildung 2.2 dargestellt ist:

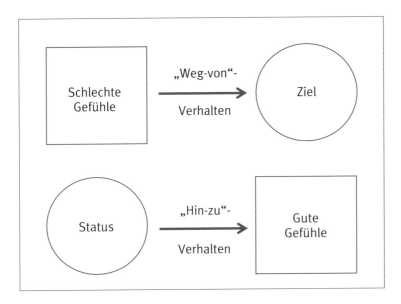

Abb. 2.2: Zweifache Motivationsdynamik

Das psychologische Wissen, dass es eine „Hin-zu"-Motivation und eine „Weg-von"-Motivation gibt, hat auf Ihren Führungsalltag mehrere Auswirkungen. Zum einen geht es für Ihre Mitarbeiter nicht um „Geld oder Spaß", wie das die scherzhafte Geschichte am Anfang aufzeigt, sondern um „Geld *und* Spaß"! Haben Sie selbst beispielsweise schon einmal in einem Restaurant eine unfreundliche Servicekraft erlebt? Das muss ja jetzt nicht Ihr eigenes Restaurant sein … Glauben Sie ernsthaft, diese Bedienung würde nach einer Gehaltserhöhung von 50 Euro zukünftig ihre Gäste anlachen? Oder glauben Sie womöglich, dass diese Servicekraft zukünftig Gäste anlächeln wird, wenn der Chef sie mal zum Rapport ins Büro holt oder eine Abmahnung schreibt? Sie werden beide Motivationsrichtungen in Ihrem Führungsalltag brauchen um (in) einen(m) erfolgreichen Betrieb zu führen.

Das erklärt auch schnell eine andere Situation, wie ich sie in einem Betriebsrestaurant erlebt habe. Die Betriebsleitung hatte hier die Unlust ihrer Mitarbeiter beklagt (Demotivation). Beim näheren Hinsehen hat sich herausgestellt, dass die „guten Gefühle" schon seit Jahren einer bleiernen Routine gewichen waren und die Mitarbeiter nach mindestens zehnjähriger Betriebszugehörigkeit bezüglich Gehalt und Sicherheit in ziemlich komfortabler Situation waren. Warum sollte sich in diesem Betrieb auch noch etwas bewegen? Würde man beispielsweise jetzt zu einer der klassischen extrinsischen Motivierungsstrategien greifen (z.B. irgendwelchen „Bonbons" oder anderen Benefits), hätte das wahrscheinlich genau den gegenteiligen Effekt.

Ihre Mitarbeiter tun etwas, entweder um gute Gefühle zu erhalten oder um schlechte Gefühle zu vermeiden. Fehlt beides, bedeutet das Stillstand für den Betrieb.

Wenn wir in diesem Buch schon immer wieder Begrifflichkeiten übersetzen, möchte ich Ihnen auch noch die Übersetzung von „Motivieren" anbieten: „Antreiben!" Der Begriff „Motivieren" hat durch Medien und Literatur einen „rosigen Anstrich" bekommen. Dabei geht völlig verloren, dass zum extrinsischem Motivieren auch Druck gehört, der ja zum Antreiben unerlässlich ist. Man muss sogar zugeben, dass die „Weg-von"-Motivation, also ein gewisser Druck, ganz sicher die größere Kraft ist. Mangel und Druck, also schlechte Gefühle, haben in der Menschheitsgeschichte immer wieder zu großartigen Veränderungen und Verbesserungen geführt. Die Suche nach Glück und Zufriedenheit, also die „Hin-zu"-Motivation hat diesen Effekt in dieser Tragweite wohl nicht.

Damit sind wir bei einer Problematik angelangt, die uns in Gastronomie und Hotellerie von anderen Branchen unterscheidet. Hier geht es ja nicht nur darum, dass unsere Mitarbeiter Handgriffe vollbringen. Unsere Mitarbeiter müssen das auch noch gerne machen, also mit guten Gefühlen! Ein schlecht gelaunter Mitarbeiter wird keine Gäste begeistern oder binden. Ich glaube sogar, dass man an jedem Schnitzel schmecken kann, ob der Koch gut gelaunt ist oder nicht. Die „Weg-von"-Motivation mag die größere Kraft sein. Damit kann ich aber einen Mitarbeiter höchstens dazu bringen, seinen Arbeitsplatz aufzuräumen, aber niemals dazu, seine Gäste anzulächeln. In Ihrem Führungsalltag muss deshalb die „Hin-zu"-Motivation im Vordergrund stehen. Oder anders gesagt: Ihre Mitarbeiter müssen Spaß und Freude an dem haben, was sie tun. Eigentlich sollte das nicht so schwer sein in einer Branche, die sich ja im Kern um „gute Gefühle" dreht. Ich glaube auch, dass sich die wenigsten Mitarbeiter einen Job in Gastronomie und Hotellerie aussuchen, weil dieser Beruf im Vergleich zu anderen Jobs Spitzengehälter erwarten ließe. Wir haben also bei unseren Mitarbeitern schon von Grund auf einen hohen eigenen „ideellen" Anteil („Hin-zu"-Motivation). Die Führungsaufgabe besteht deshalb viel eher darin, Mitarbeiter nicht zu *demotivieren!* Schaffen Sie einen Rahmen, indem die Eigenmotivation Ihrer Mitarbeiter erhalten bleibt, und bauen Sie Dinge ab, die die Freude und den Spaß am Umgang mit Gästen nehmen! Sie dürfen nicht vergessen, dass man als Mitarbeiter in unserer Branche schon ein wenig „leidensfähig" sein muss. Ungünstige Arbeitszeiten, körperliche Belastungen, Launen der Gäste usw. kosten einiges an Kraft. Wenn das auch noch keinen oder kaum Spaß mehr macht, werden wir zukünftig keine Mitarbeiter mehr finden, die sich so etwas antun.

Praxistipp Nr. 17
Sorgen Sie dafür, dass die Eigenmotivation Ihrer Mitarbeiter erhalten bleibt! Bauen Sie so weit wie möglich Umstände ab, die Spaß und Freude an der Tätigkeit rauben.

Das bedeutet natürlich nicht, dass Ihre Mitarbeiter möglichst keine Dinge mehr tun sollen, die keinen Spaß machen. Wenn Sie nun mit der frohen Botschaft zu Ihren Mitarbeitern gehen und sagen, dass sie ab sofort kein „Mise en place" mehr zu machen brauchen, dann sind Sie am Punkt vorbeigeschlittert. Wenn aber Ihre Mitarbeiter, um Gastgeber zu sein, zunächst einmal jeden Tag fünf Stunden Besteck polieren müssen, schlittern Sie vielleicht auf der anderen Seite am Punkt vorbei. Im nächsten Abschnitt über unsere „Energiefresser" werde ich diesbezüglich noch konkreter. Vielleicht wird aber an dieser Stelle schon klar, dass wir zukünftig ein paar „heilige Kühe" schlachten müssen. Mit Aussagen wie: „Das ist halt so" werden wir immer häufiger an Grenzen bei unseren Mitarbeitern stoßen. Die hohe Absprungrate von Auszubildenden und Mitarbeitern in Gastronomie und Hotellerie ist ein deutliches Zeichen, dass hier etwas im Argen liegt.

Weiter oben habe ich schon den Begriff: „extrinsische Motivation" gebraucht. Konkret bedeutet dass, dass ich mit äußeren Reizen versuche, Menschen zu einem Verhalten zu bewegen. Im Gegensatz dazu steht die „intrinsische Motivation" für die inneren Beweggründe und somit den Begriff der Eigenmotivation. Nach dem, was Sie im ersten Kapitel über die eigene Konstruktion von Bedeutung (Semantik) und über Determinismus gelesen haben, müssten wir nach modernen Gesichtspunkten den Begriff der extrinsischen Motivation eigentlich in Frage stellen. Motivation entsteht immer in Ihrem Gegenüber und ist somit ausschließlich intrinsisch. Diese bittere Erfahrung haben viele Vorgesetzte schon gemacht, die erlebt haben, dass z. B. eine Abmahnung nicht unbedingt zur Verhaltensänderung führen muss.

Die Frage ist aber insgesamt sehr interessant: Wie möchten Sie Ihre Mitarbeiter überhaupt motivieren? Und wozu möchten Sie Ihre Mitarbeiter motivieren? Wir reden ja hier nicht darüber, dass Sie Ihre Mitarbeiter dazu motivieren, in die Arbeit zu kommen, Essen zuzubereiten, Gäste einzuchecken oder Speisen auszugeben. All diese Dinge haben Sie mit Ihren Mitarbeitern grundsätzlich im Arbeitsvertrag vereinbart. Wenn einer Ihrer Mitarbeiter eines dieser Dinge nicht erfüllt, dann ist das ein Regelbruch. Ein „Motivierungsversuch" ist dann ganz sicher die falsche Reaktion.

Möchten Sie Ihre Mitarbeiter zu einer unentgeltlichen Mehrleistung motivieren, die über die Grundvereinbarung hinausgeht? Schon die

Frage nach dem „Wozu" führt schnell dazu, dass Sie Ihre Absicht hinterfragen müssen. Geht es Ihnen hingegen darum, dass Ihre Mitarbeiter den Job gerne machen sollen, dann brauchen Sie sie dazu nicht zu motivieren. Das wollen Ihre Mitarbeiter selbst. Wie bereits gesagt, ist hier eher die Aufgabe, dass Sie Ihre Mitarbeiter nicht demotivieren ...

Auch die Frage nach dem „Wie" führt schnell in eine Sackgasse. Ich folge hier der Meinung von Reinhard K. Sprenger, der in seinem Buch „Mythos Motivation" eindrucksvoll aufzeigt, dass Motivierungsversuche dazu neigen, eher zur Demotivation bei den Mitarbeitern zu führen. Die klassischen „extrinsischen Motivierungsinstrumente" sind Geld, Belohnung, Lob und Druck. Kennzeichen all dieser Instrumente ist sozusagen eine „Wenn-dann"-Strategie, also: Wenn du dies oder jenes tust, dann bekommst du yx bzw. vermeidest xy. Hier ein paar Beispiele aus der Praxis:

- „Wenn du noch aufräumst, kannst du dir morgen deine Station selbst aussuchen."
- „Wer heute die meisten Salate verkauft, bekommt eine Flasche Champagner."
- „Wir küren zukünftig den Mitarbeiter des Monats."
- „Der Mitarbeiter mit dem höchsten Umsatz bekommt eine Kinokarte."
- „Wer einen Verbesserungsvorschlag zur Kostenreduzierung bringt, bekommt eine Beteiligung an den Einsparungen von yx Prozent."
- „Sie bekommen von uns ein Grundgehalt von xy. Wenn wir mit Ihrer Leistung zufrieden sind, bekommen Sie noch einen Bonus."
- Niemand im Team macht so schöne Tischdekorationen wie Sie! Können Sie deshalb heute bitte länger bleiben und noch ..."
- Wenn wir heute keine Reklamationen bekommen, zahlen wir noch einen Bonus von xy ..."

Meines Erachtens sind all diese Versuche zumindest fragwürdig. Der Schuss könnte nämlich auch nach hinten losgehen. Haben Sie schon einmal darüber nachgedacht, was passiert, wenn Sie Einzelleistung in Ihrem Team *belohnen?* Nach der Gaußschen Normalverteilung (benannt nach Carl Friedrich Gauß) werden Sie hauptsächlich „Normalleister" in den meisten Teams haben. Zusätzlich gibt es dann noch ein oder zwei „Minderleister" und einen oder zwei „Top-Leister". Das hat nicht nur etwas mit Motivation zu tun, sondern auch mit Leistungsfähigkeit. Mit anderen Worten: Wer eher introvertiert ist, tut sich bei Zusatzverkäufen schwerer als jemand, der extrovertiert ist. Es geht bei solchen Belohnungssystemen ja auch nicht darum, dass Sie Ihre(n) Top-Leister belohnen, sondern eher darum, dass Sie auch die anderen dazu motivieren möchten, ebenfalls Top-Leister zu werden. Aus meiner Sicht geht das aber nicht durch „Belohnen", sondern nur durch „Befähigen".

Deshalb passiert Folgendes: Die Belohnung bekommt fast immer der Top-Leister, und das womöglich, ohne sich richtig anzustrengen. Diese Belohnung wird natürlich gerne „mitgenommen". Die anderen Mitarbeiter erreichen diese Belohnung fast nie, was eher frustrierend ist. Was glauben Sie, passiert jetzt? Für mich hört sich das nicht mehr nach motivierten Mitarbeitern an. Ähnliches passiert beim „Mitarbeiter des Monats". Eigentlich könnte das jeden Monat der gleiche Mitarbeiter werden (Top-Leister). Das geht natürlich nicht, weil Sie damit Ihr Ziel verfehlen würden. Also bekommt diese Auszeichnung im folgenden Monat ein anderer. Dessen Leistung muss man dafür natürlich etwas „wohlwollend verzerren". Was glauben Sie, was jetzt mit der Motivation Ihres Top-Leisters passiert?

Normalerweise funktioniert Motivation so, wie in Abbildung 2.1 dargestellt, nach dem Prinzip: Ich strenge mich an, um ein Ergebnis zu erzielen. Aus irgendeinem Grund sind nun einige Motivations-Gurus auf die Idee gekommen zu sagen: „Ja, aber wenn du dich tatsächlich anstrengst, dann bekommst du sogar noch eine Belohnung!" Zunächst steckt in dieser Aussage aber ein Grundverdacht: „Meine Mitarbeiter wollen sich womöglich nicht richtig anstrengen, da helfe ich lieber mal ein bisschen nach ..." Darüber hinaus kann das auch noch zu einem Ergebnis führen, wie es in Abbildung 2.3 dargestellt ist: Die Mitarbeiter strengen sich nicht mehr für das Ergebnis an, sondern für die Belohnung. Für den Fall, dass es sich bei der Belohnung um Geld handelt, züchten Sie sich mit diesen durchschaubaren Motivationsversuchen Söldner, die keinen Handgriff mehr rühren, wenn dahinter kein Gegenwert in Euro und Cent steht.

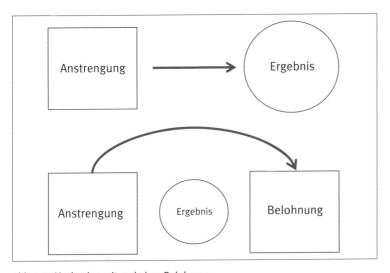

Abb. 2.3: Motivation mit und ohne Belohnung

Ich spreche hier ausdrücklich von einer *Belohnung* durch Geld und nicht von einer angemessenen *Entlohnung* mit Geld. Gastronomen, die ihre Mitarbeiter in beispielsweise Biergärten oder Coffeeshops immer noch mit 6,50 € in der Stunde abspeisen und dann im großen „Motivierungs-Setzkasten" nach Instrumenten suchen, wie diese Mitarbeiter das auch noch mit einem Lächeln tun können, leben in der bereits genannten Parallelwelt. Mein Kollege Klaus Kobjoll hat diesbezüglich einmal mit folgender Aussage den Nagel auf den Kopf getroffen: „Wer seine Mitarbeiter nur mit Erdnüssen füttert, muss sich nicht wundern, wenn er irgendwann nur noch von Affen umgeben ist!" Eine angemessene Entlohnung für die erwartete Leistung ist für mich ebenso Grundvoraussetzung wie ein anständiges Mitarbeiteressen. Das hat mit „Motivieren" nichts zu tun, sondern mit Menschenwürde! Wenn Sie also schon Ihre Mitarbeiter für tolle Leistung belohnen möchten, dann belohnen Sie bitte zumindest keine Einzelleistung, sondern Ihr ganzes Team. Tolle Ergebnisse beruhen fast nie auf der Leistung eines Einzelnen. Eine Teambelohnung könnte durchaus eine Ergebnisbeteiligung sein, eine Anschaffung, die sich die Mitarbeiter schon lange wünschen, ein gemeinsamer Teamtag, ein Sommer- oder Weihnachtsfest, ein gemeinsames Essen oder beim Feierabend ein gemeinsames Glas Champagner, um einfach noch einmal Danke zu sagen. Wichtig ist aber, dass immer das Ergebnis im Fokus bleibt und nicht die Belohnung.

Wenn also Belohnungssysteme fragwürdig sind, wie sieht es dann mit dem Lob als Motivation aus? Auch hier empfehle ich, einmal genau hinzuschauen und zu unterscheiden. Manche Führungspersönlichkeiten haben sich angewöhnt, ihre Mitarbeiter mit einer Art „Gießkannen-Lob" bei Laune halten zu wollen. Solche undifferenzierten Lob-Ergüsse hören sich in etwa so an: „Das habt ihr wieder einmal ganz toll gemacht." – „Ich finde dich super." – „Du bist schon ein toller Typ!" usw. Grundsätzlich ist nicht das Lob fragwürdig, sondern die Intention. Wenn ich undifferenziert lobe, um Mitarbeiter bei Laune zu halten, werden die Mitarbeiter das auch als solches Lob entlarven und den manipulativen Charakter dahinter erkennen. Sie dürfen auch nicht vergessen, dass die Chance hoch ist, dass so ein Lob nicht nur sprichwörtlich ein wenig von oben herab kommt. Stellen Sie sich vor, einer Ihrer Mitarbeiter würde zu Ihnen kommen und sagen: „Das hast du aber wieder einmal ganz toll gemacht!" Würden Sie jetzt vor Freude strahlen? Wahrscheinlich würden Sie eher darüber nachdenken, was sich dieser Mitarbeiter denn herausnimmt. Genau das können Sie mit einem solchen „Gießkannen-Lob" auch auslösen.

Also lieber nicht mehr loben? Das würde dem Alltag vieler Vorgesetzter entsprechen ... Natürlich nicht! Ich treffe hier aber eine Unterscheidung zum Begriff der „Anerkennung". Anerkennung gehört zu den psychologischen Grundbedürfnissen des Menschen. Im Gegensatz zum Lob beschreibt der Begriff der Anerkennung, dass ich dabei auch tatsächlich etwas „erkenne". Anerkennung bezieht sich also sehr konkret auf eine Leistung oder eine Fähigkeit. Ich empfehle, dass Sie Ihre Anerkennung hauptsächlich auf Leistung beziehen. Zwischen Führung und Kindererziehung besteht tatsächlich ein Unterschied! Und ich glaube, dass eher Ersteres Ihre Aufgabe ist. Nehmen wir beispielsweise an, Sie sagen zu einem Mitarbeiter Folgendes:

„Durch Ihre konzentrierte, aber dennoch schnelle Arbeitsweise konnten wir den Ansturm gestern so bewältigen, dass jeder unserer Gäste zufrieden und mit einem Lächeln unser Haus verlassen hat. Vielen Dank dafür!"

Jetzt ist das keine Aussage, mit der Sie Ihren Mitarbeiter undifferenziert „nass machen", sondern eine Anerkennung tatsächlicher Leistung. Ihr Mitarbeiter kann daraus selbst den Schluss ziehen, dass er okay ist. Deshalb ist diese Variante viel empfehlenswerter, als wenn sich Ihre Anerkennung auf die Person bezieht. Besonders bei Menschen, die sich selbst als eben „nicht okay" empfinden (Selbstwert, Selbstbewusstsein), hat eine Anerkennung, die sich auf die Person bezieht, eine ungewollte Wirkung. Das ist, als würden Sie jemandem ein Schnitzel servieren, der vier Tage nichts zu essen bekommen hat. Das Problem ist, dass fehlendes Selbstbewusstsein immer einen Grundmangel darstellt. Im übertragenen Sinne geben Sie Ihrem Mitarbeiter dann ein „Schnitzel nach dem anderen," und anstatt satt zu werden, bekommt er immer mehr Hunger (Kompensation). Wahres Selbstwertgefühl kommt von innen und nicht von außen! Dieser Punkt ist in oben genannter Anerkennung beachtet und lässt dem Mitarbeiter selbst die Möglichkeit, Schlüsse auf seine Persönlichkeit zu ziehen. Wenn Sie also zukünftig auch Anerkennung nach dem Muster geben möchten, wie ich das in dem oben genannten Beispiel aufzeige, dann brauchen Sie dafür einfach nur den im Abschnitt 1.3 genannten Punkt über sinnlich wahrnehmbare (sensorisch definite) Kriterien zu beachten.

Praxistipp Nr. 18
Geben Sie kein „Gießkannen-Lob". Anerkennung geben bedeutet, dass Sie tatsächliche Leistung oder Eigenschaften erkennen und ansprechen.

Zusammengefasst lässt sich also sagen, dass es zumindest schwierig ist, Mitarbeiter mit extrinsischen Methoden motivieren zu wollen. Ich finde auch, dass Mitarbeiterführung und Mitarbeiter-Verführung zwei unterschiedliche Prozesse beschreiben. Ich möchte mich in diesem

Buch lieber mit Ersterem befassen. Somit können wir den „Esel-Ka-rotte-Gedanken" durchaus loslassen. Am Schluss müsste man sonst noch einmal überprüfen, an welcher Position der Esel gerade steht. Es gibt meines Erachtens viel sinnvollere und wirkungsvollere Methoden, die Eigenmotivation der Mitarbeiter zu erhalten. Vorab möchte ich aber noch einen hilfreichen und klärenden Ausflug zu den Dingen machen, die unseren Mitarbeitern oftmals Spaß und Freude an ihrem Job neh-men …

2.2 Die „Energiefresser" in Gastronomie & Hotellerie

„Wenn du den Ansatz der Grundsauce beim Rösten anbrennen lässt, wird deine Sauce bitter! Auch wenn du dann einen Liter Sahne rein-schüttest um das zu verbergen, bleibt die Sauce bitter. Mist bleibt also Mist, egal, was du tust ….."

Satz meines Ausbilders

Wenn Sie sich mit dem Thema Motivation befassen, ist es sehr interes-sant, einmal in den Veröffentlichungen des Gallup-Instituts zu stöbern. Einmal im Jahr wird vom Gallup-Institut die mittlerweile legendäre Studie über die Mitarbeitermotivation in deutschen Betrieben veröf-fentlicht. In der Veröffentlichung 2011 wurden hier folgende Zahlen genannt:

- ▸ 67 Prozent der deutschen Arbeitnehmer machen Dienst nach Vor-schrift.
- ▸ Die emotionale Bindung an den Arbeitnehmer ist erschreckend ge-ring.
- ▸ 20 Prozent der Arbeitnehmer geben an, bereits innerlich gekündigt zu haben.

Solche Hiobsbotschaften über große Demotivation in deutschen Be-trieben sind natürlich auch für Vorgesetzte nicht unbedingt motivie-rend, spiegeln sie doch auch ein ganzes Stück weit den Stand der Führungskompetenz quer durch alle Bereiche wider. Aber es kommt noch schlimmer! Die gleiche Studie aus dem Jahre 2007 nennt prak-tisch die gleichen Zahlen, und das, obwohl das Thema Motivation ein Dauerbrenner in den Medien ist. Auch wenn das nur eine Vermutung ist: Ich glaube nicht, dass Gastronomie und Hotellerie als ein positi-ves Gegenbeispiel aus dieser Studie ausbricht. Boshaft könnte diese Information Folgendes für Sie bedeuten: Wenn Sie sich überhaupt auf etwas langfristig verlassen können, dann wohl auf die Demotivation Ihrer Mitarbeiter …

Doch statt sich irgendwelche finsteren Zukunftsvisionen auszumalen, müsste hier ein Umdenken über Führung stattfinden. Letztlich müssten solche Zahlen doch ein sehr deutliches Warnsignal sein und dazu zwingen, das eigene Führungsverhalten zu überprüfen. Meines Erachtens werden aber bei dieser Überprüfung ein paar Punkte unter dem Motto: „Das darf nicht sein!", einfach ausgeschlossen. Einen dieser „ausgeschlossenen Punkte" habe ich im ersten Kapitel bereits angeschnitten. Viele Vorgesetzte sind der limitierenden Überzeugung (Glaubenssatz), dass es ja „nur um die Erledigung von Aufgaben" gehe und dass Führung deshalb ausschließlich auf rationaler Ebene stattfinden müsse. Wie schon erwähnt, werden die Mitarbeiter so aber auf „Reiz-Reaktions-Maschinen" reduziert und die menschlichen, emotionalen Aspekte missachtet. Das muss zwangsläufig Widerstände erzeugen. Wenn also die Statistik des Gallup-Instituts mehr oder weniger gut die Situation in Ihrem Betrieb widerspiegelt, dann ist Handeln gefragt. Wahrscheinlich werden Sie die eine oder andere „heilige Kuh" schlachten müssen!

Immerhin bietet die Arbeit in Gastronomie und Hotellerie einige Punkte, die man durchaus als Energiefresser bezeichnen kann. Lange Arbeitstage, Arbeitsbelastung, Teildienste und Wochenendarbeit sorgen schon dafür, dass viele Mitarbeiter, die in dieser Branche anfangen, den Beruf nach kurzer Zeit wieder aufgeben. Immer wieder höre ich diesbezüglich Aussagen von Vorgesetzten und Inhabern, dass „das eben so sei" und „dass man sich damit eben abfinden müsse". Ich vermute aber eher, dass hier eine lange Tradition einfach fortgesetzt wird, ohne die Notwendigkeit jemals überprüft zu haben. Mit anderen Worten: „Ich als Chef bin durch diese harte Schule gegangen und jeder meiner Mitarbeiter muss das deshalb auch!" Chefs mit so einem Hang zu „Althergebrachtem" sollten dann vielleicht auch wieder mit der Postkutsche morgens in den Betrieb fahren.

Natürlich birgt die Arbeit am Gast besondere Anforderungen an Arbeitszeiten und Arbeitsbereitschaft. Bedeutet das aber tatsächlich, dass Mitarbeiter oftmals nur in Ausnahmefällen am Wochenende frei haben dürfen, dass Mitarbeiter acht Stunden am Stück an Ausgaben oder Kassen stehen müssen, dass Teildienste das Privatleben der Mitarbeiter zerteilen, dass Pausenzeiten einfach unter den Tisch fallen usw.? In vielen Fällen bedeutet das für die Mitarbeiter den Verlust des kompletten sozialen Umfeldes, Ehekrisen oder Scheidungen, ständige Wertekonflikte und manchmal sogar den Verlust körperlicher oder seelischer Gesundheit. Ich möchte hier nicht ein Bild von lauter kranken Mitarbeitern in der Branche zeichnen. Ich möchte aber noch einmal darauf hinweisen, dass auch das eine Seite in Gastronomie und Hotellerie ist, und dass es Bedingungen gibt, die für viele Mitarbeiter die

Freude und den Spaß am Beruf trüben. Die Aufforderung zum Schlachten „heiliger Kühe" bedeutet, dass es für moderne Vorgesetzte in der Branche keine Denkverbote mehr geben darf. Auch althergebrachte Bedingungen müssen in Frage gestellt werden. Vielleicht brauchen wir in der Branche neue Arbeitszeitmodelle, neue Dienstpläne, neue Mitbestimmungsreche der Mitarbeiter in Bezug auf den Einsatz, neue Pausenregelungen usw. So ist dann vielleicht auch fragwürdig, dass in einem Restaurant beispielsweise eine Servicekraft auf keinen Fall am Wochenende frei bekommen kann, wenn es doch speziell am Wochenende am leichtesten ist, eine Aushilfe zu finden. Diese Punkte werden auf jeden Fall in Zukunft noch das eine oder andere innerbetriebliche Brainstorming verlangen. Spätestens dann, wenn es nicht mehr gelingt, Mitarbeiter in ausreichender Zahl für die anfallenden Tätigkeiten im Betrieb zu gewinnen ...

Praxistipp Nr. 19
Identifizieren Sie Umstände, die schlechte Gefühle bei Ihren Mitarbeitern auslösen. Stellen Sie solche Energiefresser möglichst ab. Überprüfen sie dazu, welche dieser negativen Reize wirklich unvermeidlich sind.

Als „Energiefresser" kann man durchaus Umstände bezeichnen, die bei Mitarbeitern schlechte Gefühle auslösen. Wie im Kapitel 1.5 aufgezeigt, springt unser Emotionssystem auf direkte Reize an (Schlange = Angst). Genauer gesagt, brauchen wir Menschen sogar nicht mal den direkten Reiz. Wir können nahezu die gleichen Emotionen entwickeln, wenn wir uns Dinge nur vorstellen. Manchen Mitarbeitern reicht also schon die bloße Vorstellung, gleich wieder fünf Stunden lang Gläser zu polieren, Salat zu putzen usw., um ziemlich schlechte Gefühle auszulösen. Wenn Sie solche negativen Reize einfach als gegeben hinnehmen, kann man Ihr Führungsverhalten bezüglich der Motivation Ihrer Mitarbeiter durchaus als „unterlassene Hilfeleistung" bezeichnen. Hier eine kleine Auflistung möglicher „Energieräuber" im Betrieb:

Überforderung
Meiner Meinung nach ist nichts dagegen einzuwenden, wenn man einen Mitarbeiter mal ins „kalte Wasser" schmeißt. Das macht nicht nur „sofort wach", sondern gibt manchmal auch den notwendigen Druck, eine neue Aufgabe tatsächlich anzugehen. Wenn aber Leistungsfähigkeit und Aufgabe so weit differieren, dass „kaltes Wasser" eher zum Dauerzustand wird, hat das genau den gegenteiligen Effekt. Wenn eine Servicekraft z. B. in ihrer Servicestation dauernd „schwimmt", führt der Stress irgendwann eher zur Resignation als zur Motivation. Mit anderen Worten: Ein schlechter Schwimmer hat im offenen Ozean nichts verloren.

Es gibt aber noch viele andere Beispiele, die Überforderung erzeugen. Wenn ich beispielsweise als Mitarbeiter an der Rezeption morgens zur Hauptzeit beim Check-out alleine stehe und mich bei jedem Gast für die lange Wartezeit entschuldigen muss, dann ist so eine Situation untragbar. Da interessiert es mich als Mitarbeiter auch nicht, wenn mir mein Chef erklärt, dass es eben schwierig wäre, nur für eine Stunde einen weiteren Kollegen zu akquirieren.

Ein weiterer Punkt zur Überforderung betrifft die Belastungszeit. Dazu muss man sich erst im Klaren darüber sein, wofür unser Gehirn eigentlich ursprünglich ausgelegt ist. Ein Zustand der konzentrierten, wachen Aufmerksamkeit ist energetisch betrachtet für unser Gehirn ziemlich teuer. Wofür soll so ein Zustand auch gut sein? Eine Kuh oder ein Reh muss beim Weiden nicht konzentriert Grashalme betrachten. Maximal in Gefahrensituationen und bei ungewöhnlichen Vorkommnissen wird die Aufmerksamkeit (kon)zentriert auf einen Punkt gerichtet. Stellt sich die Situation dann als gefahrlos heraus, kann das Gehirn wieder auf „Stand-by" schalten und weiter vor sich hin dösen. Wenn man also bedenkt, dass wahrscheinlich eine Art Dämmerzustand der von der Natur vorgesehene Normalzustand ist, kann man die Aufgaben im Arbeitsalltag vielleicht neu bewerten. Wir Menschen tun ja alles dafür, die hochenergetische konzentrierte Aufmerksamkeit als Normalzustand zu trainieren. Dazu schüttet unser Körper ständig das Stresshormon Adrenalin aus, um den Körper in Fluchtbereitschaft zu versetzen. Kein Wunder, dass manche Mitarbeiter dabei irgendwann „ausbrennen". Häufig verlangen wir Mitarbeitern solch einen Zustand über mehrere Stunden ab. Eine Servicestation in einem Restaurant zu betreuen, die Spitzenzeit an der Rezeption zu übernehmen oder eine Ausgabe an einer Snackbar am Bahnhof zu betreiben, ist eine Höchstleistung für das Bewusstsein. Bekommt das Gehirn nicht alle 1,5 bis 2 Stunden zumindest eine drei- bis fünfminütige Auszeit, kann meines Erachtens keine fehlerfreie Arbeit erwartet werden. Das bedeutet in der Realität, dass die Kasse nicht stimmt, eine Zusatzleistung nicht abgerechnet wird oder ein Essen nie am Tisch ankommt. Mancher Raucher unter den Mitarbeitern macht so gesehen im Alltag „gehirngerechte" Pausen. Ich selbst bin Nichtraucher, bekomme aber mit, dass über die „zusätzlichen Pausen" der Raucher heiß diskutiert wird. Vielleicht wäre die Lösung, lieber eine „Gehirnpause für alle" einzuführen, statt den Rauchern die Pause zu nehmen.

Unterforderung
Womöglich ist nicht auf den ersten Blick klar, warum auch Unterforderung hier zu den Energiefressern gezählt wird. Es gibt aber auch, als Gegenextrem zur Depression, die Manie. Warum sollte es als Gegenextrem zum Burn-out nicht auch eine Art „Bore-out" geben? Für

Menschen, die im Restaurant oder im Veranstaltungsservice arbeiten, mag das weniger zutreffen als z. B. bei Ausgabekräften in der Gemeinschaftsverpflegung. Viele Mitarbeiter erzählen, dass Abwechslung ein entscheidender Anreiz sei, sich für einen gastronomischen Beruf zu entscheiden. Ich verstehe ja, dass es für eine Küchenhilfe nicht unglaublich abwechslungsreich sein kann, heute Karotten zu schälen und morgen eben Zwiebeln. Ich glaube auch nicht, dass ein Zimmermädchen jedes Zimmer betritt mit dem Gedanken: „Ich bin jetzt neugierig, welche Stellen im Raum diesmal schmutzig geworden sind ..." Natürlich gibt es Aufgaben, bei denen sich eine gewisse Monotonie nicht vermeiden lässt. Als Führungspersönlichkeit sollten Sie aber wissen, welche Auswirkungen Monotonie hat. Im Sprachgebrauch werden diese Tätigkeiten auch als „stupide" bezeichnet, also als langweilig, stumpfsinnig (engl. stupid = dumm). Ich glaube, das bezieht sich weniger auf die Aufgabe selbst, sondern eher darauf, was solche Tätigkeiten langfristig mit unserem Intellekt machen. Wer Tag ein, Tag aus die gleichen Tätigkeiten erledigt, stumpft im wahrsten Sinne des Wortes ab. Neues, Anderes, Abwechselndes schärft die Sinne wieder. Als Koch habe ich gelernt, dass ich ab und zu mein Messer wieder schärfen muss, wenn (besser: bevor) es stumpf geworden ist. Neue Ziele, eigenständiges Lösen von Problemstellungen, Job-Rotation oder auch die Erhöhung des Anspruches können hier geeignete Mittel sein, Mitarbeiter aus dem bequemen, abstumpfenden Routine-Sessel wieder einmal rauszureißen und damit „anzuschärfen".

Angst

Was denken Ihre Mitarbeiter, wenn Sie den Betrieb betreten? „Hier kommt Hilfe", oder: „Hier kommen Probleme"? Manche Vorgesetzte haben Angst und Furcht als festes Führungsinstrument in ihrem Alltag übernommen. Gebe ich meinen Mitarbeitern ständig das Gefühl, dass sie und ihre Arbeit nicht ausreichend bzw. unzulänglich sind oder dass die Personalkosten eh zu hoch sind und ich mir überlegen muss, ob ich mir so viele Mitarbeiter überhaupt leisten kann, dann löse ich damit Ängste aus. Genauer gesagt: Existenzängste. Die Dynamik dahinter soll ja sein, dass meine Mitarbeiter mehr oder besser arbeiten, um dieses Gefühl zu vermeiden (starke „Weg-von"-Motivation). Abgesehen davon, dass ich diesen Führungsstil schon früher in diesem Buch als „fahrlässige Körperverletzung" bezeichnet habe, ist auch der Effekt fraglich. Die Energie, die dadurch frei wird, ist vergleichbar mit einem Strohfeuer, bei dem nicht mehr viel übrig bleibt als verbrannte Erde. Angst lähmt! Nichts weiter!

Zeitmangel

Oftmals wird Zeitnot mit Überforderung verwechselt. Mitarbeiter klagen z. B. darüber, dass sie zu viele Aufgaben im Verhältnis zur dafür verfügbaren Zeit hätten. In Reaktion darauf werden dann Schulungen über Arbeitsorganisation oder Zeitmanagement durchgeführt. Kern solcher Schulungen ist immer, dass die anstehenden Aufgaben nach gewissen Kriterien und Prioritäten neu sortiert werden sollen, um die Effizienz zu steigern. Oftmals ist es aber so, dass die Prozesse schon vorher eigentlich sehr gut organisiert waren und solche Maßnahmen wirkungslos verpuffen. Beim Zeitmanagement muss meines Erachtens unterschieden werden, ob es tatsächlich um die Organisation von Aufgaben geht oder ob sich die Mitarbeiter „gestresst bzw. gehetzt fühlen".

Zeitmangel entsteht oftmals aufgrund einer Vorstellung. Mit anderen Worten: Ich bin beispielsweise an der Rezeption nicht gestresst, weil dauernd das Telefon klingelt, sondern weil das Telefon jederzeit klingeln könnte und ich dann etwas anderes unterbrechen müsste. Ich bin nicht gestresst, weil ich im Restaurant am Nachmittag noch Reinigungsarbeiten erledigen muss und ständig neue Gäste reinkommen, sondern weil jederzeit neue Gäste kommen *könnten*. Das mag sich auf den ersten Blick schräg für Sie anhören, trifft aber genau die Erfahrung, die Sie sicherlich schon oft in der Praxis gemacht haben. Mitarbeiter beschweren sich über die Menge ihrer Aufgaben. Würden Sie die einzelnen Arbeitsschritte mit einer Stoppuhr messen und in Relation zur Arbeitszeit ansehen, blieben meist genügend Zeitressourcen übrig. Der Anteil der „Fremdbestimmung" – der Dinge, die ich nicht abschätzen kann – löst den Stress aus. Das Gefühl des Zeitmangels ist also vergleichbar mit der Vorstellung, dass das Mise en Place plötzlich ausgeht. Eine gewisse Fremdbestimmung liegt bei der Arbeit mit Gästen ja in der Natur der Dinge. Die meisten Gäste kommen eben ohne Termin zu uns. Wenn Sie Ihren Mitarbeitern einen hohen Anteil an Eigenbestimmung bei der Einteilung der Aufgaben lassen, wirkt sich das positiv auf diesen Punkt aus. Dabei müssen fremdbestimmte Anteile wie z. B. Telefon und Gäste einen gewissen „mentalen Platzhalter" bekommen. Mit anderen Worten: Schaffe ich als Koch mein Mise en Place am Nachmittag nur, wenn keine Essensbestellungen mehr kommen? Die Vorbereitungen im Restaurant nur, wenn keine Gäste mehr reinkommen? Und die Buchhaltung nur, wenn das Telefon nicht klingelt? Dann löst das ein Gefühl des latenten Zeitmangels aus, obwohl die Zeit vielleicht doch noch reicht.

Mangelhafte Produkte

Ein Freund von mir arbeitet in einer Führungsposition bei einem bayerischen Autobauer. Er hat mir einmal bei einem Abendessen davon erzählt, dass es bei ihm im Unternehmen fast nur „Lebensarbeitsplätze" gibt: „Wer bei uns anfängt, hört nicht mehr freiwillig auf! Bist du einmal infiziert, bist du auch identifiziert mit der Marke!" Zunächst war ich ein wenig neidisch, dann sind mir aber viele Beispiele aus unserer

Branche eingefallen, bei denen es auch so ein hohes Maß an Identifikation gibt. Mitarbeiter, die von „ihren" Hotels, von „ihren" Restaurants sprechen und schwärmen. Dahinter steckt natürlich viel Stolz auf die Marke und auf das Produkt. Im Umkehrschluss bedeutet es aber auch, dass man sich mit tollen Produkten nicht nur bei den Gästen, sondern auch bei den Mitarbeitern Fans züchten kann. Natürlich gibt es auch viele Gegenbeispiele von Mitarbeitern, die sich eher herablassend über den eigenen Betrieb äußern, über „schlechtes Essen" und mangelnde Dienstleistung. Solche Aussagen sind dann meist auch ein klares Zeichen der inneren Kündigung. Eine Einsparung in der Qualität hat also immer auch eine Auswirkung auf alle Mitarbeiter. Ein Satz wie z. B.: „Das geht schon noch ..." hat deshalb im Wortschatz von Führungspersönlichkeiten nichts verloren.

Mangelhafte Arbeitsbedingungen

Der gleiche Satz: „Das geht schon...!" hat natürlich die gleichen Auswirkungen, wenn es um die Arbeitsbedingungen geht. Mir ist klar, dass Neu- bzw. Ersatzbeschaffungen in der Regel Geld kosten. Wenn ich mir aber angemessene Arbeitsbedingungen für meine Mitarbeiter nicht leisten kann, dann würde ich diese „gastronomische Unternehmung" für gescheitert erklären. Die Suche nach dem Glück ist bei vielen Mitarbeitern weniger eine philosophische Reise als eine sehr konkrete Suche nach ausreichenden Arbeitsmaterialien. Ständiges Zusammensammeln von Tabletts, Bestecken, Geschirr, Taschenrechner, Stiften ist nicht nur nervig, sondern unglaublich energieraubend. In einer Zeit, in der jeder Mitarbeiter privat mit iPhone & Co. ausgestattet ist, ist es nicht unbedingt motivierend, bei der Arbeit mit Equipment aus der Steinzeit zu arbeiten. Vielleicht denken Sie aber an dieser Stelle auch, dass manchmal Mitarbeiter die „Schmiede" ihres eigenen Glücks sind und einen Mangel an Arbeitsbedingungen selbst verursacht haben. Das mag sein. Dann ist meines Erachtens aber ein anderes Führungsinstrument aus meinem Werkzeugkoffer angebracht, statt diesen Mangel einfach so stehen zu lassen. Und wenn Sie schon an „Schmiede" denken, dann denken Sie bitte auch an „Schreiner": Wo gehobelt wird, da fallen Späne.

Ich könnte mir gut vorstellen, dass es manchen Vorgesetzten und Chef gibt, bei denen diese kleine Aufzählung über Energiefresser Betroffenheit oder sogar Ärger auslöst: „Wie soll man denn das in die Realität umsetzten?" – „Das ist doch nur Theorie, die Praxis sieht ganz anders aus!" Oder: „Ein paar dieser Punkte sind in Gastronomie und Hotellerie einfach so. Die kann man nicht verändern!" Tatsache ist aber, dass alle diese Reizpunkte Auswirkungen auf die Motivation der Mitarbeiter haben und deshalb auf keinen Fall einfach so unter den Teppich gekehrt werden dürfen. Das erinnert mich wieder an den Lehrsatz meines

Ausbilders, den ich am Anfang dieses Abschnittes erwähnt habe: Mist bleibt Mist! Selbst mit Sahnehäubchen …

In Kapitel 2.1 habe ich beschrieben, dass Motivation verschiedene Richtungen haben kann und den Begriff Motivation mit dem Begriff Energie gleichgesetzt. Das Institut für Führung und Personalmanagement der Universität St. Gallen hat ein Modell erstellt, welches genau diesen Punkt der Energierichtungen in den Mittelpunkt stellt und auch den Aspekt der Intensität beachtet. Im Führungsalltag finde ich dieses Modell sehr hilfreich, weil das innerbetriebliche Energielevel damit besser unterscheidbar wird und eventuellen Handlungsbedarf verdeutlicht.

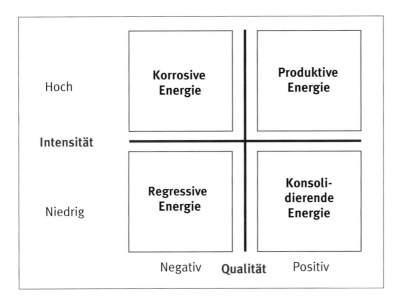

Abb. 2.4: Modell nach dem Institut für Führung und Personalmanagement

Demnach kann die Energie der Mitarbeiter hohe oder niedrige Intensität sowie eine positive oder negative Richtung haben. Daraus ergeben sich vier Möglichkeiten des Energielevels. Produktiv bedeutet, dass gerade die höchste Leistungsfähigkeit besteht. Konsolidierend bedeutet, dass Bestehendes gefestigt wird. Regressiv bedeutet, dass das Energielevel einen Umschwung bzw. ein Zurückweichen erfährt. Korrosiv bedeutet, dass Bestehendes zernagt, zerstört, angegriffen wird. Aus diesem Modell ergeben sich mehrere kluge Erkenntnisse für den Führungsalltag:

▶ Wenn Sie Reizpunkte in Ihrem Betrieb nicht abstellen, kann das Energielevel in eine negative Richtung gehen.

- Im Umkehrschluss ist ein negatives Energielevel ein Indiz für Handlungsbedarf.
- Wird regressive Energie missachtet, könnte das zu korrosiver Energie führen, die bereits Bestehendes angreift.

Praxistipp Nr. 20

Achten Sie auf das Energielevel Ihrer Mitarbeiter. Negative Energien und Stimmungen bedeuten Handlungsbedarf, damit bestehende Ergebnisse nicht zunichte gemacht werden.

Der Umkehrschluss, dass somit produktive Energie als Dauerzustand das Ziel der Führungsarbeit sein sollte, ist ein Irrglaube. Konsolidieren bedeutet, dass Bestehendes gefestigt wird, und ich wünsche Ihnen, dass Sie Ihren Mitarbeitern die Chance geben, erzielte Ergebnisse wirklich zu festigen. Anscheinend ist Konsolidierung ein Prozess, der niedrige positive Energie erfordert. Besonders die „Youngsters", kreative, hochmotivierte und ergebnisorientierte Führungspersönlichkeiten, laufen hier gerne mal in die „Energiefalle". Ein Dauerbeschuss von neuen Zielen und Veränderungen erhält nicht die produktive Energie bei den Mitarbeitern. Die Chance ist sogar hoch, dass Mitarbeiter in diesem Klima in regressive oder korrosive Energie umschwenken (siehe dazu auch den Punkt „Überforderung" im letzten Abschnitt). Der Zielzustand der Führungsarbeit sollte somit ein steter Wechsel zwischen produktiver und konsolidierender Energie sein, in dem Mitarbeiter neue Hürden nehmen und dann auch Zeit haben, dieses Ergebnis erst einmal zu „verdauen"

2.3 Klima schaffen

Es fühlt der Mensch sich wie verwandelt,
wenn man ihn als Mensch behandelt
Eugen Roth

Ich habe mir bisher viel Zeit dafür genommen, aufzuzeigen, welche Vorgehensweisen im gastronomischen Führungsalltag eher „Holzwege" sind. Rückwirkend auf den Vergleich mit dem Blinden im Wald aus Kapitel 1 über Ursache und Wirkung, habe ich damit hoffentlich den einen oder anderen „Baum" aufgedeckt, gegen den Sie nicht mehr laufen müssen. Manchmal ist damit aber noch offen geblieben, was denn dann mögliche Wege rechts oder links vorbei sein könnten.

Genau darauf möchte ich nun Ihre Aufmerksamkeit lenken. Die Kernaussage im zweiten Kapitel ist ja bisher, dass „Motivieren" nicht zu Ihren Führungsaufgaben gehört, sondern dass Sie Ihre Mitarbeiter lieber nicht demotivieren sollen! Aber wie können Sie das in Ihrem Führungsalltag konkret umsetzen? Aus der erwähnten Studie des Gallup-Instituts geht hervor, wie das Klima in den meisten Betrieben aussieht. Im Umkehrschluss bedeutet das, dass eine Ihrer Führungsaufgaben darin bestehen muss, ein Klima zu schaffen, in dem die Eigenmotivation der Mitarbeiter gehalten und gestärkt wird.

Grundsätzlich sollte es nicht so schwerfallen, ein geeignetes Klima zu schaffen. Gerade wir aus Gastronomie und Hotellerie müssten Meister darin sein, uns in die Lage anderer Menschen hineinzuversetzen und unser Verhalten nach deren Bedürfnissen und Erwartungen auszurichten. Diese Vorgehensweise trifft nämlich im Kern die Aufgabe eines modernen Gastgebers. Manchmal scheint es aber, dass bei Mitarbeitern hier ein anderes Maß angesetzt wird. So erfahren die Gäste beispielsweise oftmals einen ganz anderen Respekt als die Mitarbeiter. Das mag vielleicht an der Denkhaltung liegen, dass Gäste Geld bringen und Mitarbeiter Geld kosten. Ich glaube hingegen, dass die Gäste für Leistung bezahlen und vielleicht wiederkommen, weil sie diese Leistung in einem ganz besonderen Klima erhalten. Um beim Begriff „Respekt" zu bleiben, hat das meines Erachtens wenig mit Gästen oder mit Mitarbeitern zu tun, sondern mit dem Umgang mit Menschen. Der schöne Satz von Eugen Roth, übersetzt in den Führungsalltag, gewinnt hier sofort noch etwas mehr Tiefe. Es gibt diesbezüglich einen weitverbreiteten Irrglauben unter Führungskräften, nämlich, dass für große Veränderungen große Instrumente erforderlich seien. Manchmal haben aber auch kleinste Veränderungen überraschende Auswirkungen. Große Widerstände bei den Mitarbeitern oder sogar das im letzten Kapitel genannte erschreckende korrosive Energielevel können durchaus auch durch minimale Veränderungen im eigenen Führungsverhalten gelöst werden.

Ein Seminarteilnehmer sagte mal zu mir: „Gastgeber zu sein könnte so viel Spaß machen, aber bei dem Chef …" Wenn man solche Aussagen dann hinterfragt, kommt es fast immer zum gleichen Ergebnis: Mitarbeiter fühlen sich von ihren Vorgesetzten geringschätzend behandelt. Damit Sie überprüfen können, ob Sie dazu neigen, dass Mitarbeiter ganz ähnliche Dinge auch über Sie sagen, schlage ich einen kleinen Test vor. Nehmen Sie sich für folgende Übung bitte fünf Minuten Zeit:

Praxisübung

Gebe ich den Menschen in meinem Umfeld ausreichend Anerkennung und Dankbarkeit?

Überlegen Sie sich drei Menschen aus Ihrem beruflichen Umfeld und drei Menschen aus Ihrem privaten Umfeld. Sie sollten zu allen diesen Menschen sehr regelmäßig Kontakt haben. Dann stellen Sie sich zu jeder dieser Personen folgende Fragen:

1. Was schätze ich an dieser Person besonders?

2. Wofür bin ich dieser Person dankbar?

3. Wann habe ich das letzte Mal diese Dankbarkeit ausgedrückt?

4. Wann werde ich das bei dieser Person das nächste Mal tun?

Viele Vorgesetzte sagen selten bis nie auch nur „Danke" zu ihren Mitarbeitern. An dieser Stelle möchte ich sehr deutlich sagen, dass dieser Punkt mit dem monatlichen Gehalt an die Mitarbeiter nicht abgedeckt ist. Auch Chefs, die ihre fünfminütige Rede auf der Weihnachtsfeier nutzen, um ihren Dank fürs ganze Jahr auszudrücken, schrammen hier klar am Bedarf vorbei. Insofern die Praxisübung bei Ihnen größere Erinnerungslücken aufzeigt, wird es höchste Zeit, das eigene Führungsverhalten zu überdenken. Für Ihren innerbetrieblichen Klimaschutz ist eine Grundhaltung der Dankbarkeit unerlässlich!

Sollten Sie sich jetzt dabei ertappt haben, dass Sie sehr selten „Danke" zu Ihren Mitarbeitern sagen, dann haben Sie eindrucksvoll erlebt, was schon im ersten Kapitel über Beobachtungen erster und zweiter Ordnung gesagt wurde: Der Beobachter kann sich selbst beim Beobachten nicht beobachten. Führungspersönlichkeiten sind sich nicht immer bewusst darüber, welchen Einfluss das eigene Verhalten auf das Verhalten der Mitarbeiter hat. In Ihrem Führungsklima gibt es aber noch weitere Faktoren, die konkretes Verhalten nach sich ziehen. In welchem Klima sich Mitarbeiter wohlfühlen, ist leicht zu erklären, wenn man die psychologischen Grundbedürfnisse von Menschen betrachtet. Daraus lassen sich vier essenzielle „Bedingungen" zusammenfassen: Anerkennung, Wertschätzung, Respekt und Zuneigung. Ein Mangel in diesen Punkten führt meist sofort und unmittelbar zu Widerständen bei den Mitarbeitern. Mit anderen Worten: In einem Klima ohne diese Grundbedingungen kann man meiner Meinung nach vielleicht Rechnungen kontrollieren, aber keine Menschen führen! Nachfolgend habe ich Ihnen einige daraus folgende Verhaltensweisen zusammengestellt:

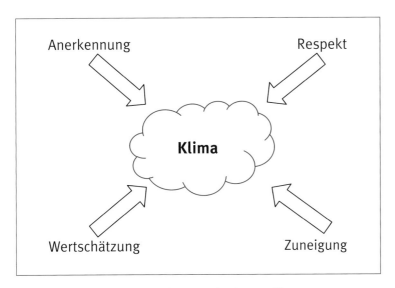

Abb. 2.5: Psychologische Grundbedingungen für ein gutes Klima

Respekt

Der lateinische Begriff „re-specto" bedeutet so viel wie „Zurücksehen" oder „Berücksichtigen". Die interessante Frage lautet, was genau man durch Respekt berücksichtigen sollte. Wenn Sie beispielsweise schon einmal im Leben mit Ihrem Auto im Feierabendverkehr unterwegs waren oder am Samstagvormittag zum Einkaufen gefahren sind, werden Sie vielleicht festgestellt haben, dass man Respekt da oftmals eher als Mangel erleben kann. Menschen sitzen im Auto und möchten nach Hause fahren – und ärgern sich über andere Menschen, die auch nach Hause möchten, die einander aber davon abhalten, ungehindert nach Hause zu fahren … So wird dann gedrängelt, geschoben, geschnitten usw. Das weitere Beispiel für diesen Umstand beim Einkaufen, womöglich mit rammenden Einkaufswagen in den Achillessehnen, erspare ich Ihnen jetzt.

Vielleicht wird aber schnell klar, was man bei Respekt ursprünglich berücksichtigen sollte: Ich bin nicht allein auf der Welt! Der Journalist Giovanni di Lorenzo hat die oftmals zu erlebende Respektlosigkeit boshaft auf den Punkt gebracht: „Könige in schädelgroßen Königreichen!" Durch eine gewisse Respektlosigkeit kann man vielleicht seinen beruflichen Aufstieg beschleunigen. Ich halte es aber für schwierig, gleichzeitig für ein motivierendes Klima zu sorgen. Ich glaube, dass Respekt in der ursprünglichen Bedeutung die wichtigste Grundeinstellung erfolgreicher Führungspersönlichkeiten ist. Sie mögen vielleicht eigene Ziele, Meinungen und Ideen haben, das haben die anderen aber auch! Berücksichtigen Sie das also, wenn sich die Meinungen, die

Ziele und die Ideen des anderen von den Ihrigen unterscheiden. Hinter Respekt steckt Toleranz und Akzeptanz. Akzeptieren Sie Ihre Mitarbeiter voll und ganz, wie sie sind! Vielleicht müssen Sie jetzt beim Gedanken an den einen oder anderen Ihrer Mitarbeitern schlucken oder denken: „Den akzeptieren? Bei seinem bisherigen Verhalten kann ich das nicht!" Genau das ist aber der Unterschied. Akzeptieren Sie den Menschen und arbeiten Sie an seinem Verhalten. Daraus folgt, dass Sie zukünftig mit dem Versuch aufhören, Ihre Mitarbeiter unbedingt verändern zu wollen.

Praxistipp Nr. 21
Akzeptieren und tolerieren Sie Ihre Mitarbeiter, wie sie sind! Das bedeutet Respekt im ursprünglichen Sinn. Arbeiten Sie ausschließlich am Verhalten Ihrer Mitarbeiter.

Darüber hinaus gibt es natürlich eine ganze Reihe weiterer Verhaltensweisen, wie sich respektvoller Umgang im Führungsalltag ausdrückt. Das geht damit los, dass Sie Ihre Mitarbeiter *mit Namen ansprechen*. Gewöhnen Sie sich an, statt: „Holst du mal Rosmarin aus dem Lager?" lieber: „Martin, holst du bitte Rosmarin aus dem Lager?" zu sagen. In diesem Satz zeigt sich auch gleich noch eine weitere Ausdrucksform von Respekt: *Umgangsformen!* Weiter oben habe ich schon erwähnt, dass ein „Danke" einen großen Unterschied machen kann. Zu Umgangsformen gehört natürlich auch ein „Bitte". Jegliche Kommunikation mit den Mitarbeitern muss auch in angemessenem *Umgangston* stattfinden. Natürlich mag es ärgerliche oder stressige Situationen im Führungsalltag geben. Wer das aber als Begründung nimmt, seine Mitarbeiter abfällig zu behandeln oder sogar anzuschreien, hat im Kreise der Führungspersönlichkeiten nichts verloren. Meist ist so eine respektlose Reaktion von Vorgesetzten auch nur ein Zeichen von Hilflosigkeit.

Anerkennung
Grundsätzlich können Mitarbeiter ja entweder anerkennendes Feedback oder kritisches Feedback bekommen. Auf diesen Punkt werde ich im nächsten Kapitel beim Feedback-Gespräch noch näher eingehen. Bei den „klimatischen Grundbedingungen" möchte ich lediglich darauf hinweisen, dass Mitarbeiter fehlende Anerkennung vom Vorgesetzten als Hauptmangel im Arbeitsalltag nennen. Ich kann an dieser Stelle nur wiederholen: Anerkennung gehört zu den Grundbedürfnissen des Menschen! Wobei möchten Sie Ihre Mitarbeiter denn hauptsächlich sehen? Wenn sie einen Fehler gemacht haben oder wenn sie ihre Arbeit gut erledigt haben? Das weiter oben genannte „Danke" ist dabei die schnellste Variante der Anerkennung. Darüber hinaus können Sie als Führungspersönlichkeit nicht oft genug äußern, wenn Sie mit einer

Leistung zufrieden sind. Z.B. so: „Durch Ihr hohes Maß an Aufmerksamkeit für die Bedürfnisse unserer Gäste haben wir heute viel Lob bekommen. Vielen Dank dafür!" Es ist also nicht ausreichend, wenn Sie als Führungspersönlichkeit denken, dass Sie „das eine oder andere Mal" mehr Anerkennung aussprechen sollten. Als klimatische Grundbedingung muss meines Erachtens eine Art „Anerkennungs-Kultur" entwickelt und gepflegt werden.

Zuneigung

Ich sehe ein, dass beim Wort „Zuneigung" Erklärungsbedarf besteht. Wenn Sie ab morgen Ihre Zuneigung speziell dem anderen Geschlecht unter Ihren Mitarbeitern zeigen, könnte der Schuss schnell „nach hinten losgehen"… Spaß beiseite! Wussten Sie, dass Zuneigung und Fürsorge zu einem bestimmten Zeitpunkt unseres Heranwachsens für das Entstehen der Hirnarchitektur mitverantwortlich ist? Erleben Kleinkinder in einem gewissen Entwicklungsstadium einen Mangel an Zuwendung und Fürsorge, dann kann sich das Gehirn nicht angemessen entwickeln. Da bekommt der Begriff „Dachschaden" sofort einen beklemmenden Beigeschmack! Ich finde es wichtig, dass Sie wissen, dass Zuneigung ursprünglich überlebensnotwendig ist. Fehlende Zuneigung wird zwar normalerweise bei Erwachsenen nicht buchstäblich zu gestörten Mitarbeitern führen, aber zumindest zu Störungen. Wir sind uns hoffentlich einig darüber, dass Sie zukünftig nicht jede Servicekraft in den Arm nehmen müssen, wenn diese vom Gast zurückkommt. Im Führungsalltag drückt sich Zuneigung in anderem Verhalten aus, wie beispielsweise in tatsächlichem Interesse! *Fragen Sie* Ihre Mitarbeiter ruhig auch Dinge, die über den normalen Alltag hinausgehen. Ob ich mich nun tatsächlich für andere Menschen interessiere, drückt sich ja auch am meisten in der Frageform aus.

Wer das mit „Ausfragen" verwechselt, schlittert hier klar an der Grundidee vorbei. Ich glaube, dass Führungspersönlichkeiten eine gewisse *Neugierde* gegenüber ihren Mitarbeiter haben sollten. Wer ist mein(e) MitarbeiterIn, was sind seine/ihre Ängste, Sorgen, Nöte usw., die Einfluss auf seine oder ihre Arbeitsleistung haben? Erst mit einem gewissen Maß an Informationen über mein Gegenüber kann ich mich als Vorgesetzter ein-fühlen (Empathie zeigen) in dessen Entscheidungswelt und mit-fühlen (Sym-pathie zeigen), welche Ängste, Sorgen, Nöte, sie/ihn wirklich bewegen. Ich erlebe Vorgesetzte, die darauf bestehen, dass „Privatleben" bzw. der „Privatmensch Mitarbeiter" im beruflichen Alltag nichts verloren habe. Es ginge doch hier nur um die „Erledigung von Aufgaben". Diese Vorgesetzten dürfen sich dann aber nicht beschweren, wenn der „Aufgabenerfüller" die Aufgaben nur widerwillig erfüllt. Manchmal wirkt hier ein kleiner Satz von Führungspersönlichkeiten Wunder: „Ich verstehe!"

Der zweite große Aspekt von Zuneigung betrifft Zeit. *Nehmen Sie sich Zeit* für Ihre Mitarbeiter, wenn diese auf Sie zukommen. Wenn Sie gerade keine Zeit haben, dann sagen Sie Ihrem Mitarbeiter eben, wann Sie Zeit haben. *Lassen Sie Ihre Mitarbeiter aussprechen,* um zu hören, was diese tatsächlich sagen wollen. Das geht natürlich nur, wenn Sie bereit sind, *zuzuhören!* Ständig gestresst, glauben manche Vorgesetzte, ständig als „Satzvervollständiger" agieren zu müssen, frei nach dem Motto: „Ich weiß schon, was der mir sagen will!" So zeigen manche Führungspersönlichkeiten ihren Mitarbeitern im Alltag eher die „kalte Schulter", statt *stehenzubleiben,* innezuhalten und buchstäblich *Zuwendung* zu zeigen.

Wertschätzung

Viel mehr als irgendwelche durchschaubare Motivierungsversuche wünschen sich Mitarbeiter das Gefühl, dass ihre Person und Arbeit von den Vorgesetzten geschätzt wird. Die Unterscheidung von Wert- und Geringschätzung drückt sich meist schon in kleinen Gesten aus. Wie behandle ich Menschen, die mir wichtig sind? Wenn Sie einmal wissen möchten, wie sehr in diesem Punkt Geld als Ausdruck der Wertschätzung geeignet ist, können Sie das sehr schnell überprüfen. Gehen Sie zu einem Ihrer Freunde und geben Sie ihm 20 Euro mit folgenden Worten: „Das ist dafür, dass du mir wichtig bist." Die Chance ist groß, dass Sie jetzt einen guten Freund verlieren und ein blaues Auge gewinnen. Wertschätzung drückt sich in *kleinen Nettigkeiten* aus. Dafür gibt es unzählige Möglichkeiten. Das mag beispielsweise im Hochsommer ein Eis für alle Mitarbeiter sein; der Kaffee, den Sie der Mitarbeiterin bringen, die sonst normalerweise Ihnen den Kaffee morgens ins Büro bringt; das Glas Champagner für alle nach Dienstende; ein tolles Mitarbeiteressen; eine Weinprobe auch mit den hochwertigen Tropfen; oder ein anderer Gefallen, den Sie für Ihre Mitarbeiter leisten. Ich habe sogar schon von einer Führungspersönlichkeit gehört, die in regelmäßigen Abständen Kuchen für die Mitarbeiter bäckt. Mit solch kleinen Gesten machen Vorgesetzte aus Ihren eigenen Mitarbeitern „Stammgäste", die leuchtende Augen bekommen, wenn sie von ihren Chefs sprechen. Bemerkenswert fand ich hier auch das Beispiel eines bayerischen Mineralwasser-Unternehmens, das von Ordensschwestern geführt wird. Bei hohem Geschäftsaufkommen soll hier die Chefin, eine Oberschwester, mit Tafeln Schokolade zu jedem Mitarbeiter gehen, um sich mit ein paar Worten persönlich zu bedanken. Ich brauche jetzt wohl nicht zu betonen, dass in diesem Unternehmen jegliche Motivierungsversuche völlig überflüssig sind. Diese Mitarbeiter sind Fans!

Natürlich gibt es viele weitere ganz klassische Möglichkeiten, Wertschätzung auszudrücken. Eine Karte oder der Anruf vom Chef zum Geburtstag, ein Glas Champagner und ein persönliches Geschenk nach fünf Jahren Betriebszugehörigkeit und etwas Angemesseneres, wenn jemand zehn, fünfzehn oder zwanzig Jahre in einem Betrieb arbeitet. In einer Welt, in der jeder Termin über elektronische Erinnerungskalender gemanagt wird, gibt es keine Entschuldigung, solche für die Mitarbeiter wichtigen Termine zu vergessen. Leider wird oftmals genau an den Wertschätzungsinstrumenten gespart. Das mag die Weihnachtsfeier sein, die „dieses Jahr gestrichen wird", oder das Teamevent oder das gemeinsame Essen, das „ausfallen muss". Sollten Sie vor so einer Entscheidung stehen, fragen Sie sich, worüber Ihre Mitarbeiter mehr reden: Über den selbst gebackenen Kuchen, das Teamevent, das Glas Champagner, die kleine Party zum Jubiläum oder darüber, dass am Ersten des Monats das Gehalt auf dem Konto war. Fest steht, dass „Klima schaffen" tatsächlich zu Ihren Führungsaufgaben gehört. Wenn Sie diesen Punkten genügend Aufmerksamkeit schenken, brauchen Sie keine „Esel-Karotte-Maßnahmen" mehr, um für Motivation bei Ihren Mitarbeitern zu sorgen. Sind die klimatischen Grundbedingungen gegeben, bleibt meine eigene Motivation als Mitarbeiter erhalten.

Zu Anfang des Kapitels habe ich schon angemerkt, dass meiner Meinung nach ein Umdenken in der Führungskultur stattfinden muss. Führungspersönlichkeiten verbringen viel Zeit damit, festzulegen, was sie von ihren Mitarbeitern erwarten, aber wenig Zeit damit, festzulegen, was sie ihren Mitarbeiter als Kultur bieten. Wird Kultur geboten, dann wird das an Bedingungen geknüpft. Das bedeutet, dass Mitarbeiter Anerkennung, Respekt, Wertschätzung und Zuneigung nur dann erhalten, wenn sie die vom Chef gesetzten Bedingungen über Verhalten und Leistung erfüllen. Meiner Meinung nach ist das der falsche Weg. Das Führungsklima muss bedingungslos sein. Die genannten Punkte müssen Ihre Mitarbeiter auf jeden Fall von Ihnen erwarten können. Sollte Leistung oder Verhalten von Ihren Vorstellungen abweichen, müssen Sie zu anderen Führungsinstrumenten greifen als den Entzug von (beispielsweise) Wertschätzung. Konkret gesagt, bedeutet das, dass Sie z. B. Ihre Mitarbeiter immer noch mit Namen ansprechen müssen, auch wenn sie die Gäste nicht im Rahmen Ihrer Erwartungen behandelt haben.

Abgesehen davon, dass es menschenunwürdig ist, menschenwürdiges Verhalten an Bedingungen zu knüpfen, wäre diese Vorgehensweise auch psychologisch ungeschickt. Eine sehr alte sozio-kulturelle Dynamik, der wir Menschen folgen, ist die Reziprozität (Ausgleich). Das bedeutet, dass wir in Gruppen und Systemen unbewusst darauf achten, einen Ausgleich von Geben und Nehmen sicherzustellen. Mit anderen Worten: Was ich aus einer (sozialen) Gruppe erhalte, versuche ich wieder zurückzugeben. Was damit gemeint ist, weiß jeder, der einmal ein Weihnachtsgeschenk von jemandem erhalten hat, für den er nicht selbst ein Geschenk besorgt hatte. Unsere Evolution hat dafür gesorgt, dass wir schlechte Gefühle bekommen, wenn wir keinen Ausgleich herstellen. So gesehen, ist es also sehr geschickt, zunächst mit den klimatischen Grundbedingungen in Vorleistung zu gehen. Jetzt liegt der Druck des Ausgleichens bei meinem Mitarbeiter.

Das lässt sich sehr einfach umsetzen. Bevor Sie die Richtlinien und Erwartungen an Ihre Mitarbeiter ausformulieren, lohnt es sich, zunächst eine Art „Führungsrichtlinie" zu erstellen, in der die „klimatischen Grundbedingungen" als Standard gesetzt werden. Das hat nicht nur den Vorteil, dass Sie Ihre Mitarbeiter damit durch die Dynamik der Reziprozität in eine Art „Bringschuld" bringen, sondern auch, dass Sie sich selbst damit sehr konkret und überprüfbar in die Pflicht nehmen!

Praxisübung

Definieren Sie, was Ihre Mitarbeiter von Ihnen als „Führungsklima"
erwarten können. Händigen Sie dieses Versprechen schon bei der
Einstellung an Ihre Mitarbeiter aus. Die Führungsstandards könnten
z. B. folgende Überschrift tragen: „Das können Sie von uns erwarten."
Achten Sie darauf, dass Ihre Ausformulierungen die in diesem Buch
genannten Kriterien über konkrete Ausdrucksweise erfüllen. Hier ein
Beispiel:

1. Respekt

Wir akzeptieren Sie als Mensch mit Ihrer Meinung, Ihren Zielen, Ihrer
Erfahrung und Erziehung. Wir treffen mit Ihnen Vereinbarungen darüber, welche Ergebnisse wir von Ihnen erwarten.

Formulieren Sie die weiteren Punkte selbst aus:

2. Anerkennung

....

....

3. Fürsorge

....

....

4. Interesse

....

....

5. Umgangsformen

....

....

6. Wertschätzung

....

....

7. Ehrlichkeit

....

....

8. Arbeitsbedingungen

....

....

9. Unterstützung

....

....

10.   Konstruktive Kritik

....

....

_____

2.4 Ziele vereinbaren

Die Katze grinste nur, als sie Alice sah. „Sie sieht gutmütig aus,“ dachte diese; aber doch hatte sie sehr lange Krallen und eine Menge Zähne. Alice fühlte wohl, dass sie sie rücksichtsvoll behandeln müsse.
„Grinse-Katze,“ fing sie etwas ängstlich an, da sie nicht wusste, ob ihr der Name gefallen würde, „willst du mir wohl sagen, wenn ich bitten darf, welchen Weg ich hier nehmen muss?“
„Das hängt zum guten Teil davon ab, wohin du gehen willst,“ sagte die Katze.
„Es kommt mir nicht darauf an, wohin“, sagte Alice.
„Dann kommt es auch nicht darauf an, welchen Weg du nimmst“, sagte die Katze.
„Wenn ich nur irgendwo hinkomme“, fügte Alice als Erklärung hinzu.
„O, das wirst du ganz gewiss“, sagte die Katze, „wenn du nur lange genug gehst.“

Aus Alice im Wunderland

Sie wissen also jetzt, dass „Klima schaffen" statt „motivieren" zu Ihren Führungsaufgaben gehört. Die in Abschnitt 2.1 gezeigte psychologische Motivationsdynamik hat außer dem Punkt „Beweggrund" aber auch noch etwas anderes gezeigt: Jede Motivation ist mit einem Ziel verbunden! Da also Ziele nicht nur sprichwörtlich „bewegen", möchte ich hier „Ziele vereinbaren" als zweite tatsächliche Führungsaufgabe vorstellen, um die Eigenmotivation Ihrer Mitarbeiter zu halten. Weiter oben unter dem Punkt „Energiefresser" habe ich schon aufgezeigt, dass man Mitarbeiter nicht nur über-, sondern auch unterfordern kann. Dieser Punkt ist doch eigentlich seltsam, oder? Müssten die Mitarbeiter nicht zufriedener sein, wenn sie es leichter haben? Vielleicht muss man sich an dieser Stelle noch einmal verdeutlichen, wie Menschen auf diese Erde kommen. Jeder, der selbst Kinder erzogen hat, wird wahrscheinlich wissen, dass man Kleinkinder im Krabbelalter nicht dazu motivieren muss, sich zu bewegen. Sie machen das „irgendwie" von ganz alleine. Antreiber dafür ist die natürliche Neugierde. Der dafür verantwortliche Stoff im Gehirn heißt Dopamin, und nicht ganz zufällig ist dieses Wort mit dem Begriff „Dope" für Aufputschmittel eng verwandt. Die natürliche Neugierde treibt uns also schon seit dem Krabbelalter dazu an, immer wieder etwas Neues zu entdecken. Wenn Sie Ihre Mitarbeiter nicht fordern, ihnen keine Aufgaben geben, die sie bewältigen müssen, dann stumpfen Ihre Mitarbeiter ab. Ich bin der festen Überzeugung, dass man dieses „Abstumpfen" am Dopaminspiegel im Gehirn nachweisen kann. Besonders bemerkenswert fand ich diesbezüglich den Kommentar eines Betriebsleiters aus der Gemeinschaftsverpflegung, den ich fragte, was er tun würde, um den Job für die Mitarbeiter langfristig attraktiv zu machen. Er sagte: „Meine Mitarbeiter haben natürlich einen gewissen Entscheidungsspielraum! Sie dürfen z. B. selbst bestimmen, mit welcher Dekoration neue Desserts serviert werden." Ich weiß nicht, wie es Ihnen geht, aber mir bereiten solche Aussagen eine gewisse Sorge ...

Bevor Sie nun darangehen, mit Ihren Mitarbeitern neue Ziele zu vereinbaren, sollten Sie einige interessante Punkte über Ziele wissen. Kennen Sie eigentlich den Unterschied zwischen Wünschen, Zielen und Visionen? Um das zu verdeutlichen, möchte ich gerne noch einmal das Beispiel der Kleinkinder nehmen. Kleinkinder können bis zu einem gewissen Alter keine Ziele, sondern nur Wünsche haben. Das hat zwei Ursachen. Zunächst einmal haben Kleinkinder noch keine Vorstellung von Zeiträumen. Diese Vorstellung von Raum und Zeit entsteht im Gehirn im präfrontalen Cortex (Stirnlappen), der erst ab einem gewissen Alter voll ausgebildet ist. Das mag die Erklärung dafür sein, dass Kleinkinder bei der Fahrt in den Urlaub bereits nach fünfzehn Minuten anfangen zu fragen, wie lange es denn noch dauert. Der zweite Grund ist, dass Kinder nicht die ganze Verantwortung für ihr Leben tragen. Immerhin bestimmen ja noch die Eltern. Das bedeutet, dass ich mir ein neues Fahrrad zwar wünschen kann, dass ich aber nicht planen kann, eines zu bekommen. Selbst wenn ich spare, müssen meine Eltern mit mir ins Geschäft fahren. Mehr möchte ich Sie gar nicht in die Welt der Kleinkinder führen. Hier geht es ja um Mitarbeiterführung und nicht um Mitarbeitererziehung. Wichtig ist aber für Sie zu wissen, dass viele Menschen einen bestimmten Übergang nicht schaffen. Erwachsene haben die erforderliche Gehirnstruktur, um Zeiträume zu erfassen, und tragen selbst die Verantwortung für ihr Leben. Dennoch haben sie oftmals keine Ziele, sondern weiterhin nur Wünsche. Das ist ganz gut daran herauszuhören, wie manche Mitarbeiter sich äußern. Hier ein paar Beispiele:

- „Ich würde gerne besser werden."
- „Ich möchte schon erfolgreich sein."
- „Es wäre schön, wenn ich mehr verdienen würde."
- „Ich möchte lernen, besser zu verkaufen."
- „Ich möchte ein guter Gastgeber sein."

Und so weiter ...

Der Unterschied zwischen Wunsch und Ziel ist ja, dass das eine womöglich unter dem Weihnachtsbaum liegt, ich für das andere aber etwas tun muss. Vielleicht sollten wir an dieser Stelle die Häme über fehlende Zielformulierungen aber lassen, weil die Aussagen vieler Chefs manchmal nicht viel besser klingen:

- „Ich möchte, dass Sie sich steigern."
- „Ich möchte, dass Sie höhere Umsätze erzielen."
- „Wir wollen unsere Gäste glücklich machen."

- ► „Wir wollen immer erfolgreicher werden."
- ► „Wir wollen unsere Übernachtungszahlen steigern."
- ► „Wir wollen mehr Beilagensalate verkaufen."

Verstehen Sie, was ich meine? Das klingt zwar alles nicht schlecht, hat aber mit konkreter Zielformulierung wenig zu tun. Damit aus einem Wunsch ein Ziel wird, müssen die Kriterien enthalten sein, die uns Erwachsene von Kindern unterscheiden: Planung, Verantwortung und konkrete Vorstellung von Zeiträumen. Damit aus Wünschen also Ziele werden, müssen in der Kommunikation weitere Kriterien eingefügt werden. Das bekannteste Modell, um die eigene Kommunikation um Zielekriterien zu erweitern, ist das „SMART-Modell":

S = Spezifiziert
Ist meine Formulierung schon klar und konkret ausgedrückt? Ist mein Ziel sinnlich definiert?

M = Messbar
Kann man das Ziel quantitativ und / oder qualitativ messen?

A = Attraktiv
Habe ich das Ziel so formuliert, dass es eine gewisse Zugkraft entwickelt? Motiviert mich dieses Ziel tatsächlich zum Handeln?

R = Realistisch
Kann ich mein Ziel selbst und eigenverantwortlich erreichen? Habe ich überhaupt (ausreichend) Einfluss darauf, das Ziel zu erreichen?

T = Terminiert
Bis wann genau, bis zu welchem Termin möchte ich mein Ziel erreicht haben?

Wenn Sie die oben genannten Beispiele nach diesen Kriterien noch einmal prüfen, wird schnell klar, dass kein einziger Punkt des SMART-Modells angemessen erfüllt wird. Wenn Sie dieses Buch aber bis hierher gewissenhaft gelesen haben, müssten Sie auch ohne die SMART-Kriterien bei den genannten Beispielen laut protestiert haben: „Diese Aussagen entsprechen nicht den Regeln, die bereits im Kapitel 1.3 über die Sprache von Führungskräften ausgeführt worden sind!" So gesehen ist das SMART-Modell nicht nur dabei hilfreich, Ziele zu formulieren und damit auch tatsächlich zu erreichen, sondern auch noch ein weiteres Instrument, das Sie zu mehr Klarheit zwingt.

Formulieren Sie SMART(e) Ziele mit Ihren Mitarbeitern: klar spezifiziert, messbar, attraktiv und motivierend, realistisch und zu einem klaren Erfüllungstermin.

Erweitert um diese Kriterien, würden sich die Aussagen von Vorgesetzten aus dem letzten Absatz vielleicht so anhören:

- „Mein Ziel ist, dass Sie sich in den nächsten zwei Wochen so steigern, dass Sie eine Servicestation in eigener Verantwortung übernehmen können."
- „Wir wollen unseren Getränkeumsatz bis 31. 12. 2012 im Vergleich zum Vorjahr um 15 Prozent steigern."
- „Unser Ziel ist, die Durchschnittsbewertung der Gäste auf den Feedbackbögen bis 30. 5. 2013 um eine Note zu steigern."
- „Wir möchten bis 30. 6. 2013 in den Bewertungsportalen unter den Top 10 der Restauranttipps für diese Stadt zählen."
- „Wir möchten unsere Belegungszahlen von 75 Prozent Auslastung im Jahre 2012 auf 85 Prozent Auslastung im Jahr 2013 steigern."
- „Unser Ziel ist heute zum Abendservice, dass wir an jedem Tisch mindestens einen zusätzlichen Beilagensalat verkaufen."

Jetzt wird klar, dass es sich bei diesen Formulierungen nicht mehr nur um ein Wunschdenken handelt, sondern um ein konkretes Ziel. Abgesehen davon, dass erst in dieser Klarheit auch tatsächlich die Chance besteht, dieses Ziel zu erreichen, hat die Vorgehensweise noch einen schönen Nebeneffekt: Ihre Mitarbeiter können ihre eigene Energie entsprechend auf das Ziel abstimmen. Wie soll ich als Mitarbeiter meine eigenen Ressourcen wie Kraft, Ausdauer und Konzentration ausrichten bei einer Aussage vom Chef wie z. B.: „Wir wollen besser werden"?

Mit den SMART-Kriterien haben wir jetzt zwar keine kindliche Kommunikation mehr, aber immer noch keine erwachsene Zielformulierung. Ein entscheidender Punkt fehlt noch: die Planung! Es ist ja schön, wenn Sie beispielsweise „den Umsatz bis 31. 12. 2013 im Vergleich zum Vorjahr um 15 Prozent steigern" möchten. Nur bleibt hier die Frage offen, was Sie dafür tun werden. Schön finde ich dazu eine boshafte Aussage, die oftmals die Realität widerspiegelt: „Keiner plant zu versagen, aber manche versagen beim Planen!"

Kein Ziel also ohne Strategie. Das Wort Strategie stammt übrigens aus dem altgriechischen „strategós" und bedeutet so viel wie „Feldherrenkunst". Wenn Sie also die „Erfolgs-Festung" nehmen möchten, müssen Sie einen „Schlachtplan" machen: Was genau werden wir wann machen? Welche Schwierigkeiten könnten auftreten? Wenn wir unter diesem Gesichtspunkt das in diesem Absatz genannte Ziel über Umsatzsteigerung noch einmal anschauen, könnte die Strategie möglicherweise so aussehen:

Dafür werden wir:

▸ bis XY eine Verkaufsschulung mit unseren Mitarbeitern machen,
▸ in unserer Karte für jeden Hauptgang einen Zusatzartikel anbieten,
▸ die Preise ab der Herbstkarte um 5 Prozent erhöhen,
▸ vier neue und witzige Aperitifsorten in die Karte aufnehmen,
▸ nächste Woche wieder eine Gutscheinaktion in den umliegenden Büros durchführen,
▸ und so weiter …

Damit haben Sie nun die erforderliche Art der Formulierung und eine Strategie für Ihre Ziele. Wer möchte Sie jetzt noch davon abhalten, Ihre Ziele zu erreichen? Selbstverständlich ist diese Vorgehensweise kein Garant! Es mag unzählige Ursachen dafür geben, dass Sie ein im Beispiel genanntes Ziel dann doch nicht erreichen. Es könnte z. B. die nächste Rezession kommen, ein Konkurrent in direkter Nachbarschaft aufmachen, Ihr Hauptkunde abspringen usw. Dann werden Sie Ihr Ziel vielleicht verfehlen und womöglich am Ende sogar 5 Prozent Minus statt 15 Prozent Plus erreicht haben. Aber stellen Sie sich vor, was passiert wäre, wenn Sie sich kein Ziel gesetzt und Ihre Strategie nicht verfolgt hätten! Es gibt keine Garantie, dass Sie ein Ziel erreichen. Man kann aber durchaus eine Garantie darauf geben, dass Sie *kein* Ziel erreichen, wenn Sie es sich zunächst *nicht* vornehmen, also *nicht* ausformulieren, und dann auch *nichts* dafür tun. Sie sehen mir hoffentlich nach, dass ich „Zufall" an dieser Stelle als Strategie ausschließe.

Noch ein kleiner Tipp bevor Sie nun mit Ihren Mitarbeitern Ziele vereinbaren. In dieser Welt, in der jeder nahezu alles machen und werden kann, also in dieser Freiheit, die unsere Eltern noch nicht hatten, sind viele Menschen überraschend vorsichtig bei den eigenen Zielen. Meines Erachtens ist die Binsenweisheit: „Lieber kleine Brötchen backen" aber falsch. Seien Sie ruhig mutig bei Ihrer Zielplanung. Wenn Sie beispielsweise planen, Ihren Umsatz um 2 Prozent zu steigern, werden Sie vielleicht keinen Ihrer Mitarbeiter „hinterm Ofen hervorlocken" können. Für mich ist damit „A wie Attraktivität" nicht ausreichend erfüllt. Ziel ist ja, dass Sie eine gewisse Zugkraft bei Ihren Mitarbeitern auslösen. Nur zu also! Ein Ziel muss so groß sein, dass man es noch erkennen kann, wenn plötzlich Hindernisse auftauchen …

Praxisübung

Vom Wunsch zum Ziel! Setzen Sie sich ein betriebliches Ziel nach den SMART-Kriterien aus diesem Abschnitt. Benennen Sie dann mindestens drei strategische Schritte, die Sie tun werden um dieses Ziel zu erreichen. Formulieren Sie Ihr Ziel:

....

....

Formulieren Sie nun drei Schritte Ihrer Strategie:

....

....

....

Ihrer Führungsaufgabe, Ziele zu setzen, können Sie an unterschiedlichen Stellen in Ihrer gastronomischen Praxis nachkommen. In diesem Abschnitt haben wir ja schon vom „Schlachtplan" gesprochen. Daran angelehnt, können Sie auch beim „Ziele setzen" strategisch vorgehen. Sehr hilfreich ist dafür eine kleine Mentalübung. Stellen Sie sich eine Zeitachse (Fachbegriff: Timeline) vor, die aus der Vergangenheit kommt und mindestens fünf Jahre in die Zukunft reicht. Nun visualisieren Sie sich diese Zeitachse räumlich beispielsweise auf dem Boden vor Ihnen. Blicken Sie nun in Ihrer Vorstellung auf dieser Timeline zunächst fünf Jahre in die Vergangenheit und überlegen Sie sich, welche Ziele Sie bisher gesetzt und erreicht haben. Sie können das auch unterstützen, indem Sie ganz konkret auf Ihrer vorgestellten Timeline entlangschreiten und buchstäblich Schritt für Schritt durch die Vergangenheit gehen. Wenn Sie dann am Punkt der Gegenwart angekommen sind, dann machen Sie sich kurz ein paar Notizen, welche Erkenntnisse aus Ihrer bisherigen Vorgehensweise wichtig für Ihr zukünftiges Verhalten sind. Was müssen Sie verändern? Was hat sich bewährt?

Dann wird es Zeit, in die Zukunft zu blicken. Gehen Sie genauso „Schritt für Schritt" vor. Was könnte Ihr Ziel heute oder morgen sein? Was nächste Woche, nächsten Monat? Was nächstes Jahr? Und so weiter. Hier ein paar Beispiele, welche Ziele sich dabei nach und nach entwickeln könnten:

1. Tagesziel

Was möchten Sie heute gemeinsam mit Ihren Mitarbeitern erreichen? Wie möchten Sie wieder ein kleines Stückchen besser werden? Setzen Sie sich und Ihren Mitarbeitern einen kleinen Ansporn für den Tag. Das könnte z. B. sein: „Heute wollen wir jedem Gast beim Auschecken ein Lächeln aufs Gesicht zaubern!" Oder: „Gestern haben wir zwanzig Beilagensalate zusätzlich verkauft, heute planen wir, das zu toppen!". Entwickeln Sie dann gemeinsam mit Ihren Mitarbeitern eine Strategie, wie Sie dieses Tagesziel erreichen möchten. Vergessen Sie nicht, das Ergebnis mitzuteilen und erreichte Ziele zu feiern oder zumindest zu zelebrieren.

2. Leistungssteigerung

Denken Sie an einen Mitarbeiter, mit dessen Arbeitsleistung Sie noch nicht zufrieden sind. Wir haben ja schon deutlich gemacht, dass es Zeit und Übung braucht, sich neue Verhaltensweisen anzugewöhnen. Setzen Sie sich mit diesem Mitarbeiter zusammen und formulieren Sie gemeinsam seine Leistungssteigerung als Ziel nach den SMART-Kriterien. Überlegen Sie sich dann eine Strategie, wie Ihr Mitarbeiter das Ziel erreichen kann. Bieten Sie Hilfe an, fragen Sie, an welchen Stellen Sie Unterstützung bieten können. Ich treffe immer wieder Chefs, die von Mitarbeitern berichten, bei denen praktisch „Hopfen und Malz" verloren sein soll, die „nicht mehr veränderbar" sind, bei denen man sozusagen „resignieren" muss. Als Trainer und Coach kann ich diese Meinung natürlich schon von Berufs wegen nicht teilen. Ich glaube, dass Veränderungen immer möglich sind. Ich glaube aber auch, dass ein Chef der sagt: „Der ändert sich nie!", auf jeden Fall recht behalten wird. Sollten Sie also einen Mitarbeiter in Ihrem Team haben, bei dem Sie ähnliche resignierte Gedanken haben, dann empfehle ich Ihnen sehr, das mit diesem Ziele-Instrument noch einmal anzugehen. Womöglich müssen Sie Ihr Instrument dafür etwas anpassen und kleine Schritte gehen. Oder wissen Sie nicht, wie man einen Elefanten isst? Ganz genau: Stück für Stück … Vereinbaren Sie also kleine Ziele mit Ihren „Spezialfällen". Stellen Sie sich vor, ein Mitarbeiter, bei dem Sie schon längere Zeit resigniert haben, würde Monat für Monat jeweils um 5 Prozent besser …

Praxistipp Nr. 23

Vereinbaren Sie gewünschte Leistungssteigerungen bzw. Verhaltensänderungen als Ziele. Je geringer die Leistungsfähigkeit des jeweiligen Mitarbeiters, desto kleiner müssen die einzelnen Schritte zum Ziel sein.

3. Problemlösung

Meines Erachtens brauchen wir unter den Führungspersönlichkeiten in unserer Branche keine Kläger, sondern Macher. Ich finde, dass Chefs, die dauernd über Probleme referieren, Mitarbeiter eher frustrieren als ermutigen. Ich habe schon davon gehört, dass man das Wort „Problem" mit dem Wort „Herausforderung" austauschen sollte, das würde sich besser anhören. Darüber darf jeder seine eigene Meinung haben. Für mich ist das klarste und treffendste Wort, das man ersatzweise für Problem verwenden sollte: Aufgabe. Nehmen wir z.B. an, Sie haben eine schlechte Stimmung im Team, dann haben Sie eine Aufgabe! Setzen Sie sich also die Lösung als Ziel nach den genannten Kriterien und überlegen Sie sich die erforderliche Strategie. Sollte es tatsächlich bei Ihnen die Stimmung im Team betreffen, haben Sie nach meinen Ausführungen über „Klima schaffen" hoffentlich ein paar Ansätze gefunden. Diese strategische Vorgehensweise empfiehlt sich natürlich auch für alle anderen Aufgaben wie beispielsweise Qualitätsmängel in der Küche oder lange Checkout-Zeiten am Front Office.

4. Kostensteuerung

Sie haben zu hohe Energiekosten, zu hohe Wareneinsätze oder zu geringe Umsätze? Dann setzen Sie sich ein Ziel, genau wie bei der Problemlösung. Wenn man sich die erschreckend niedrigen Renditezahlen in unserer Branche ansieht, ist kostenbewusstes Arbeiten oftmals kein Motivationsgag für die Mitarbeiter, sondern Existenzsicherung. Dennoch erlebe ich Chefs, die Gewinnmaximierung bei gleichzeitiger Kosteneinsparung als Kern Ihrer Führungsaufgabe betrachten. Auch das muss jeder für sich entscheiden. Zu bedenken gebe ich hier nur den Maßstab der Qualität. Gehen Einsparungen auf Kosten der Qualität, dann kann man sich diese meines Erachtens wirklich sparen! Mittelmaß frustriert Gäste wie Mitarbeiter. Und was nützt der effizienteste Betrieb, wenn dann demotivierte Mitarbeiter sehr wenige Gäste bedienen und damit uneffektiv sind?

5. Jahresplanung

Womit wir schon bei der mittelfristigen Zielplanung angekommen sind. Klassische Jahresplanungen sind beispielsweise Budget- oder Jahreszielgespräche mit meinen Mitarbeitern. Beides höchst sinnvoll und auch sehr effektiv. Die Vorgehensweise bleibt gleich: zunächst Ziele gemeinsam vereinbaren und dann eine Strategie bzw. Zwischenziele und -schritte entwickeln. Der entscheidende Punkt hierbei ist das Wort „vereinbaren". In manchen Betrieben hat sich eine Kultur entwickelt, in der diese Jahresziele nur noch „von oben" kommen und somit wie ein unerwartetes Weihnachtsgeschenk für den Mitarbeiter „unterm Baum" liegen. Sie wissen aber aus den letzten Absätzen, dass unter dem Weihnachtsbaum nur Wünsche liegen können.

Ziele werden vereinbart. Das eigene Wunschdenken einfach überzustülpen ist meines Erachtens ein Holzweg. Der Mitarbeiter muss mit dem Ziel einverstanden sein. Ein Jahreszielgespräch kann man sich deshalb eher wie eine Verhandlung vorstellen. Entstehen hierbei Widerstände, dann sind entweder eine nähere Erklärung, weitere Betreuung oder kleinere Schritte erforderlich. Ist ein Mitarbeiter nicht bereit, ein für das Unternehmen tatsächlich erforderliches Ziel mit mir zu vereinbaren, muss ich diesem Mitarbeiter im Zweifelsfall die Verantwortung entziehen, statt ihm mein Ziel aufzuzwängen.

6. Strategische Ausrichtung

Damit haben wir Ziele, angefangen für einen Tag bis zu einem Jahr. Gehen Sie auf Ihrer „Timeline" nun aber ruhig weiter. Wohin möchten Sie in den nächsten fünf Jahren in Ihrer eigenen Karriere kommen? Welche Veränderungen sind betrieblich notwendig? Wohin soll Ihr Schiff „MS Gastronomie" steuern? Wie heißt es so schön: Wer nicht weiß wohin er will, muss sich nicht wundern, wenn er ganz woanders rauskommt!" Das erinnert wieder an das Zitat aus *Alice im Wunderland* zum Start dieses Abschnitts. Wird es zukünftig erforderlich sein, neue Zielgruppen unter Ihren Gästen anzusprechen? Benötigen Sie ein neues Ausbildungskonzept, um in zwei und drei Jahren noch genügend Fachkräfte im Betrieb zu haben? Steht ein Generationswechsel an? Vergessen Sie nicht, dass Sie Ihre Mitarbeiter als Führungspersönlichkeit in die Zukunft führen. Ein Mitarbeiter z. B. am Empfang hat mit seiner Arbeit hauptsächlich Einfluss auf die Gegenwart, also auf die Frage, ob die Gäste in *diesem* Moment gerade zufrieden sind oder nicht, und weniger Einfluss auf die Zukunft. Im Gegensatz dazu hat Ihre Arbeit als Vorgesetzter oftmals noch geringe Auswirkung auf die Gegenwart, wohl aber auf die Zukunft. Damit kommt Ihnen eine besondere Verantwortung zu. In Abbildung 2.6 habe ich versucht, das zu verdeutlichen. Ihre Mitarbeiter haben also nur bedingt Einfluss darauf, ob Ihr Betrieb auch in Zukunft noch erfolgreich sein wird. Das müssen Sie deshalb schon gezielt planen.

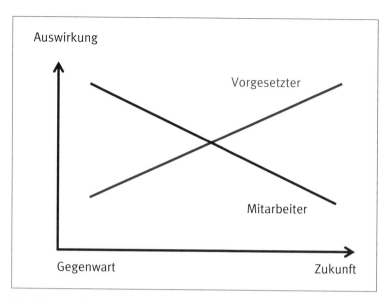

Abb. 2.6: Auswirkung von Entscheidung und Verhalten in Bezug auf Zeit

Damit wäre „Ziele setzen" als zweite Führungsaufgabe mit den damit verbundenen Chancen, Notwendigkeiten und Auswirkungen auf die Motivation Ihrer Mitarbeiter wohl geklärt. Vielleicht sind Sie ja jetzt selbst motiviert, wieder gezielt Ziele mit Ihren Mitarbeitern zu setzen. Ich muss aber ehrlicherweise gestehen, dass Tagesziele, Problemlösungen, Qualitätssteigerung und strategische Ziele mit einem ganzen Sack voll Arbeit verbunden sind. Das ist nun einmal der Preis dafür, wenn man in der gastronomischen „Champions-League" spielen möchte. Damit Sie aber vor lauter neuen Zielen Ihre Mitarbeiter nicht überfordern und womöglich eher Frust auslösen, habe ich noch einen abschließenden Tipp für Sie ...

Erinnern Sie sich an den Beginn des Kapitels über Wünsche, Ziele und Visionen? Offen geblieben ist jetzt noch die Antwort auf die Frage, was dann eine Vision ist. Eine Vision ist dem Wortstamm nach ein Ziel*bild*. Im Gegensatz zum Ziel muss eine Vision nicht mehr sehr konkret sein, sondern darf ruhig ein Bild in „den buntesten Farben" sein. Ihre Mitarbeiter müssen schon wissen, wofür sie sich anstrengen sollen. Malen Sie eine möglichst motivierende Vision, wohin die Reise geht. Ihr Schlachtplan muss also hergeben, was der Gewinn sein wird. Vielleicht möchten Sie das erste Haus am Platz werden, der freundlichste Betrieb der Stadt, einen Michelin-Stern verliehen bekommen, das erfolgreichste Hotel Deutschlands werden oder das persönlichste usw. Malen Sie eine Vision, die es wert ist, sich anzustrengen. Diese Vision bietet somit einen gemeinsamen Nenner, der zusammenschweißt. Dann erst nutzen Sie einen der größten Motivationsfaktoren überhaupt voll und ganz: Erfolg!

2.5 Spielregeln setzen

Ein Freund von mir, der schon seit vielen Jahren im Service arbeitet, hat mir ein sehr schönes Beispiel aus der Praxis erzählt. Er sagte, dass er regelmäßig mit seinem Vorgesetzten Diskussionen führen müsse, wenn er mit seinen Gästen den einen oder anderen Satz Smalltalk hält. Sein Chef sei dann der Meinung, dass er „seine Arbeit nicht machen würde". Das lässt natürlich die Frage offen, was in Gastronomie und Hotellerie „die Arbeit" ist ...

Nachdem ich hier „Klima schaffen" und „Ziele vereinbaren" als Führungsaufgaben umfassend ausgeführt habe, hoffe ich, dass meine Auffassung über Führung nicht falsch verstanden wird. Während im ersten Kapitel ja vielleicht noch der Wunsch nach einem Kloster mit Schweigegelübde entstanden ist, mag das zweite Kapitel bisher eher an buddhistische Lebensphilosophie erinnern, statt an Mitarbeiterführung. Wenn Sie aber jetzt den Schluss ziehen, dass man nur mit dem „richtigen Glauben" und einer menschenwürdigen Lebenshaltung vor Kellnern, Köchen, Bedienungen, Zimmermädchen, Mitarbeitern an der Rezeption usw. stehen müsste und dann nur noch in die richtige Richtung zeigen muss, um tolle Ergebnisse zu erzielen, dann ist dieser Schluss natürlich falsch. Diese Theorie wurde meines Wissens das letzte Mal in der Idee der antiautoritären Erziehung ausprobiert. Bekanntermaßen ist dieser „Feldversuch" gescheitert. Es sind nicht unbedingt selbstbewusste Menschen herangewachsen, die eigenverantwortlich ihr Leben in die Hand nehmen. Um das zu erreichen, brauchen Menschen anscheinend zusätzlich einen gewissen Rahmen. Deshalb soll dieser „Rahmen" Ihre dritte Führungsaufgabe sein.

Der Rahmen, der in der antiautoritären Erziehung bewusst nicht gesetzt wurde, war der Rahmen der klaren Regeln. Und natürlich gehört es zu einer Ihrer ureigensten Führungsaufgaben, dass Sie Regeln setzen. Sie bestimmen in welchem Rahmen das Spiel „Gastronomie" gespielt wird. Sie bestimmen, welches Verhalten Sie von Ihren Mitarbeitern erwarten, und damit natürlich auch, was in Ihrem Betrieb als Fehlverhalten gilt.

Dass ich an dieser Stelle gerne den Begriff „Spielregeln" verwende, ist schnell erklärt. Besonders junge Führungspersönlichkeiten haben manchmal Schwierigkeiten damit, klare Regeln zu formulieren. Ein Grund mag die Angst sein, dadurch den guten Kontakt zu seinen Mitarbeitern (womöglich sogar ehemaligen Kollegen) zu verlieren,

oder auch die Sorge, Mitarbeiter „einzuschränken" und damit zu demotivieren. Im vierten Kapitel werde ich auf diesen Punkt noch einmal
zurückkommen. Zugegebenermaßen liegt aber ein Stück Wahrheit in
dieser Befürchtung. Bei dieser Führungsaufgabe trennt sich die Spreu
vom Weizen, oder in unserem Fall eher Vor*gesetzte* von Führungspersönlichkeiten. Wer keine Akzeptanz von seinen Mitarbeitern hat, wird
nur sehr schwer dafür sorgen können, dass seine Regeln eingehalten
werden. Zumindest aber möchte ich hier schon mit dem Irrglauben aufräumen, dass Regeln demotivieren würden. Was wäre beispielsweise
Fußball ohne klare Regeln? Sinnloses „Gekicke", bei dem Zuschauer
und Mitspieler schnell die Lust verlieren würden. Wenn Sie Ihren Mitarbeitern genau und klar sagen, welches Verhalten Sie erwarten, dann
sorgen Sie damit für Sicherheit im Alltag. Das hat mit „Demotivation"
nichts zu tun. Aus diesem Grund nenne ich einen Rahmen aus klaren
Erwartungen, Geboten und auch Verboten gerne „Spielregeln". Wird
gegen diese Regeln verstoßen, sind Sie dann auch berechtigt, je nach
Vergehen die gelbe oder rote Karte zu ziehen.

Praxistipp Nr. 24
Setzen Sie klare und unmissverständliche Regeln. Das sorgt bei Ihren
Mitarbeitern für Sicherheit. Es kann nur etwas als Fehlverhalten gelten,
das gegen eine vorab getroffene Regelung verstößt.

Wenn Sie also möchten, dass z. B. zwischen 12 und 15 Uhr keine Rauch-
pausen gemacht werden, am Gast Empfehlungen ausgesprochen werden, Ordnung im Lager oder in der Mitarbeiterumkleide herrschen soll,
die Mitarbeiter im Service schwarze Socken anhaben sollen, jeder Mitarbeiter mit Gastkontakt ein frisches und gebügeltes Hemd tragen soll
usw., dann sagen Sie Ihren Mitarbeitern das! In diesem Buch habe ich
schon an verschiedenen Stellen über klare Kommunikation von Führungspersönlichkeiten geschrieben. Die gleichen Kriterien gelten also
auch für das Ausformulieren von Regelungen. Achten Sie zusätzlich
darauf, auf kommunikative „Weichmacher" wie „könnte, sollte, wäre
…" zu verzichten. Also statt: „Es wäre schön, wenn Sie Ihren Küchenarbeitsplatz vielleicht mal wieder sauber machen würden", lieber so:
„Ich erwarte von Ihnen, dass Sie Ihren Arbeitsplatz nach Beendigung
eines Arbeitsgangs wieder sauber machen." In diesem Beispiel sehen
Sie auch, dass ich beim Setzen von „Spielregeln" nicht „wir", sondern
„ich" als Form benutze. Das bleibt natürlich jedem selbst überlassen.
Ich bevorzuge diese Form, weil ich unmissverständlich ausdrücken
möchte, dass dies auch meine Regelung ist. Wenn Sie mit Ihren Regelungen in irgendeiner Form um den „heißen Brei" herum reden, drücken Sie damit nur Ihre eigene Unsicherheit aus. Insofern Sie in Ihrem
Leben Kinder erzogen haben, wissen Sie wahrscheinlich genau, wohin
das dann führt …

Bitte beachten Sie bei Ihren Spielregeln auch noch einmal die Erkenntnis aus dem Kapitel über Lernen und Üben. Bevor Sie also Regeln setzen und dann gelbe und rote Karten verteilen, müssen Sie zunächst noch einmal unterscheiden. Treffen Sie gerade eine Regelung über Abläufe, z. B. über Beratung am Gast, oder über Verhalten, z. B. über schwarze Socken. Im Zweifelsfall empfiehlt es sich, dass Sie zwei Führungsaufgaben miteinander verbinden: Ziele setzen und Spielregeln festlegen. Vereinbaren Sie dafür eine Verhaltensänderung nach den SMART-Kriterien zu einem festen Zeitpunkt mit Ihren Mitarbeitern: „Ich erwarte von Ihnen, dass Sie bei jedem Gast mindestens eine Empfehlung aussprechen und Ihre Gäste damit beraten. Bitte trainieren und üben Sie diesen Punkt, sodass Sie diese Regelung bis zum 1. März voll und ganz erfüllen. Okay? Kommen Sie einfach auf mich zu, sollten Sie dafür Hilfestellung von mir benötigen."

Ich empfehle Ihnen auch, auf jegliche „Wenn nicht, dann …" Varianten zu verzichten. Meines Erachtens haben Drohungen bei den Spielregeln nichts verloren. Kein Schiedsrichter beim Fußball würde auf die Idee kommen, zunächst alle Spieler zum Rapport zusammenzurufen, um beispielsweise zu sagen: „Und wenn einer von euch wagt, den Fuß rauszustrecken, den schmeiß ich vom Platz!" Dann hätte ja im Anschluss auch keiner mehr Bock zum Spielen. Mit anderen Worten: Anpfiff gibt es erst bei einem Foul, und nicht schon mal vorsorglich vorab. Drohungen sind wohl meist ein Ausdruck dafür, dass Vorgesetzte sich selbst nicht vertrauen und deshalb vorsorglich schon einmal „nachlegen". Das ist dann das Gegenteil von antiautoritär. Aber auch den drohenden, autoritären Erziehungsstil kann man getrost als „gescheitert" betrachten. Hier ein paar Ideen, wie Sie Ihrer Führungsaufgabe „Spielregeln festlegen" im Alltag nachkommen können:

1. Die allgemeine „Hausordnung"
Bereits am Anfang dieses Buches habe ich darauf hingewiesen, dass es so etwas wie „common sense", also „normalen Menschenverstand" nicht gibt. Genauer gesagt, denke ich, es gibt nur „kommuniziert" oder „nicht kommuniziert". Wenn Sie also denken, es sei ja „selbsterklärend", dass Ihre Mitarbeiter beispielsweise nicht stehlen dürfen, dann täuschen Sie sich. Sich also als Führungspersönlichkeit unausgesprochen auf die „zehn Gebote" zu berufen ist nicht sinnvoll. Viel sinnvoller ist es, allgemeine Richtlinien für die Mitarbeiter zu verfassen, in denen möglichst alle Grundsätzlichkeiten der Zusammenarbeit geklärt sind. Dazu gehören eben Sachen wie z. B. Diebstahl, Alkohol, persönliche Hygiene, Handy am Arbeitsplatz, Höflichkeit am Gast, Betriebsgeheimnisse, Umgang im Team usw. Erstellen Sie eine Art innerbetriebliche Hausordnung, eine Liste von A bis Z mit Ihren Erwartungen und Verhaltensrichtlinien. Machen Sie anschließend einen Vertrag mit Ihren

Mitarbeitern. Das bedeutet, dass Sie die „Hausordnung" Ihren Mitarbeitern in Schriftform übergeben und unterschrieben zurückfordern. Diese Unterschrift ist zwar noch kein Garant, dass Ihre Mitarbeiter die Richtlinien auch einhalten, aber ein grundsätzliches Einverständnis dazu. Der große Vorteil für Sie ist, dass Sie dann im Alltag keine kraftraubenden Diskussionen mehr über unterschiedliche Meinungen führen müssen, sondern sich auf den „Rahmenvertrag" mit den Richtlinien berufen können.

So betrachtet, wird auch fast selbstverständlich, wann Sie Ihren Mitarbeitern diese Richtlinien übergeben müssen: natürlich während des Vorstellungsgesprächs. Es mag sich zwar zunächst seltsam anhören, dass Sie beim Bewerberinterview gleich Ihre Hausordnung auf den Tisch legen. Letztlich muss aber auch Ihr Bewerber entscheiden dürfen, ob er in einem Betrieb arbeiten möchte, in dem diese oder jene Regeln gelten. Er hat dann auch Zeit, diese zu lesen und am ersten Arbeitstag unterschrieben mitzubringen. Auf jeden Fall senden Sie damit bereits eine klare Botschaft an neue Mitarbeiter, dass Richtlinien in Ihrem Betrieb nicht nur „leeres Gerede" sind.

Praxistipp Nr. 25
Übergeben Sie Ihre allgemeinen Richtlinien neuen Mitarbeitern bereits beim Bewerberinterview. Das unterstreicht nicht nur die Bedeutung Ihrer Richtlinien, sondern ermöglicht einem Bewerber auch, sich schon vorab zu entscheiden, ob er sich damit identifizieren kann.

2. Standards
Zu Ihren Regelungen gehört natürlich auch ein innerbetriebliches Qualitätsmanagement. Die betriebliche Service-Maxime in Standards auszudrücken ist zwar zunächst eine organisatorische Herausforderung, führt aber direkt in die „gastronomische Champions-League". Konkret bedeutet das, dass Sie Ihre komplette Dienstleistung zunächst überprüfen, also „scannen", und dann in Bezug zu den Erwartungen Ihrer Gäste stellen. Ein Standard ist dann praktisch eine Entscheidung bzw. ein Versprechen, welche konkrete Leistung Sie an welcher Stelle für Ihre Gäste bieten wollen. Das könnte sich beispielsweise so anhören: „Beim Check-out beträgt die Wartezeit pro Gast maximal 3 Minuten", oder: „Alle Restaurantgäste werden platziert und erhalten vom platzierenden Mitarbeiter eine geöffnete Speisekarte überreicht" usw. Während also die „allgemeine Hausordnung" Verhalten und Fehlverhalten regelt, klären Standards die Dienstleistung und das Qualitätsversprechen. Während ein Verstoß gegen die Hausordnung auch schnell gelbe und rote Karten nach sich ziehen kann, stellen Standards eine Art „angestrebte Verhaltensmaxime" dar. Hier mit irgendwelchen „Karten" zu führen, ist meines Erachtens nicht sinnvoll.

3. „Top-7-Liste" für Gastgeber

So eine Liste ist eigentlich die „kleine Schwester" der Servicestandards. Je nachdem, ob es sich bei Ihrem Betrieb um einen Imbissstand oder ein Fünf-Sterne-Hotel handelt, wird ein innerbetriebliches Qualitätsmanagement ein Dutzend oder mehrere Hundert Standards umfassen. Ein Computer könnte wohl auch mehrere Tausend Positionen ohne Probleme innerhalb eines Sekundenbruchteils abrufen. Wir Menschen mit einem neuronalen Arbeitsspeicher von fünf bis sieben Positionen werden damit eher überfordert sein. Mit anderen Worten: Ein Servicemitarbeiter im Restaurant mit voller Station kann sich unmöglich ständig alle Standards vergegenwärtigen. Wenn also Ihr Mitarbeiter vor lauter Prozessstandards vergisst, die Gäste zu begrüßen, verfehlen Sie Ihr Ziel. Die Anfangsgeschichte in diesem Abschnitt zeigt diesen Punkt auf. Dahinter steckt sicherlich ein Vorgesetzter, der „Teller tragen" statt „Gastgeber sein", als Aufgabe in den Mittelpunkt stellt.

Ziel ist aber, Mitarbeiter gastorientiert zu führen. Erstellen Sie deshalb eine Liste mit maximal sieben Punkten, und fassen Sie in dieser Liste zusammen, welches Verhalten Sie von Ihrem Mitarbeiter als Gastgeber erwarten. Ich empfehle Ihnen, dass Sie diese Punkte nicht nur übergeben, sondern mit Plakaten und Aushängen z. B. in Personalräumen oder im Service-Office zusätzlich visualisieren. So wird buchstäblich nie aus den Augen verloren, um wen es in unserem Beruf eigentlich geht.

Praxistipp Nr. 26
Erstellen Sie eine Liste mit fünf bis sieben Punkten, in der Sie zusammenfassen, was Sie von Ihren Mitarbeitern als Gastgeber erwarten. Visualisieren Sie diese „Gastgeber-Richtlinien" an verschiedenen Stellen im Betrieb.

4. Verhaltensregeln im gastronomischen Alltag

Doch auch mit Hausordnung, Standards und „Top-7-Liste" ist noch lange nicht alles geregelt. Das muss ich Ihnen vermutlich nicht sagen, diese Erfahrung haben Sie in der Praxis sicher selbst schon gemacht: Mitarbeiter sind in ihren Verhaltensmöglichkeiten sehr, sehr kreativ und abwechslungsreich. Würden Sie jede Verhaltenskorrektur in Ihr allgemeines Regelwerk aufnehmen, dann würde Ihre Hausordnung im Umfang den russischen Romanklassiker *Krieg und Frieden* schnell in den Schatten stellen. Ein Teil Ihres gastronomischen Alltags wird deshalb sein, dass Sie ständig mit einzelnen Mitarbeitern neue individuelle Verhaltensregeln vereinbaren. Das ist auch nicht ärgerlich, sondern normal. Sie haben ja die Wahl! Sie könnten es vermeiden, indem Sie kündigen und Computerprogrammierer werden. Ich möchte Sie aber warnen: Programmierer ärgern sich damit herum, dass Computer so schrecklich logisch funktionieren und einem dauernd die eigenen Fehler vor Augen führen … Da ist mir der abwechslungsreiche, fordernde und bereichernde Umgang mit Menschen einfach lieber.

Wenn wir schon beim „Ärgern" sind, habe ich, abschließend zu den Regeln, einen hilfreichen Gedanken: Es ist auch nicht ärgerlich, sondern normal, dass Ihre Mitarbeiter manchmal die Grenzen suchen und oder versuchen, diese zu übertreten. Ich habe bereits darauf hingewiesen, dass Menschen eine gewisse natürliche Neugierde besitzen. Ich empfinde es als beruhigend, dass Menschen auf der Suche nach Grenzen sind. Das Leben wäre sonst wahrscheinlich höchst langweilig.

2.6 Befähigen & delegieren

Motivation alleine ist höchst gefährlich! Ein Motivationstrainer könnte einen Anfänger auf Skiern sicherlich dazu motivieren, eine schwarze Piste hinabzufahren. Womöglich würde sich dieser aber dabei den Hals brechen. Die Vorgehensweise eines Skilehrers ist da viel geschickter. Er lehrt einen Anfänger das Skifahren. Dann fährt dieser von ganz alleine auch schwarze Pisten hinab.

Heiko Alexander

„Bevor ich das lange erkläre, mach ich´s lieber selbst." Haben Sie diesen Satz auch schon einmal gesagt? Das können Sie natürlich so machen. Sie sollten aber vorab noch einmal drei Dinge bedenken: Erstens werden Sie zukünftig immer im Stress sein, weil Sie mehr ausführen statt führen! Zweitens werden Ihre Mitarbeiter nie ganz kompetent, da Sie verhindern, dass sie etwas Neues lernen. Und drittens: Sie unterlassen damit Ihre nächste „große Führungsaufgabe"!

Auf den ersten Blick mag es fast verwunderlich sein, dass manche Chefs an „ausführenden Tätigkeiten" so verbissen festhalten. Was sollte schon dagegen sprechen, wenn ein anderer mehr Aufgaben übernimmt? Man muss wieder genau hinsehen, um herauszufinden, was manche Vorgesetzte dazu bringt, die eine oder andere Aufgabe wie ein Schatzmeister zu hüten. Die Begründungen hierfür reichen nämlich von skurril bis erschreckend. Eine Erklärung ist, dass man ja nicht vergessen darf, woher die meisten Führungspersönlichkeiten in unserer Branche kommen: aus der Operative! Angefangen als Koch und Köchin, Restaurantfachfrau und -mann, Systemgastronom und „-in" usw., operativ ein paar Jahre den Job gut ausgeführt, also Topergebnisse erzielt, und dann irgendwann zum Chef aufgestiegen. Mit anderen Worten: Wir vereinen unter den Führungspersönlichkeiten in der Branche hohe Fachkompetenz! So weit, so gut und auch nicht verkehrt.

Ein Teil des Jobs ist nun aber, seine eigene hohe Fachkompetenz an die Mitarbeiter weiterzugeben, also dafür zu sorgen, dass die Mitarbeiter ebenso kompetent werden. Das klappt natürlich nicht, wenn man sein eigenes Wissen und die eigenen Fähigkeiten nur für „den eigenen Gebrauch" wie in einer Schatzkiste wegsperrt. Ich sage es deshalb hier sehr deutlich: Wer seine Mitarbeiter nicht befähigt und dann Aufgaben delegiert, hat nicht nur eine Führungsschwäche, sondern meist auch noch Persönlichkeitsdefizite! Hier eine kleine Sammlung von „Ausreden" mancher Chefs, warum „man" Mitarbeitern eine ganz bestimmte Aufgabe nicht übertragen könne:

► „Ich spare mir Zeit, weil ich das schneller kann."
► „Es dauert zu lange, das zu erklären."
► „Es passieren keine Fehler, weil ich es besser kann."
► „Meine Mitarbeiter können das nicht."
► „Meine Mitarbeiter haben das Potenzial nicht."
► „Da erfährt man Interna, die meine Mitarbeiter nicht wissen dürfen."
► „Das ist beim letzten Versuch schon schiefgegangen."

Solche Aussagen sind natürlich „starker Tobak"! Zum einen kann man Mitarbeitern anscheinend nicht trauen und zum anderen sind sie auch noch zu „dumm", um diese oder jene Aufgabe zu übernehmen. Richtig ist aber an diesen Aussagen z. B., dass ich etwas als Mitarbeiter womöglich tatsächlich (noch) nicht kann, bevor es mir jemand erklärt und beigebracht hat. Alle diese Aussagen sagen mehr über den jeweiligen Chef aus als über dessen Mitarbeiter. Unfähigkeit ist nämlich ein Attribut, das in diesem Fall *nicht* dem Mitarbeiter zukommt. Besonders Vorgesetzte, die sich selbst nicht so sicher sind, tun sich natürlich schwer, andere groß werden zu lassen. „Große Mitarbeiter" könnten einem ja womöglich gefährlich werden ... Das alles hat mit dem Begriff „Führungspersönlichkeit" nicht mehr viel zu tun. Man kann ganz verallgemeinert sagen, dass wohl nur selbstbewusste Chefs selbstständige Mitarbeiter neben sich überhaupt ertragen können.

Es gibt also keine Entschuldigung, Mitarbeiter nicht zu befähigen. Natürlich machen Ihre Mitarbeiter beim Ausführen vielleicht Fehler, die Ihnen selbst nicht mehr passieren würden. In meiner eigenen Karriere war es aber zumindest so, dass ich aus meinen eigenen Fehlern lernen musste und auch konnte. Das war eine nicht zu unterschätzende Prämisse für meinen heutigen Erfolg und womöglich auch für Ihren. Wenn Sie Ihren Mitarbeitern also keine Fehler zugestehen, hindern Sie sie daran, selbst auch erfolgreich zu werden.

Seine Mitarbeiter zu befähigen, kostet Zeit, und das womöglich sogar mehr, als wenn Sie eine Aufgabe selbst ausführen. Ich glaube aber, dass diese Zeit gut investiert ist. Gut angelegt, bekommen Sie nämlich sofort Zinsen auf Ihr Zeitkonto. Sind Ihre Mitarbeiter einmal befähigt, sind Sie eine Tätigkeit womöglich für immer los. Da bekommt der Begriff Auf-Gabe sofort eine neue, interessante Bedeutung. Sollten Sie durch diese Vorgehensweise immer mehr Zeit gewinnen, können Sie diese gern für etwas „ausgeben", was wirklich sinnvoll ist: Für Ihre Führungsaufgaben wie z. B. Klima schaffen, Ziele setzen und auch alles Weitere, was in diesem Kapitel als Führungsaufgabe genannt wird.

Bleibt noch der Aspekt des Vertrauens. Manche Vorgesetzte tun sich schwer, ihren Mitarbeitern tatsächlich zu vertrauen. Was passiert, wenn ein Mitarbeiter mein Vertrauen missbraucht, also seine Aufgaben wissentlich nicht ausführt? Was passiert, wenn der Mitarbeiter Interna erfährt wie z. B. Budgets, strategische Planung oder betriebswirtschaftliche Auswertung und dann ausplaudert? Ich frage mich hingegen, was passiert, wenn ich diese Dinge vor meinem Mitarbeiter verheimliche? Kenneth Blanchard hat es schön auf den Punkt gebracht: „Wenn ich meinem Mitarbeiter beim Bowling zwar noch die Kugel selbst werfen lasse, ihm aber nicht zeige, wie die Kegel fallen, dann brauche ich mich nicht zu wundern, wenn meine Mitarbeiter irgendwann keine Lust mehr auf Bowling haben." Woher das große Misstrauen mancher Chefs gegenüber den Mitarbeitern kommt, habe ich im Abschnitt über Glaubenssysteme bereits erklärt: Hat es mich beim Fahrradfahren einmal sauber hingehauen, werde ich zukünftig eher langsam fahren, die Bremse nicht ganz loslassen und sehr vorsichtig sein. Misstrauen ist demnach oftmals eine Folge von Enttäuschungen. Sollten Sie das selbst schon einmal erlebt haben, dann ist das sicherlich bedauerlich. Ist das aber ein angemessener Grund, zukünftig allen Mitarbeitern erst einmal das Vertrauen zu entziehen? Auch hier finde ich eine andere Sichtweise sehr hilfreich: Haben Sie wirklich eine Vorstellung davon, was es bedeutet, Ihnen als Chef zu folgen? Ich glaube nämlich, dass Sie als Führungspersönlichkeit von Ihren Mitarbeitern ungleich mehr Vertrauen fordern, als Ihnen oftmals bewusst ist. Die Abbildung 2.6 aus dem letzten Abschnitt zeigt ja auf, dass Mitarbeiter auf die Zukunft des Unternehmens wenig Einfluss haben. Sie müssen sich blind auf Sie als Vorgesetzten verlassen, darauf, dass Sie das Schiff nicht aus Unachtsamkeit auf Grund setzen. Sollten Sie also jemals wieder darüber nachdenken, ob Sie einem Ihrer Mitarbeiter Ihr Vertrauen „schenken" wollen, ob Sie Ihren Mitarbeiter als vertrauens-würdig erachten, so hoffe ich, dass Sie sich an diesen Umstand erinnern. Im Wort Vertrauen steckt nun einmal das Wort „trauen".

Sie bemerken wahrscheinlich schon, dass beim „Befähigen und Delegieren" als Führungsaufgabe nur noch wenig Wissen erforderlich ist. Viel wichtiger hierbei ist, dass Sie als Führungspersönlichkeit die erforderliche Haltung haben. Wenn Sie sich jetzt noch fragen, wie Sie Ihre Mitarbeiter befähigen können, brauchen Sie nur noch einmal im Abschnitt über Lernen und Vorbilder (Kapitel 1.4) nachschlagen. Achten Sie nur zusätzlich darauf, dass Sie Ihren Mitarbeitern alle Ihre Tricks und Kniffe verraten, damit die (mindestens) genauso gut werden können wie Sie. So machen Sie aus Ihrem Betrieb eine Talentschmiede, über die Ihre Mitarbeiter noch viele Jahre reden werden, selbst wenn sie bereits in anderen Betrieben arbeiten. In anderen Betrieben? Na klar! Talente müssen vielleicht irgendwann gehen, um noch besser zu werden.

Bleibt nur noch kurz zu klären, was es bedeutet, Aufgaben zu delegieren, statt nur anzuweisen. Das lateinische Wort „delegare" bedeutet „anvertrauen". Schon wieder taucht also das Wort „Vertrauen" auf. Konkret bedeutet das, dass Sie nicht mehr einzelne Tätigkeiten zuweisen, sondern ganze Aufgabegebiete in die Verantwortung Ihrer Mitarbeiter geben. Also statt z. B.: „Leg die Messer und Gabeln auf den Tisch", lieber so: „Kümmere dich bitte eigenverantwortlich darum, dass deine Servicestation bis in einer Stunde wieder verkaufsbereit eingedeckt ist."

Praxistipp Nr. 27
Befähigen Sie Ihre Mitarbeiter für möglichst alle Tätigkeiten aus dem jeweiligen Aufgabengebiet. Delegieren Sie dann Aufgaben inklusive der Verantwortung.

Jetzt haben wir in diesem Abschnitt so genau Begrifflichkeiten bearbeitet, dass einer zum Schluss nicht fehlen darf! Wie gesagt, steckt in Vertrauen das Wort „trauen". Dann steckt aber auch in Verantwortung die „Antwort". Wenn Sie also Ihren Mitarbeitern Verantwortung übergeben, dann müssen diese natürlich auch Antwort auf deren Ergebnisse geben. Das führt uns zu weiteren Führungsaufgaben.

2.7 Feedback geben

Ned gschimpft is gnua globd!
Bayerisches Sprichwort

Natürlich hätte ich die nächste Führungsaufgabe auch „Kontrolle" oder etwas schicker „Controlling" nennen können. Ich finde es aber viel wichtiger, die Aufgabe zu definieren, die aus Ihrer Ergebniskontrolle bzw. aus dem Prozess entsteht. Sonst hätten wir bei Anerkennung auch „hinschauen" schreiben müssen. Das ist natürlich Unsinn, weshalb ich es beim Feedback genauso halte. Der Begriff „Feedback" ist meines Erachtens auch umfassender als Kontrolle, außerdem sollte inzwischen schon meine persönliche Haltung zum Thema Führung klar geworden sein: Kontrolle ist gut, Vertrauen ist besser!

Das Sprichwort in umgekehrter Richtung passt sicherlich für Pessimisten besser. Das heißt aber noch lange nicht, dass es besser für ihre Mitarbeiter passt. Jeder, der Kontrolle vor Vertrauen setzt und damit tatsächlich bessere Ergebnisse erzielt, darf diese Haltung natürlich beibehalten. Allen anderen empfehle ich, es auch einmal andersherum zu probieren. Zurück aber zu Ihren Führungsaufgaben. Ein „feed" ist eine „Information", und somit ist ein Feedback eine Information in Bezug auf die Vergangenheit. Diesen Gedanken bis zu Ende gedacht, könnten Sie Ihre Führungsaufgabe „Ziele setzen" auch gerne „Feedforward" nennen, also eine Information mit Bezug auf die Zukunft. Für Ihre Informationen an Ihre Mitarbeiter über die Vergangenheit müssen wir aber noch einmal unterscheiden: Anerkennung ist ja auch eine Form des Feedbacks, also ein anerkennendes Feedback. Anerkennung wurde aber bereits ausreichend erklärt. Ihre in diesem Abschnitt vorgestellte fünfte „große Führungsaufgabe" bezieht sich ausschließlich auf ein kritisches Feedback, also darauf, dass Sie mit der Leistung eines Mitarbeiters nicht zufrieden sind bzw. weiteres Potenzial vermuten. Damit sie aber jetzt nicht durcheinander kommen, werde ich in diesem Buch anerkennendes Feedback nur als Anerkennung bezeichnen und kritisches Feedback nur als Feedback. Bevor Sie nun anfangen, Ihre Mitarbeiter mit Feedback zu kritisieren, sollten Sie noch ein paar Dinge wissen. Vielleicht ist Ihnen ja auch schon einmal aufgefallen, dass Mitarbeiter manchmal ziemlich irrational auf Kritik reagieren ...

 Fragen Sie Ihre Mitarbeiter doch mal, ob sie gerne von Ihnen eine direkte Rückmeldung über die Leistung haben möchten. Ich vermute, dass jeder Ihrer Mitarbeiter diese Frage mit Ja beantworten wird und vielleicht sogar behauptet, dass er das natürlich brauche, um besser zu werden. Anders sieht die Situation in dem Moment aus, wenn Sie tatsächlich eine kritische Einschätzung äußern. Plötzlich verlieren sich die gleichen Mitarbeiter in unzähligen Erklärungsversuchen und Rechtfertigungen. Im Extremfall sitzt vielleicht ein Mitarbeiter mit Tränen in den Augen vor Ihnen. Ein anderer startet hingegen womöglich sofort einen Gegenangriff wie z. B. so: „Ist doch klar, warum ich zu meinen Gästen nicht mehr freundlich bin! Bei dem vielen Stress hier habe ich dazu gar keine Zeit mehr!"

Eigentlich ist diese Diskrepanz zwischen Einverständnis und Verhalten bezüglich Kritik gut erklärbar. Da prallen ja zwei Gegensätze aufeinander! Zum einen braucht jeder eine gewisse Außensicht, um sich selbst beurteilen zu können. Mit anderen Worten: Ich kann mich selbst gar nicht ausreichend beurteilen! Aus dem Abschnitt über Modelle der

Welt wissen Sie bereits, dass Menschen durch die eigenen Wahrnehmungsfilter die Welt verzerrt, getilgt und generalisiert wahrnehmen. Das gilt natürlich auch für die Eigenbewertung. Genauer gesagt, wird es sogar nichts Vergleichbares auf dieser Welt geben, bei dem wir auch nur ähnlich befangen sind wie bei unserem Eigenbild. Dass das Eigenbild vom Fremdbild stark abweichen kann, kennt jeder, der schon mal aus dem Urlaub zurückgekommen ist und gedacht hat: „Auch nach zwei Wochen extremen Schlemmens fühle ich mich immer noch gut in Form." Ein Blick auf die Waage als neutrale Außenansicht schafft hier sofort erschreckende Klarheit.

Im sozialen Umfeld ist uns die Außenansicht aber noch aus einem zweiten Grund heraus wichtig. Wir wollen natürlich wissen, ob unser Verhalten Akzeptanz in unserem sozialen Umfeld findet, um unsere Zugehörigkeit sicherzustellen. So ein Verhalten mag zwar heute verwundern, war aber bis vor ein paar tausend Jahren für uns noch überlebenswichtig. Aus einer Gruppe ausgeschlossen zu werden löst Urängste aus! So weit, so gut. Das Problem ist nur, dass dies im Gegensatz dazu steht, dass wir natürlich auch unser Selbstbewusstsein gegen Angriffe von außen schützen müssen. Daraus ergibt sich, dass ich mir selbst und auch allen anderen erklären möchte, warum mein Verhalten unbedingt notwendig oder unvermeidlich war. Auf den Punkt gebracht, kann man also sagen: Jeder braucht Kritik, aber keiner hört sie gerne. Es liegt nun einmal in der Natur der Dinge, dass Kritik mehr oder weniger einen Angriff auf das Selbstwertgefühl darstellt und damit nie ganz konfliktfrei sein kann.

Praxistipp Nr. 28
Kritisieren Sie in jedem kritischen Mitarbeitergespräch nur das Verhalten Ihrer Mitarbeiter und nicht den Menschen selbst: Du bist okay, nur dein Verhalten nicht!

Sie könnten als Führungspersönlichkeit jetzt zwar denken, dass diese inneren Konflikte Ihrer Mitarbeiter nicht Ihr Problem sind. Ungenügende Leistung bleibt ungenügende Leistung. Sie wird aber spätestens dann auch zu Ihrem Problem, wenn Ihre Kritik an Ihrem Mitarbeiter einfach so abprallt und deshalb zu keiner Verhaltensanpassung mehr führen kann. Gegenangriff und Trauer sind übrigens zwei der vier grundsätzlichen psychologischen Abwehrstrategien: Angriff, Flucht, Starre, Unterwerfung. Erleben Sie eines dieser Reaktionsmuster, können Sie davon ausgehen, dass Sie wahrscheinlich gerade einen „wunden Punkt" getroffen haben und Ihre Kritik bei Ihrem Mitarbeiter entweder keine oder ungenügende Auswirkungen haben wird. Damit also Ihre kritische Verhaltens- und Ergebnisbewertung den gewünschten Verlauf nimmt, müssen Sie ein paar Dinge in Ihrer Kommunikation berücksichtigen.

Machen Sie sich dafür bitte noch einmal bewusst, was Sie mit Ihrer Kritik in Frage stellen wollen. Meiner Ansicht nach bezieht sich Kritik *immer* auf das Verhalten und nicht auf den Mitarbeiter selbst. Sagen Sie Ihren Mitarbeitern deshalb mit Ihrer Kritik, dass Sie das Verhalten als nicht okay empfinden, und nicht, dass die Mitarbeiter selbst nicht okay sind. Attribute wie z.B. faul, uninteressiert, unfreundlich, dumm, unfähig usw. beziehen sich immer auf den Menschen insgesamt mit seiner Einstellung und seiner Identität – nicht auf sein Verhalten. Auch wenn Sie solche Attribute im Ärger manchmal im Kopf haben. Eine Bewertung eines Mitarbeiters in dieser persönlichen ganzheitlichen Weise steht Ihnen als Vorgesetztem nicht zu! Hier deshalb vorab einige Kritikregeln, die diesen Punkt in Ihrer Kommunikation sicherstellen:

1. Sachlich
Wenn oben genannte Attribute also persönlich sind, was ist dann sachlich? Benutzen Sie bei Kritik einfach auch die in diesem Buch genannten Regeln über klare Kommunikation. Das bedeutet, dass Sie das von Ihnen wahrgenommene Verhalten beschreiben und nicht den Schluss, den Sie daraus ziehen. Also z.B.: „Die Tischdecken sind schmutzig", statt: „Sie sind unglaublich unordentlich".

2. Vorwurfsfrei
Mit dem Punkt der Sachlichkeit entfällt ein Großteil möglicher Vorwürfe bereits automatisch. Vorwürfe sind aber auch Formulierungen wie z.B.: „Wie können Sie nur ..." – „Auf Sie kann man sich einfach nicht verlassen." – „Immer muss ich mich ärgern." Sie stellen wahrscheinlich schon fest, dass diese Sätze oftmals in der Kindererziehung fallen. So können Sie auch davon ausgehen, dass die Reaktion Ihrer Mitarbeiter eher kindisch ausfallen wird: bockig, trotzig, traurig. Konkreter gesagt: Sie können bei Vorwürfen davon ausgehen, dass Ihr Mitarbeiter keine erwachsene Verhaltensanpassung mehr vornehmen wird. Aussagen wie „immer" oder „schon wieder" können Sie gerne als „Killerphrasen" ansehen. Die Botschaft dahinter ist ja, dass Sie damit das jetzige Verhalten verallgemeinern: „Du machst das öfter, da ist ein Muster dahinter ..." Solche Killerphrasen führen zwangsläufig zu Widerständen.

3. Ohne Belehrungen
Manche Vorgesetzte neigen dazu, die eigenen Erfahrungen als Erfolgskonzept für die restliche Menschheit verallgemeinern zu müssen. Daraus entstehen Formulierungen wie z.B. „Du brauchst das doch nur so oder so zu machen!" – „Mach doch einfach dies oder jenes!" – „Ich verstehe nicht, dass du das nicht mal ganz anders machst." Hinter allen diesen Formulierungen steckt aber der Grundgedanke, dass ich es als Vorgesetzter eben besser weiß bzw. wissen muss. Abgesehen davon, dass man so schnell einmal zum „Besserwisser" wird, sage ich damit

ja aus: „Schau doch mal, ich bin okay, und du nicht!" Bedenken Sie, wenn „es" so einfach wäre, hätte Ihr Mitarbeiter das ja auch bedacht.

4. Ich-Botschaften

Der Kommunikationswissenschaftler Friedemann Schulz von Thun schlägt diesbezüglich die einfache, aber sehr wirkungsvolle Idee der Ich-Botschaften vor. Das von ihm erstellte Vier-Seiten-Modell der Kommunikation sagt aus, dass jede Nachricht vier Botschaften enthält.

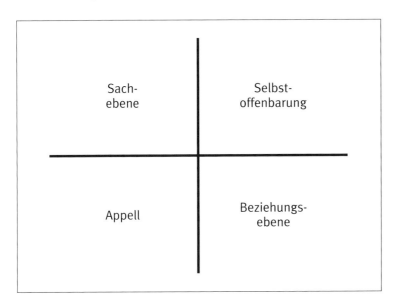

Abb 2.7: Vier-Seiten-Modell nach Friedemann Schulz von Thun

Wenn Sie Kritik einmal mit diesem Modell als „Filter" betrachten, würden Vorwürfe und Belehrungen vor allem Botschaften auf Beziehungsebene senden: Du bist nicht okay. Wichtig ist uns der beabsichtigte Appell: Bitte ändere dich! Im Kern ist Kritik aber zunächst eine Selbstoffenbarung! Sie sagen damit etwas über sich selbst aus: dass zunächst nur Sie selbst ein Problem mit dem Verhalten bzw. dem Ergebnis Ihres Mitarbeiters haben. Ich-Botschaften tragen diesem Punkt ausreichend Rechnung, weil erst damit in Ihrer Kommunikation zum Ausdruck kommt, worum es bei Kritik tatsächlich geht: Um *Ihre* Wahrnehmung und um *Ihre* Gefühle als Chef. Mit Formulierungen wie z. B. „Ich habe gesehen, dass ...", „Ich denke ...", „Bei mir kommt an ...", „Für mich sieht das aus wie ...", „Ich empfinde das als ...", können Sie diesem Punkt nachkommen. Das macht Ihre Kommunikation sofort konfliktarm. Du-Botschaften wie z. B.: „Du denkst doch jetzt ...", „Ihnen ist das doch egal ...", „Sie haben doch jetzt gerade ...", lösen hingegen oftmals sofortige Widerstände aus.

Praxistipp Nr. 29
Formulieren Sie Kritik an Ihren Mitarbeitern nach folgenden vier Kriterien: sachlich, vorwurfsfrei, ohne Belehrungen, mit Ich-Botschaften.

Wenn Sie die vier Punkte zukünftig in Ihrer Kommunikation beachten, könnte sich Ihre Kritik womöglich so anhören:

- „Salz und Pfeffer stehen an jedem Tisch unterschiedlich. Für mich sind die Tische noch nicht genau genug eingedeckt."
- „Ich habe gerade gesehen, dass Sie Ihre Gäste nach dem Check-Out nicht ansehen, wenn Sie sich verabschieden. Auf mich wirkt das unfreundlich."
- „Ich hatte verstanden, dass Sie sich am Nachmittag um das Mise en Place kümmern würden. Wenn das dann, wie heute Abend, nicht erledigt ist, habe ich das Gefühl, dass ich mich nicht auf Sie verlassen kann."
- „Heute Abend ist bei vier Gästen in Ihrer Station ein falsches Essen angekommen. Ich habe deshalb das Gefühl, dass es Ihnen im Stress schwerfällt, den Überblick zu behalten."

Wenn Ihr Mitarbeiter nach solchen kritischen Äußerungen Stellung zu seinem Arbeitsergebnis oder Verhalten bezieht, ist die Chance hoch, dass Sie mit dieser Information tatsächlich arbeiten können und dass Ihr Mitarbeiter nicht einfach in eine der oben genannten vier psychologischen Abwehrstrategien verfällt.

Nachdem wir nun eine möglichst konfliktfreie Kommunikation bei Kritik geklärt haben, können wir uns nun wieder dem Feedback als einer Ihrer Führungsaufgaben zuwenden. Eingangs habe ich bereits angemerkt, dass ein Feedback eine kritische Einschätzung über Verhalten oder Arbeitsergebnis Ihrer Mitarbeiter ist. Ihr Appell, also die Absicht hinter Ihrem Feedback, ist ja:

- Verhaltensveränderung
- Leistungssteigerung

Betrachten Sie Feedback somit eher als „Verbesserungsvorschlag" bzw. als „Statusmeldung" im laufenden Verbesserungsprozess. Ich betone das deshalb noch einmal ganz besonders, weil Sie sicherstellen müssen, wann genau Feedback als Instrument die richtige Wahl in Ihrem Führungsalltag ist. Wenn ich als Koch Gemüse klein schneiden möchte, fällt mir das mit einem Kochlöffel schwer. Umgekehrt ist das Küchenmesser nicht die geeignete Wahl, wenn ich die Suppe umrühren möchte. Wenn Sie also Feedback anwenden, falls Ihre Mitarbeiter einen Regelbruch begehen, ist dieses Instrument die falsche Wahl! Bei

Regelbrüchen müssen Sie zu einem Korrekturgespräch oder zu einem Kritikgespräch greifen. Diese Instrumente werde ich Ihnen aber später im Kapitel 3 über Führungsinstrumente noch genauer vorstellen. An dieser Stelle können Sie sich schon einmal vormerken, dass Sie die Kritikregeln bei den kritisierenden Mitarbeitergesprächen wieder brauchen werden.

Ziel ist wieder, Feedback so zu geben, dass die enthaltene Kritik auf wenig Widerstand stößt. Die Botschaft auf Beziehungseben muss sein: „Du bist okay, dein Verhalten (noch) nicht (ganz).“ Im Anschluss soll Ihr Mitarbeiter dazu ermutigt sein, wieder an seinem Verhalten bzw. seiner Leistung zu arbeiten. Sehr bewährt hat sich dafür ein Vier-Schritte-Feedback:

1. Positiver Start = " Das schätze ich an dir…"
Starten Sie Ihr Feedback positiv. Am besten mit etwas, was Sie an Ihrem Mitarbeiter wirklich schätzen. Sie unterstreichen damit den Punkt, der bereits in dem Abschnitt über Anerkennung genannt wurde. Im kritischen Feedback stellen Sie etwas fest, was Ihr Mitarbeiter eben (noch) nicht so gut macht. Mit einem positiven Start zeigen Sie, dass Sie nicht nur kritische Punkte sehen.

2. Spezifizieren = „Diesen Punkt davon ganz besonders …"
Damit Sie jetzt nicht mit einem gezwungenen positiven Start in die „Gießkannen-Lob-Falle" treten, zwingt sie das Spezifizieren dazu, konkret nachzudenken, was Ihr Mitarbeiter für gute Seiten hat. Spezifizieren ist auch ein kleiner Kommunikations-Trick, mit dem Sie verhindern, dass Ihr Mitarbeiter beim Feedback auf das „aber" wartet: „Ich finde dich ja ganz nett, aber …"

3. Verbesserungsvorschlag = „Das kannst du (ver)besser(n)!"
Wenn Sie jetzt Ihre Kritik geben bzw. Ihren Verbesserungsvorschlag machen, ist dieser eingebettet wie in einem schmackhaften Blätterteig und wird damit für Ihren Mitarbeiter viel bekömmlicher.

4. Positive Zusammenfassung = „Insgesamt bewerte ich dich …"
Der erste Eindruck zählt, der letzte bleibt. Was wir Gastronomen ja schon bei der Menüfolge vom Amuse Bouche bis zum Dessert beachten, gilt auch für ein Feedback. Auch mein Mitarbeiter soll nach dem „Feedback-Menü" in vier Gängen mit einem möglichst guten Gefühl rausgehen.

Eine positive Zusammenfassung, in der zum Ausdruck kommt, dass der Kritikpunkt ja nur einen kleinen Teil im Gesamtbild darstellt, trifft meines Erachtens auch die Realität. Würde Ihr Mitarbeiter nämlich den überwiegenden Teil seiner Arbeit unbefriedigend ausführen, was würde das dann wieder über Sie als Führungspersönlichkeit aussagen? Warum arbeitet Ihr Mitarbeiter dann an dieser Stelle? Vielleicht ist es, statt eines Feedbacks, viel mehr angebracht, dass Sie diesen Mitarbeiter zunächst befähigen, wie das im letzten Abschnitt vorgeschlagen wurde. Hier ein Beispiel: ein Servicemitarbeiter mit Teamschwierigkeiten und das passende Feedback:

„Lieber Herr Gasthuber, ich schätze sehr, wie viel Engagement und Einsatzbereitschaft Sie für unser Restaurant zeigen. Besonders glücklich bin ich darüber, dass ich mich auf Ihr Wort immer verlassen kann. Ich glaube, dass unsere Zusammenarbeit noch besser werden würde, wenn es zwischen Ihnen und Ihren Kollegen nicht immer wieder zu lautstarken Meinungsverschiedenheiten kommen würde. Ich habe das Gefühl, dass Ihnen die Arbeit im Team noch nicht leichtfällt. Daran würde ich gerne mit Ihnen arbeiten. Also noch einmal zusammengefasst, ich schätze Sie als Mitarbeiter sehr und glaube, dass sie Ihre Teamplayerqualitäten noch steigern können.“

Wenn Sie genau hinsehen, werden Sie feststellen, dass dieses Feedback ohne das Wort „aber" im Kritikpunkt auskommt, und dass die oben genannten Kritikregeln beachtet werden. Das stellt natürlich in Frage, in welcher Form in unserer Branche in den meisten Fällen bisher Feedback gegeben wird. Manche Chefs scheren Feedback und Kritik über einen Kamm, rennen als „Fehlerscanner" durch den eigenen Betrieb und überschütten ihre Mitarbeiter mit Aussagen darüber, was alles nicht okay ist. Das wäre vergleichbar mit einem Koch, der zunächst einen Hummer ins kochende Wasser wirft und nach ein paar Minuten versucht, ihn irgendwie wieder aufzubauen. Seltsamerweise halten aber manche Chefs „vom alten Schlag" genau an dieser Form der undifferenzierten Kritik mit beiden Händen fest und untermauern das auch noch mit Aussagen wie z. B.: „Dadurch bekommen meine Mitarbeiter erst die erforderliche Härte für Gastronomie und Hotellerie." Meines Erachtens sind das Aussagen aus der gastronomischen Steinzeit, und es ist nur eine Frage der Zeit, bis diese Führungs-Dinosaurier aussterben.

Wenn Sie Lust haben, können Sie an dieser Stelle übrigens die bisherigen fünf Führungsaufgaben frei verknüpfen. Wie würde es nach oben genanntem Beispiel über einen Mitarbeiter mit Schwierigkeiten im Team denn weitergehen? Z. B. könnte man mit diesem Mitarbeiter die Verbesserung des Verhaltens als Ziel vereinbaren (siehe 2.4) und dafür einen gemeinsamen „Schlachtplan" entwickeln. Auf dem Weg zum Ziel wäre es sicher unterstützend, wenn man diesen Mitarbeiter weiter ermutigt (siehe 2.3) und mit stetem Feedback begleitet (siehe

2.7). Vielleicht muss man diesen Mitarbeiter aber zunächst mit neuen Kommunikationsmustern befähigen (siehe 2.6). Man könnte aber mit diesem Mitarbeiter auch neue Richtlinien (siehe 2.5) vereinbaren, wie der Umgangston unter Kollegen im Betrieb geregelt wird. Erfüllt er diese vereinbarte Richtlinie dann nicht, handelt es sich um einen Regelbruch. Jetzt ist ein Korrektur- bzw. Kritikgespräch erforderlich (siehe 3.2). Ergeben die einzelnen Zutaten damit schon ein ganzes Gericht für Sie? Ich hoffe, dass diese kleine Zusammenfassung schon einmal aufzeigt, welche schönen Möglichkeiten im Führungsalltag durch die Kombination der fünf Führungsaufgaben entstehen.

Weiter oben habe ich darauf hingewiesen, dass eine Reaktion in Form einer der vier psychologischen Abwehrstrategien normalerweise aufzeigt, dass Sie einen „wunden Punkt" getroffen haben. Sie müssen sich darüber im Klaren sein, was dieser „wunde Punkt" im eigentlichen Sinne ist. Diese Formulierung würde nämlich bedeuten, dass Ihr Gegenüber bereits *vor* Ihrer Kritik in irgendeiner Form „verletzt" wäre. Und tatsächlich trifft das wohl auf die meisten Menschen zu. Abwehrstrategien sind grundsätzlich eine Schutzreaktion, und das, was hier geschützt werden soll, ist das Selbstwertgefühl. Ich glaube, wir reden hier nicht davon, dass Sie diese Abwehrreaktionen bei einem Mitarbeiter entweder antreffen oder nicht. Wir sprechen vielmehr davon, in welcher Intensität diese Strategien bei Ihrem jeweiligen Mitarbeiter ausgeprägt sind. Mit anderen Worten: Nicht ja oder nein, sondern: wie viel! Sie können sogar von folgender Grundregel ausgehen: Je heftiger die Abwehr, desto größer die dahinter liegende „Verletzung". Das würde aber heißen, dass so ziemlich alle Menschen eine „Grundverletzung" im eigenen Selbstwert hätten. Meines Erachtens ist diese Aussage richtig, und ich folge hier einer weitverbreiteten Theorie aus der Entwicklungs- und Verhaltenspsychologie. Demnach müssen wir in unserer Erziehung eine Art „Grundtrauma" erleben. Das liegt daran, dass wir nicht mehr erzogen werden wie beispielsweise Schimpansen. Unsere Eltern erziehen uns nicht mehr rein „intuitiv", also wie von Natur aus vorgesehen, sondern eben „menschlich." Das bedeutet, dass die Probleme, Verzerrungen, Lebensgeschichten, also die eigenen Trübungen unserer Eltern Einfluss darauf nehmen, wie wir aufwachsen. Das haben wir den Schimpansen praktisch „voraus". Eine Schimpansenmutter wird ihr „Kleines" immer in den Arm nehmen und nicht mal für einen Moment (links) liegen lassen, weil sie gerade traurig oder wütend ist. Bei uns Menschen kommt aber genau das vor. Auf den ersten Blick mag sich das nicht so schlimm anhören. So weit ich mich erinnern kann, konnte ich mit diesem Umstand in meiner Erziehung ganz gut umgehen. Genau da liegt aber das Problem: So weit ich mich erinnern kann! Und darüber hinaus?

Die Theorie sagt aus, dass Kleinkinder aus dem irrationalen und ambivalenten (mal so, mal anders) Verhalten der Eltern einen fatalen Schluss ziehen (müssen): Es liegt an mir! „Grundtrauma" bedeutet also, dass Menschen in einer frühen Zeit, in der gerade die eigene Identität entsteht, eine mehr oder weniger große „Schramme" im eigenen Selbstwert mitbekommen. Das ist keine Generalanklage an alle Eltern, sondern wahrscheinlich eine Bedingung des Menschseins. Der Psychologe Thomas Harris beschreibt diese entstehende Grundhaltung treffenderweise so: „Ich bin *nicht* okay – du bist okay." Besonders bei Kritik kommen solche Grundmuster dann oftmals im Erwachsenenalter wieder an die Oberfläche. Wenn Sie zukünftig mit offenen Augen durch Ihren Betrieb gehen und Ihre Mitarbeiter beobachten, bin ich der festen Überzeugung, dass Sie diese Grundhaltung beim einen oder anderen immer noch antreffen. Andere haben versucht, dieses „Grundtrauma" zu bewältigen, indem Sie ins Gegenteil gewechselt sind. Dieses Muster sieht so aus: „Ich bin okay – du bist *nicht* okay!" Wahrscheinlich fallen Ihnen auch zu diesem Muster sofort ein paar Mitarbeiter ein.

Beide Muster sind aber (klein)kindliche Verhaltensmuster. Eine Erwachsenenhaltung, die nicht ständig versucht, das eigene Selbstwertgefühl zu schützen, wäre ja: „Ich bin okay – du bist okay." Genau Letzteres könnte man vereinfacht auch als das Ziel jeglicher Persönlichkeitsentwicklung sehen. Ich hoffe, dass dieser kleine psychologische Ausflug in die Tiefen und Untiefen der menschlichen Entwicklung dazu führt, dass Sie nicht nur bei Ihren Mitarbeitern, sondern auch bei sich selbst in nächster Zeit einmal das eigene Reaktionsmuster auf Kritik überprüfen.

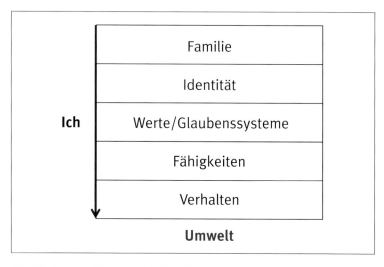

Abb. 2.8: Logische Ebenen nach Robert Dilts

Wenn Sie nun die Information über Selbstwert, Verletzungen und Reaktionsmuster in Ihren Führungsalltag übertragen, dann werden viele Dinge verständlicher. Dazu möchte ich gerne auch das Modell des Autors und Beraters Robert Dilts (Abbildung 2.8) zu Hilfe nehmen. Dieses Modell sagt aus, dass wir Menschen, vergleichbar mit einem Blätterteig, Schicht für Schicht nach innen organisiert sind. Wenn Sie einen Mitarbeiter kritisieren, dann sagen Sie damit: *„Dein Verhalten* ist nicht okay", Sie treffen also eine Aussage über die Verhaltensebene. Ihr Mitarbeiter reagiert aber nicht auf Ihre Aussage, sondern hört heraus: *„Ich* bin (also) nicht okay!", also etwas über die Identitätsebene. Voilà! Damit haben Sie eine fundierte Erklärung dafür, dass Mitarbeiter manchmal völlig unangemessen und irrational auf Kritik reagieren. Sie reagieren auf etwas anderes, wahrscheinlich sehr Altes …

Nach dieser Erklärung möchte ich noch einmal auf das „Vier-Schritte-Feedback" zurückkommen, das in diesem Abschnitt vorgestellt wird. Manche Führungspersönlichkeiten mögen diese Art, Feedback zu geben, vielleicht als „um den heißen Brei herum reden" betrachten. Und das stimmt sogar! Sie reden aber damit nicht um den „heißen Brei", sondern um den „wunden Punkt" herum. Ich habe bereits an anderer Stelle darauf hingewiesen, dass wir die eine oder andere „heilige Kuh" schlachten müssen. Und die Frage lautet einfach, ob Sie Mitarbeiter mit Ihrem Feedback groß oder klein machen möchten. Meines Erachtens muss Ihr Feedback Ansporn zum Wachsen sein und Ihren Mitarbeiter dabei unterstützen, eine erwachsene Haltung über sich und andere (weiter)zuentwickeln. So betrachtet ist ein Vier-Schritte-Feedback nur die (psycho)logische Schlussfolgerung daraus!

2.8 Warum Mitarbeiter gerne verkaufen wollen

Behandle die Menschen so, als wären sie das, was sie sein sollten, und du hilfst ihnen zu werden, was sie sein könnten.

Johann Wolfgang von Goethe

Am Anfang des Kapitels habe ich davon erzählt, dass viele Führungskräfte gar nicht so genau wissen, was eigentlich ihre Führungsaufgaben sind. Ich habe auch aufgezeigt, warum das gerade in Gastronomie und Hotellerie so häufig vorkommt. Ihnen selbst kann so etwas nicht mehr passieren. Spätestens jetzt kennen Sie nämlich mindestens fünf Aufgaben, die auf jeden Fall in den Alltag von modernen Führungspersönlichkeiten gehören: Klima schaffen, Ziele vereinbaren, Befähigen und Delegieren, Richtlinien bestimmen und Feedback geben. Im dritten Kapitel werden noch einige sehr wirkungsvolle Instrumente dazukommen, mit denen Sie auch bei stürmischer See noch heil ans Ufer gelangen. Sie wissen ja: Segeln bei Sonnenschein ist leicht! Erst bei stürmischer See zeigt sich die ganze Kompetenz des Skippers! Aber auch jetzt schon, unter Einsatz Ihrer fünf Führungsaufgaben, können Sie schon ziemlich souverän und geschickt im Führungsalltag steuern. Das möchte ich Ihnen anhand eines Beispiels aufzeigen. Ein sehr sympathischer Restaurantleiter hat mir einmal folgendes Leid über seine Servicemitarbeiter erzählt:

„Wir geben uns sehr viel Mühe, unsere Mitarbeiter anständig einzulernen. Die sind dann auch alle meist gut gelaunt, nett zu den Gästen und fleißig. Ich krieg sie aber auf Biegen oder Brechen nicht dazu, am Gast Empfehlungen auszusprechen geschweige denn aktiv zu verkaufen! Ich weiß einfach nicht mehr, was ich machen soll ... "

Das Thema „aktiver Verkauf" ist meiner Meinung nach gut gewählt, um stellvertretend für viele andere Themen mögliche Vorgehensweisen näher zu betrachten. Zum einen kennt wohl jede Führungspersönlichkeit in Gastronomie und Hotellerie die im Beispiel genannte Problematik, und zum anderen lässt sich dieses Beispiel leicht auch auf andere Bereiche wie z. B. die Hotelrezeption projizieren. Lassen Sie uns also eine kleine Phantasiereise unternehmen und überlegen, wie unser Fallbeispiel mit dem Restaurantleiter weitergehen könnte. Damit Sie immer genau wissen, was ich gerade meine, werde ich Ihnen an passender Stelle in Klammern den Abschnitt aus diesem Buch nennen, woher ich die Informationen gerade ableite.

Interessant und wichtig finde ich an der Aussage des Restaurantleiters aus dem Beispiel, dass er sich mit dem Satz: „Ich weiß nicht mehr, was ich machen soll", selbst in Frage stellt (also: *er* ist hilflos) und nicht etwa seine Mitarbeiter (also: *es* ist hoffnungslos). Würde er nämlich seine Mitarbeiter in Frage stellen, wäre damit eine Veränderung der Situation fast ausgeschlossen *(Abschnitt 1 über Ursache und Wirkung)*. Was sich also zunächst als ein persönliches Manko anhören mag, ist tatsächlich eigentlich eine Grundbedingung für Veränderung. Unser Restaurantleiter hat also bei der Kontrolle der Ergebnisse eine Diskrepanz zwischen seiner Vorstellung und dem Ergebnis festgestellt. Würde er jetzt nach der komplexen Führungsstrategie vorgehen *(Abschnitt 1, Abbildung 1.2),* dann müsste er zunächst die Abweichung von seiner Vorstellung an sein Team kommunizieren und dann mögliche Einflüsse auf das Ergebnis überprüfen. Fest steht, dass er seine bisherige Vorgehensweise verändern muss. Diese hat ja bisher nicht zum Erfolg geführt *(Abschnitt 1)*.

Zu den möglichen Einflüssen gehört natürlich auch das Verhalten des Restaurantleiters selbst. Geht er denn bezüglich aktiven Verkaufs mit gutem Beispiel voran, macht er selbst Angebote und gibt Empfehlungen an seine Gäste? Ist er also im Gastkontakt Vorbild *(Abschnitt 1.4)*? Hat er seinen Mitarbeitern gegenüber überhaupt ausgesprochen, dass er Beratung und aktiven Verkauf konkret am Gast erwartet *(Abschnitt 1.3 und 1.1)*? Möglicherweise besteht aber momentan auch keine angemessene Arbeitsstimmung im Team, um an neuen Ergebnissen zu arbeiten. Vielleicht löst der Gedanke, Dinge anzubieten, bei den Servicekräften eher schlechte Gefühle aus *(Abschnitt 1.5),* dann gehört das natürlich vorab bearbeitet. Nehmen wir einmal an, diese Punkte wären alle ausreichend erfüllt bzw. beachtet, dann müsste unser Restaurantleiter die Bedingungen prüfen, die Mitarbeiter vom aktiven Verkauf abhalten könnten.

Nicht zu unterschätzen ist dabei, wie die Mitarbeiter überhaupt zum Thema aktiver Verkauf stehen. Viele Servicemitarbeiter würden zwar alles für ihre Gäste möglich machen, wehren sich aber mit Händen und Füßen dagegen, etwas aktiv anzubieten. Dahinter stecken in den meisten Fällen nicht geschäftsschädigende Absichten von bösartigen Mitarbeitern, sondern limitierende Glaubenssätze *(Abschnitt 1.2)*. Hier eine kleine Sammlung von limitierenden Glaubenssätzen über aktiven Verkauf:

► „Dafür habe ich keine Zeit."
► „Gäste wollen selbst wählen."
► „Ich möchte nichts aufschwatzen."
► „Aktiver Verkauf ist doch aufdringlich."
► „Ich weiß doch nicht, was meine Gäste gerne möchten."
► „Wer bin ich schon, dass ich Gästen sagen kann, was sie essen sollen."

Wenn Sie jetzt sagen, dass alle diese Punkte Unsinn sind, dann mögen Sie damit vielleicht auch meine Meinung treffen. Das bringt aber nichts, weil es ja nicht um mein oder Ihr Glaubenssystem geht, sondern um das Ihrer Mitarbeiter. Fest steht, dass jede dieser Überzeugungen Ihre Mitarbeiter davon abhalten wird, auch nur *eine* Empfehlung am Gast auszusprechen. Wichtig finde ich auch die Botschaft hinter diesen Glaubenssätzen *(Absatz 2.7, Abbildung 2.7)* auf Beziehungsebene: „Ich mag meine Gäste doch!", und der Appell: „Lieber Chef, zwing mich nicht, den guten Kontakt mit meinen Gästen aufs Spiel zu setzen!" Diese Sichtweise sorgt nämlich dafür, dass Sie zu den Mitarbeitern noch tieferes Verständnis aufbauen. Vom Verständnis aber abgesehen, braucht unser Restaurantleiter definitiv ein unterstützendes Glaubenssystem über aktiven Verkauf bei seinen Mitarbeitern. Das könnten beispielsweise folgende Überzeugungen sein:

► „Durch aktiven Verkauf spare ich mir Zeit, weil ich am Tisch steuere."

- ▸ „Gäste brauchen meinen Rat, um sich bei der großen Auswahl zurechtzufinden."
- ▸ „Eine Empfehlung heißt ja nicht, dass der Gast das nehmen muss."
- ▸ „Aktiver Verkauf ist Teil meiner Serviceleistung."
- ▸ „Ich weiß sehr genau, was ich selbst nehmen würde."
- ▸ „Meine Gäste wollen meine Meinung wissen! Immerhin bin ich ja der Experte in unserem Haus."

Sollte unser Restaurantleiter also limitierende Überzeugungen bei seinen Mitarbeitern entdecken, müsste er diese zunächst gegen unterstützende Überzeugungen austauschen. Am meisten überzeugen würde wahrscheinlich, wenn er gemeinsam mit den Mitarbeitern Situationen schafft, in welchen die Limitierungen widerlegt werden. Nur Erzählen hilft da nicht. Ich muss das als Mitarbeiter selbst in der Praxis erleben *(Abschnitt 1.4)*.

Werfe ich einen Nichtschwimmer mit einem Mühlstein um den Hals ins Wasser, wird die erste Schwimmstunde wahrscheinlich eine kurze werden. Ich muss also zunächst den Mühlstein abnehmen. Bitte aber nicht vergessen: Dann muss ich dem Nichtschwimmer trotzdem noch das Schwimmen beibringen! Limitierende Glaubenssätze sind wie solche Mühlsteine. Unser Restaurantleiter muss seine Mitarbeiter dann aber auch noch dazu *befähigen,* Verkaufsgespräche am Gast zu führen *(Abschnitt 2.6)*. Die oben genannten limitierenden Überzeugungen treffen ja in der Form unbedingt zu, wenn sich eine Servicekraft ungeschickt anstellt. Tatsächlich besteht ja dann die Chance, dass der Beratungsversuch vom Gast als platt, aufdringlich und peinlich (miss)verstanden wird. Wenn die Servicekräfte unseres Restaurantleiters das in der Praxis dann verstärkt erleben, werden die Limitierungen betoniert.

Das setzt natürlich voraus, dass unser Restaurantleiter entweder selbst hohe Kompetenz bezüglich aktiven Verkaufs besitzt oder zumindest einen Mitarbeiter mit dieser Kompetenz in seinem Team hat. Wir sind uns ja hoffentlich einig, dass er seinen Servicemitarbeitern diese Aufgabe im wahrsten Sinne des Wortes beibringen muss. Hat er nun beispielsweise einen Chef de Rang im Team, der die Verkaufskoryphäe schlechthin ist, dann wäre es sehr geschickt, die Aufgabe, auch das restliche Team zu qualifizieren, inklusive der Verantwortung an diesen Mitarbeiter zu delegieren *(Abschnitt 2.6)*.

Sollte übrigens in Ihrem eigenen Team noch nicht klar sein, dass aktiver Verkauf eine Technik ist, die man erlernen kann und bei Bedarf auch muss, dann empfehle ich Ihnen entweder ein externes Training oder Literatur zu diesem Thema (z. B. auch meinen ersten Titel: *Gebrauchsanleitung Gast)*. Auf jeden Fall sollten Fachthemen wie z. B. verbale/

nonverbale Kontaktstrategie, persönliche Verkaufseröffnungen, rationale und emotionale Verkaufsargumente usw. bei Ihren Servicekräften sitzen, sonst werden die Ergebnisse bestenfalls durchschnittlich sein.

Ein professionelles Verkaufsgespräch mit Gästen zu führen und das auch noch in der kurzen Zeit, die Servicemitarbeiter am Tisch für einen Gast zur Verfügung haben, stellt für jeden eine sehr komplexe Tätigkeit im Arbeitsablauf dar, die nicht so leicht umzusetzen ist *(Abschnitt 1.4)*. Unser Restaurantleiter wäre also gut beraten, wenn er mit seinen Servicekräften Ziele vereinbart, bis wann sie diese komplexe Tätigkeit in Ihren Arbeitsablauf komplett integriert haben werden *(Abschnitt 2.4)*. Auch für unseren Restaurantleiter selbst ist die Steigerung der Verkaufsfähigkeit im Team eine komplexe Aufgabe. Auch für ihn wäre es also sicherlich sinnvoll, wenn er sich dies vorab als Ziel mit konkret messbarem Erfüllungsdatum definiert und dann einen Schlachtplan dazu entwickelt.

Wenn Sie sich noch einmal die Aussage des Restaurantleiters ansehen, gibt es da noch einen Punkt, der es auf jeden Fall wert ist, gründlich betrachtet zu werden. Seine Mitarbeiter sind demnach fleißig, verkaufen tun sie aber nicht. Einige ihrer Aufgaben übernehmen sie also, andere nicht. Mit anderen Worten, einen angerichteten Teller lassen die Servicemitarbeiter doch auch nicht am Pass stehen! Das bedeutet sicherlich, dass Teller wegtragen im Verständnis dieser Mitarbeiter ein „Muss" ist, aktiv zu verkaufen hingegen nur ein „Kann". Die Aussage: „Wir geben uns sehr viel Mühe, unsere Mitarbeiter anständig einzulernen", lässt nun vermuten, dass bei dieser Einarbeitung eher Abläufe und Prozesse im Mittelpunkt stehen als Gäste und Kunden. Vielleicht müsste unser Restaurantleiter also zunächst einmal prüfen, ob Gastorientierung mit der darin enthaltenen Beratungsleistung in den Richtlinien und Standards ausreichend berücksichtigt ist *(Abschnitt 2.5)*. Egal aber, ob in den allgemeinen Richtlinien, in den Standards oder in einer „Top-7-Liste für unsere Gastgeber": Aktiver Verkauf sollte in der einen oder anderen Form zu den betrieblichen „Spielregeln" hinzugefügt werden, um eine Verbindlichkeit für die Mitarbeiter zu schaffen und eine Haltung wie z. B. *„Kann man machen, wenn gerade Zeit ist"*, unter den Servicekräften zu vermeiden.

Jetzt wären für unseren Restaurantleiter ganz gute Bedingungen geschaffen, sein Ziel auch tatsächlich zu erreichen. Jetzt müsste er nur noch sicherstellen, dass seinen Servicemitarbeitern aktiver Verkauf auch Spaß macht *(Abschnitt 2.1)*. Dafür bietet es sich an, ein Klima der Anerkennung zu schaffen *(Abschnitt 2.3)*, in dem bereits kleine Fortschritte hin zum Ziel erkannt und ausgesprochen werden. So werden auch kleine Schritte in die richtige Richtung zu Erfolgserlebnissen, was alle ermutigt, auf diesem Weg weiterzugehen. Insgesamt könnte man also sagen, dass unser Restaurantleiter hauptsächlich durch Anerkennung und Wertschätzung den Verbesserungsprozess leicht und fast mühelos am Laufen halten könnte *(Abschnitt 2.2)*.

Vermutlich werden die Servicemitarbeiter im laufenden Prozess am Gast Erfolge und Misserfolge erleben. Um Abweichungen zu erkennen und zu beheben, müsste unser Restaurantleiter seine Mitarbeiter verstärkt beobachten und ständig Feedback darüber geben *(Abschnitt 2.7)*, was schon gut läuft und an welchen Stellen im Ablauf noch Verbesserungen erforderlich sind. Ich vermute sogar, dass dieser Punkt von allen genannten Schritten der sein wird, der am meisten Zeit in Anspruch nimmt.

Was sagen Sie nun? Zusammengefasst haben sich damit aus der ursprünglichen Aussage: „Ich weiß nicht, was ich machen soll" doch ganz schön viele Handlungsmöglichkeiten ergeben. Das hört sich ja fast schon wie eine „Gebrauchsanleitung" zum aktiven Verkauf an, oder? Zumindest aber ist es eine erfolgsversprechende Strategie zum Ziel. Apropos Ziel, eine Empfehlung für unseren Restaurantleiter haben wir noch vergessen: Wenn er sein Ziel durch diese Vorgehensweise erreicht hat, dann sollte er das auch angemessen mit seinem Team feiern! Immerhin hat er mit dem ganzen Team wieder einen Schritt in Richtung der Vision getan. Darauf dürfen die Mitarbeiter dann stolz sein und sollen sich auch freuen können. Das Thema „aktiver Verkauf" soll ja langfristig bei den Servicemitarbeitern eher freudige und gute Gefühle auslösen.

2.9 Die kleinen Nöte der Ausbilder

„Gibt es intelligentes Leben?"
Dieter Nuhr

Bevor wir das Kapitel über Führungsaufgaben abschließen, kommen wir noch zu einem Thema, das als „ausführende Tätigkeit" mit den fünf Führungsaufgaben zwar schon abgedeckt ist, aber dennoch einen eigenen Absatz verdient: Die Ausbildung neuer Fachleute für Gastronomie und Hotellerie! Dass es auch zukünftig genügend gut ausgebildete Mitarbeiter in unserer Branche geben wird, sehe ich nicht nur als *meine* Aufgabe, sondern als eine Art „Mission" oder „Auftrag" aller Führungspersönlichkeiten. Das mag zwar keine direkte Aufgabe sein wie z.B. Feedback geben oder Ziele vereinbaren, aber es handelt sich praktisch um eine „Meta-Führungsaufgabe" (griechisch: Meta = Über).

Der Grund ist ganz einfach. Wir haben bereits heute einen eklatanten Nachwuchsmangel. Auf einer Ausbildungsbörse habe ich einmal gehört, wie gastronomische Berufe von Ausbildern deshalb an junge Menschen „verkauft" werden, um diesem Trend entgegenzuwirken: „Wir arbeiten im schönsten Beruf der Erde! Wir arbeiten da, wo andere Urlaub machen, feiern und genießen …" Ich frage mich, ob jemand, der so eine Aussage macht, aus der bereits genannten Parallelwelt kommt, zu der ich anscheinend keinen Zugang habe. Dass jemand unsere Branche liebt, kann ich sehr gut verstehen. Hier macht die Liebe aber wohl ein wenig blind. Auf jeden Fall kann ich mir vorstellen, dass ein junger Mensch, der aufgrund solcher Aussagen als Auszubildender in Gastronomie und Hotellerie anfängt, ziemlich schnell in der realen Welt ankommt. Ich glaube nicht, dass Grimms Märchenstunde geeignet ist, um dem Fachkräftemangel angemessen zu begegnen.

Viele Gastronomen und Hoteliers erzählen davon, dass es immer schwieriger wird, offene Ausbildungsstellen überhaupt zu besetzen. Das wirft die Frage auf, wie es kurz- bis mittelfristig noch gelingen soll, dem steigernden Qualitätsanspruch gerecht zu werden, wenn die Mitarbeiter mit den dazu erforderlichen Qualifikationen fehlen. Die Gründe für diesen Trend mögen vielfältig sein. Zwei Begründungen habe ich in diesem Buch bereits eindringlich bearbeitet: Den in vielen Betrieben immer noch üblichen geringschätzenden Umgangston sowie die manchmal haarsträubenden Arbeitsbedingungen. Wer diese Punkte als Chef heute schulterzuckend missachtet, mag damit zwar im asiatischen Sinne ganz im „Hier und Jetzt" leben, gleichzeitig aber seine eigene Zukunft ziemlich verklärt wahrnehmen. Ich stimme hier der bereits genannten Regel zu: „Wenn etwas nicht funktioniert, mach etwas anders!" Ich vermute, dass wir nicht umhinkommen werden, unserer Zielgruppe Zugeständnisse in den Arbeitsbedingungen zu machen. Ich plädiere auch dafür, dass dafür tabufrei alle Bedingungen individuell im Betrieb noch einmal kritisch geprüft werden müssen, wie z. B. Einfluss auf Dienstpläne, Arbeitszeiten, Gehälter, Arbeitsbelastung, Ruhezeiten, Urlaubszeiten usw. Tatsache ist, dass Klagen über fehlende Fachkräfte keine wirkliche Lösung für das Problem ist. Mit „Zugeständnissen" ist nicht gemeint, dass wir zukünftig Mitarbeiter möglichst „bauchpinseln" und versuchen müssten, jede Belastung von ihnen fernzuhalten. Die Arbeit in Gastronomie und Hotellerie wird immer mit einer gewissen Belastung verbunden sein, wie ich sie als Mitarbeiter in anderen Branchen vielleicht nicht habe. Wir werden unsere Gäste nicht um 19 Uhr nach Hause schicken und am Wochenende zusperren, um unsere Mitarbeiter zu schonen. „Zugeständnisse" bedeutet für mich, dass zur Debatte stehen muss, wie gastronomische Berufe trotz dieser Bedingungen wieder attraktiver für Auszubildende gemacht werden können.

Meines Erachtens kann man die Arbeit in Gastronomie und Hotellerie eher mit einem trockenen, charaktervollen französischen Rotwein vergleichen. So ein Wein hat Ecken und Kanten und wird für einen Nichtkenner vielleicht eher gewöhnungsbedürftig schmecken. Für einen Kenner und dann auch Liebhaber macht aber genau das den Reiz dieses Weines aus. Schwärmen ist dann natürlich durchaus legitim. Wer aber wie in oben genanntem Beispiel zwei Löffel Zucker reinschüttet, umrührt und einem Neuling sagt: Probier doch mal, schmeckt ganz süß!", der geht keinen sinnvollen Weg. Das Ergebnis könnte sein, dass dieser Neuling enttäuscht ist, das Gesicht verzieht und sich wieder abwendet. Ich glaube, dass nicht Ver-, sondern Aufdecken die sinnvollere Strategie ist. Auszubildende müssen sehr klar wissen, was sie in der Branche erwartet, und das sind nun einmal zwei Seiten: Eine Seite mit Ecken und Kanten und eine andere mit Chancen und Möglichkeiten.

Vielleicht ist hier auch ein Perspektivenwechsel erforderlich. Wie kommen junge Menschen eigentlich im Berufsleben an? Über alle Medien und in der Werbung gibt es eine Art „Dauerbeschallung" darüber, was es bedeutet, heute erfolgreich zu sein. Gut aussehen, schick angezogen sein, „ein wenig" in super interessanten Jobs arbeiten und sich dadurch alle Dinge leisten zu können, die „man eben für den kleinen Luxus so braucht ..." Wie mag sich das anfühlen, wenn man als junger Mensch in einem Job anfängt, in dem die Formulierung „ein wenig arbeiten" wie ein schlechter Scherz wirkt, man eben nicht immer schick aussieht und die meisten trendigen „Kennzeichen des Erfolgs" wie Tablet-PC, Smartphone usw. mit den Gehältern der ersten Jahre oftmals unerreichbar bleiben? Meine These ist, dass genau diese Diskrepanz eine der Ursachen für „Lustlosigkeit" bei Berufseinsteigern ist. Mit anderen Worten: Sie sehen dauernd, was es bedeutet, erfolgreich zu sein und erleben gleichzeitig, dass sie wohl selbst nicht dazugehören. So gesehen, finde ich Frust eine ziemlich verständliche Reaktion. Mein Ziel ist jetzt aber nicht, eine Diskussion über gesellschaftliche Missstände zu eröffnen. Viel wichtiger ist doch die Frage, wie Sie als Führungspersönlichkeit und damit möglicherweise auch Ausbilder mit dieser Situation umgehen wollen und können.

Eine hilfreiche Lösung liegt in einem Punkt, auf den ich bereits im ersten Kapitel hingewiesen habe: Eine der wohl ältesten Formen, wie wir Menschen lernen, ist, dass Informationen in Geschichten, Metaphern und Analogien weitergegeben werden. Dabei fällt mir das Bild ein, dass ich einmal bei den australischen Aborigines gesehen habe: Ein älteres Stammesmitglied steht vor einer Gruppe von Kindern und erzählt von großen Herausforderungen in seinem Leben, von Mut, Kraft, Ausdauer usw. Die Kinder hören gespannt und mit offenem Mund zu, (er)leben die Geschichte des Erzählers praktisch mit und lernen daraus, wie man mit großen Herausforderungen im Leben fertig wird. Ich finde es sehr geschickt, wenn sich auch Führungspersönlichkeiten diesen Effekt zunutze machen: Wir brauchen keine „Schönredner", wir brauchen Vorbilder! Erzählen Sie jungen Menschen lieber, wie Sie selbst erfolgreich geworden sind, welche „gastronomischen Gipfel" man erklimmen kann. Erzählen Sie aber auch, durch welche Täler Sie dafür selbst gegangen sind, und davon, wie und mit welchen Eigenschaften Sie diese Täler gemeistert haben. Das fügt Ihrer Vorbildfunktion noch einen weiteren, nicht zu unterschätzenden Aspekt, hinzu: Den Aspekt des Mutmachers.

Bezüglich der Ausbildung in Gastronomie und Hotellerie gibt es aber auch noch einen weiteren interessanten Punkt, der Handlung und Kompetenz verlangt. Viele Unternehmer sagen, dass sie ja gerne ausbilden würden, das Problem sei aber nicht nur, dass es zu wenig Bewerber gäbe, sondern, dass auch die „Ausbeute" unter den vorhandenen Bewerbern erschreckend sei. Zwar starten durchaus auch junge, interessierte und engagierte Persönlichkeiten ihr Berufsleben in Gastronomie und Hotellerie, aber eben nicht nur! Manchmal mag man sich eher verwundert die Augen reiben bei der Einstellung, die junge Menschen ins Berufsleben mitbringen. Der etwas boshafte Spruch von Dieter Nuhr zum Start dieses Absatzes bringt auf den Punkt, was Vorgesetzte manchmal über ihre Auszubildenden sagen und denken. Hier ein paar Beispiele über haarsträubende Praxisgeschichten: „Ich muss mit meinen Küchen-Azubis darüber diskutieren, dass man eine Küche auch heute wieder putzen muss, obwohl man das vielleicht gestern schon gemacht hat." – „Gäste warten, und die Auszubildende im Service steht in der Ecke und checkt gerade ihre Facebook-Nachrichten." – „Ich erkläre dem Team gerade den Serviceablauf und der Auszubildende hört nicht zu, sondern schaut gelangweilt in eine andere Richtung." – „Mein Auszubildender geht an den Tisch, räumt einen schmutzigen Teller ab und lässt den zweiten direkt daneben einfach stehen." – „Die Auszubildende an der Rezeption arbeitet heute in einer Bluejeans und sagt, dass Sie die schwarze Hose eben vergessen habe." Und so weiter. Spricht man dieses Fehlverhalten an, blickt man manchmal in gelangweilte Gesichter und erntet bestenfalls ein müdes „Schulterzucken". Was ist los mit Auszubildenden, die sich so verhalten? So kann man doch nicht mit dem Arbeitgeber umgehen …

Hilfreich finde ich hier die Theorie, die der Kinderpsychologe Michael Winterhoff in seinem Buch *Persönlichkeiten statt Tyrannen* vorstellt. Er verortet die Ursache dieses Verhaltens junger Menschen in der Erziehung und benennt drei Beziehungsstörungen. Vielleicht werden Sie jetzt sagen, dass Sie da selbst auch schon drauf gekommen sind, obwohl Sie kein Kinderpsychologe sind. Hier geht es aber nicht um

„schlechte Erziehung" und „fehlende Umgangsformen", sondern vielmehr darum, dass die gesellschaftliche Veränderung eine bedenkliche
Auswirkung auf die Kindererziehung der letzten Jahre hatte. Ultrabe-
schleunigung im Arbeitsleben, ständiger Erfolgsdruck, mediale Verun-
sicherung, mangelnde Anerkennung und die ständige Befürchtung der
eigenen Unzulänglichkeit haben natürlich Auswirkungen auf die Psyche
der Menschen. Eine dieser Auswirkungen wurde schon an mehreren
Stellen in diesem Buch aufgegriffen: das Burn-out-Syndrom. Michael
Winterhoff hat nun untersucht, welche Auswirkungen diese äußeren
Umstände auf die Kindererziehung haben. Er kommt zu dem für mich
einleuchtenden Schluss, dass manche Erwachsene den äußeren Druck
mit der Erziehung eines Kindes kompensieren. Das bedeutet, dass
dann nicht die Eltern dafür da sind, dass es den Kindern gut geht, sondern umgekehrt. Daraus können schädliche Verhaltensweisen in der
Erziehung entstehen. Kinder bekommen möglicherweise keine klaren
Regeln mehr gesetzt, weil man es sich mit ihnen nicht „verscherzen"
möchte (Beziehungsstörung: Projektion). Andere Kinder werden wie Er-
wachsende behandelt, weil sie als „kleine Partner" in Koalition gegen
das böse Außen fungieren sollen (Beziehungsstörung: Partnerschaft-
lichkeit). Oder es soll doch endlich durch die Kinder erreicht werden,
was einem selbst bisher verwehrt geblieben ist (Beziehungsstörung:
Symbiose).

Alle diese Beziehungsstörungen zwischen Eltern und Kindern führen
dazu, dass sich die Psyche der Kinder nicht angemessen herausbil-
den kann und in einer gewissen Entwicklungsstufe steckenbleibt.
Was soll auch aus einem jungen Menschen werden, der praktisch als
„Zentralgestirn" des Familienglücks aufwächst und dadurch immer die
volle Aufmerksamkeit hat? Frusttoleranz ist die Fähigkeit, momentane
Bedürfnisse zurückzustellen und auf später zu verschieben. Was ist,
wenn man das als Kind nie lernt? Das würde schon einmal die Praxisgeschichten aus vorigem Absatz erklären, die ja eher dem Verhalten
von Sechsjährigen entsprechen als von erwachsenen Berufstätigen.
Interessant finde ich auch, sich noch einmal die Verhaltensmuster von
Sechsjährungen zu verdeutlichen: fehlende Frusttoleranz, Motivation
nur nach dem direkten Lustprinzip, Hinterfragen aller Regeln usw. Ich
glaube nämlich, dass diese Muster ganz gut beschreiben, womit man
sich als Ausbilder im gastronomischen Alltag herumschlagen muss.
Frei nach dem Motto: „Möchte die kleine Prinzessin, der kleine Prinz
nun nicht doch mal den Arbeitsplatz aufräumen?"

Ich möchte aber hier nicht die „Ausbildungssuppe" versalzen, sondern
aufzeigen, dass die gesellschaftlichen Veränderungen eine Anpassung
der Ausbildung verlangen. Tatsache ist, dass vermehrt Auszubildende
in der Branche ankommen, die im erzieherischen Sinne noch unreif und

damit in einem gewissen Entwicklungsstadium steckengeblieben sind. Wenn Ausbilder diesen Menschen ständig kopfschüttelnd das Gefühl geben, unzulänglich zu sein, werden diese Menschen eher scheitern als sich entwickeln. Sollten Sie so einen Auszubildenden betreuen, müssen Sie diesen jungen Menschen eher ein Stück „nach-be-eltern", damit aus ihm oder ihr eine erwachsene Persönlichkeit wird.

Vielleicht hört sich das ein wenig abstrakt für Sie an, und vielleicht löst es sogar Skepsis aus. Um das ein wenig klarer zu machen, möchte ich den Begriff „Nach-be-eltern" austauschen und damit für Klarheit sorgen: Diese jungen Menschen brauchen Ihre *Führung!* Und die gute Nachricht ist, dass Sie die erforderlichen Aufgaben nach diesem Kapitel bereits kennen: Sie müssen Vorbild sein und damit eine Vision aufzeigen, was hinter aller Anstrengung als Belohnung wartet. Weiterhin brauchen diese Auszubildenden aber eine sehr enges Netz von Regeln und Richtlinien statt großer Freiräume. Und nicht zuletzt brauchen diese Auszubildenden stetiges Feedback und damit eine enge Begleitung, um zu lernen, mit diesen Richtlinien und Regeln zu leben und zu wachsen. Sprechen Sie Anerkennung aus und ermutigen wo das notwendig und angebracht ist, also bei jeder Verbesserung. Geben Sie aber genauso klar Rückmeldung über Fehlverhalten und Fehlleistung mit folgender Botschaft: Du bist okay! Dein Verhalten aber (noch) nicht.

Praxistipp Nr. 30
Die Ausbildung von Jugendlichen erfordert nicht neue Instrumente, sondern eine engere Begleitung mit den gleichen Führungsaufgaben und Methoden, mit denen auch die anderen Mitarbeiter geführt werden.

2.10 Die „ganze Welt" des Führens

Von meinem Vater habe ich das bereits an anderer Stelle genannte Sprichwort „Wissen ist Macht" gelernt. Die Frage ist, ob dieses Sprichwort noch in die heutige Zeit passt. Heutzutage, mit Smartphone, Tablet-PC & Co., haben die meisten unserer Mitmenschen nahezu das komplette Wissen der Menschheit ständig und überall abrufbar dabei. Wissen alleine kann man sich vielleicht so vorstellen, als würden Sie auf einer einsamen Insel einen Goldschatz finden: Herzlichen Glückwunsch! Aber was wollen Sie jetzt damit anstellen? Es ist toll, wenn Sie ein Kühlhaus voll mit besten Zutaten haben. Damit etwas Schmackhaftes daraus wird, müssen Sie aber erst einmal mit dem Kochen anfangen. Und Sie haben die Wahl: Entweder Sie bereiten ein Fünf-Gänge-Menü daraus oder Sie kochen nur eine fade Brühe.

Mit anderen Worten: Natürlich brauchen Sie Zutaten. Die Frage ist, was Sie daraus machen. In unserer Informationsgesellschaft müsste man also vielleicht umformulieren in „Verstehen ist Macht" oder in „Handeln ist Macht" oder noch besser: „Macht hat, wer macht". Während das erste Kapitel also praktisch ein Kühlhaus voller Zutaten war, haben Sie mit dem zweiten Kapitel eine Reihe von Rezepten und Vorgehensweisen für ein Fünf-Gänge-Menü dazubekommen. Außerdem wissen Sie nun was es bei jedem Gang zu Essen gibt.

Zum einen haben wir uns im zweiten Kapitel mit der Abgrenzung von Führen und Ausführen beschäftigt und damit geklärt, was Vorgesetzte von Führungspersönlichkeiten unterscheidet. Zum anderen haben Sie erfahren, was tatsächliche Führungsaufgaben im gastronomischen Alltag sind. Bevor ich Ihnen noch ein Modell für diese Führungsaufgaben vorstelle, fasse ich die wichtigsten Gedanken und Aussagen zusammen:

▶ Widerstände sind ein Zeichen dafür, dass Sie Ihre Vorgehensweise überprüfen müssen. Führungspersönlichkeiten unterscheiden sich von Führungskräften darin, dass sie mit Methoden und Instrumenten führen und nicht mit Kraft. Es geht nur leicht.

▶ Motivieren gehört nicht zu Ihren alltäglichen Führungsaufgaben! Vielmehr ist es Ihre Aufgabe, Bedingungen zu schaffen, die die Eigenmotivation Ihrer Mitarbeiter stärken.

▶ In unserer Branche geht es um gute Gefühle. Wenn Ihre Mitarbeiter keinen Spaß und keine Freude bei ihrer Arbeit empfinden, wird es schwer werden, diese Gefühle bei den Gästen auszulösen.

▶ Motivation hat immer eine Richtung und bezweckt etwas. Jegliches Verhalten bezweckt entweder, gute Gefühle zu bekommen oder schlechte Gefühle zu vermeiden.

▶ Extrinsische Motivierungsversuche werden von Mitarbeitern oftmals als das enttarnt, was sie sind: Manipulierungsversuche, die über eigene Führungsschwächen hinwegtäuschen sollen.

▶ Umstände, die den Mitarbeitern immer wieder Energie rauben, müssen so weit wie möglich abgebaut werden. Unnötige Energieräuber einfach unbearbeitet stehen zu lassen ist fahrlässig.

▶ Produktive Energie ist kein Dauerzustand. Mitarbeiter brauchen im Alltag immer wieder auch Zeiten, in denen Bestehendes gefestigt werden kann.

► Mist bleibt Mist! Missstände möglichst positiv zu „verkaufen" ist keine akzeptable Lösung für Führungspersönlichkeiten. Mitarbeiter sind nicht dumm und wehren sich zu Recht, wenn sie für dumm verkauft werden.

► Moderne Führung beachtet die psychologischen Bedürfnisse von Menschen. Eine Missachtung dieser Bedürfnisse bedeutet gleichzeitig auch Geringschätzung statt Wertschätzung.

► Selbstbewusste Führungspersönlichkeiten sind von selbstbewussten Mitarbeitern umgeben. Im Führungsalltag geht es um Verhalten und Vereinbarungen. Kritik, aber auch Anerkennung soll sich deshalb hauptsächlich auf Verhalten und auf Vereinbarungen beziehen und nicht auf den Menschen.

► Die Ausbildung neuer Fachleute in der Branche muss gemeinsame Aufgabe aller Führungspersönlichkeiten sein. Das ist nicht nur eine Art Mission, sondern eine sehr konkrete Form der langfristigen Qualitätssicherung.

Um diese Aussagen und Gedanken herum haben wir in den Mittelpunkt gestellt, was Ihre Führungsaufgaben sind. Und vielleicht war es sogar ein wenig überraschend, dass in einem Kapitel über Motivation gerade „Motivieren" eben nicht dazu gehört. Ihre fünf Führungsaufgaben sind:

► Ein Klima zu schaffen, das die psychologischen Bedürfnisse Ihrer Mitarbeiter berücksichtigt.
► Ziele zu vereinbaren und mit einer Vision die gemeinsame Richtung zu bestimmen.
► Mit klaren Regeln und Richtlinien einen sicheren „Verhaltensrahmen" für Ihre Mitarbeiter zu bestimmen.
► Ihre Mitarbeiter zu befähigen und dann auch Aufgaben vertrauensvoll zu delegieren.
► Mit stetigem Feedback ein klares Bild zu schaffen, ob die Leistung Ihrer Mitarbeiter im richtigen Verhältnis zu den betrieblichen Anforderungen steht.

Mit dem Übernehmen von Führungsaufgaben betreten Sie praktisch die Welt des Führens. Dieses Modell finde ich übrigens sehr geschickt gewählt. Ihre fünf Führungsaufgaben könnte man somit als einzelne Kontinente betrachten, die erst zusammengenommen eine ganze Welt ausmachen.

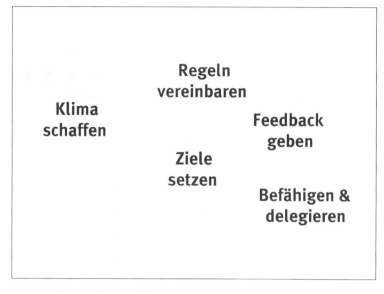

Abb. 2.9: Die ganze Welt des Führens

In Abbildung 2.9 habe ich Ihnen diesen Gedanken als Modell zusammengefasst. Mitarbeiter, die gerade neu als Führungspersönlichkeiten in dieser „Führungswelt" landen, können sich damit einen ganz guten Überblick verschaffen, welche Aufgaben es hier gibt, und dann in bester Manier eines klassischen Entdeckers anfangen, einen Kontinent nach dem anderen zu erschließen. Alle anderen haben damit ein schönes Instrument, um ständig zu überprüfen, ob sie die Basisaufgaben der Führung erfüllen.

Natürlich gibt dieses Modell noch nicht alle Aspekte der Führung wieder. Das ist ja auch das Kennzeichen eines Modells: die Realität so weit abzubilden bis man genau die Informationen hat, die man braucht, um sich zurechtzufinden. Wenn wir aber bei dem Modell „Die ganze Welt des Führens" bleiben, wäre es auch seltsam, würden wir die Welt nur nach den Kontinenten beurteilen. Wenn Sie schon einmal einen Globus betrachtet haben, wird Ihnen aufgefallen sein, dass die Kontinente den geringsten Teil der Gesamtfläche der Erde ausmachen. Dazwischen gibt es ja noch schier unendliche Ozeane. Und je weiter wir dann in die Tiefe gehen, also auch in die Ozeane eintauchen, werden Sie womöglich auch noch andere, bisher unbekannte Welten entdecken.

Damit Sie also in Ihrem Führungsalltag von einem Kontinent zum nächsten kommen, brauchen Sie im wahrsten Sinne des Wortes so tragfähige Instrumente, dass Sie nicht beim ersten Windzug untergehen. Das nächste Kapitel soll genau davon handeln und Sie mit einer ganzen Reihe sehr wirkungsvoller Werkzeuge ausstatten, damit Sie in Ihrem Führungsalltag sicher und mit trockenen Füßen von einem Hafen in den nächsten kommen!

Was tun Sie, wenn Sie eine Regel setzen und Ihr Mitarbeiter diese Regel dann bricht oder missachtet? Wie können Sie Ihre Mitarbeiter tatsächlich in angemessene Arbeitsstimmung führen? Wie finden Sie genau die Mitarbeiter, die Sie für Ihren Betrieb brauchen? Hier ist Handeln gefragt.

Welche zwei Richtungen kann Motivation haben?

....

....

Welche Gefahr besteht, wenn Sie einen „Mitarbeiter des Monats" küren?

....

....

Was unterscheidet ehrliche Anerkennung von einem „Gießkannen-Lob"?

....

....

Nennen Sie vier übliche Energiefresser und beschreiben Sie, warum auch Unterforderung den Mitarbeitern Energie entzieht.

....

....

Was müssen Sie beachten, damit aus positiver, produktiver Energie nicht plötzlich oder schleichend negative, regressive Energie entsteht?

....

....

Nennen Sie den Unterschied zwischen Wünschen, Zielen und Visionen.

....

....

Nennen Sie die fünf Kriterien für eine professionelle Zielformulierung.

....

....

Wie unterscheidet sich ein betrieblicher Standard von den allgemeinen
Richtlinien?

....

....

Was unterscheidet die Tätigkeit „Anweisen" von der Führungsaufgabe
„Delegieren"?

....

....

Wozu zwingt Sie der Punkt „Spezifizieren" beim Feedback geben?

....

....

Dritter Teil – Instrumente

3 Führen im Alltag

An anderer Stelle habe ich bereits aufgezählt, was die klassischen evolutionären Abwehrmuster in Stresssituationen sind: Angriff, Flucht, Starre und Unterwerfung. Wenn wir das Ganze nun mit einem Augenzwinkern auf den Führungsalltag übertragen würden, müssten Führungspersönlichkeiten in schwierigen Situationen eigentlich so reagieren, dass sie etwas in „Angriff" nehmen. Wir sind uns hoffentlich einig, dass Unterwerfung als Reaktionsmuster eher seltsame Auswirkungen hätte. Interessanterweise trifft man aber oftmals Vorgesetzte, die sich anscheinend lieber für „Starre" entscheiden und in Lethargie verfallen, sobald Ergebnisse nicht passen oder sich die Mitarbeiter ganz anders verhalten, als man es sich eigentlich wünschen würde. Ein weiteres beliebtes Reaktionsmuster ist das des Klagens. „Man" trifft sich unter Kollegen in gleicher Position und beklagt oder betrauert, dass die Zeiten früher irgendwie besser waren, dass es heute gar keine guten Mitarbeiter mehr am Markt gibt, oder erzählt davon, dass man selbst nach anderen Kriterien erzogen wurde. Solche Diskussionen mögen dabei hilfreich sein, mehr über die Kompetenz anderer Vorgesetzter zu erfahren. An der Situation ändert das Klagen, so weit ich weiß, aber nichts.

Zynismus ändert an der Situation allerdings auch nichts. Vielleicht sollten wir an dieser Stelle deshalb lieber unser Augenmerk darauf legen, warum manche Chefs in Starre verfallen oder Probleme eher ignorieren, statt in Aktionismus zu verfallen und Probleme im wahrsten Sinne des Wortes „tat-sächlich" zu lösen. Eine Erklärung könnte folgende sein: Wenn ich ein anderes Verhalten als Klagen, in Starre verfallen oder Ignorieren zeigen möchte, muss ich weitere Verhaltensmöglichkeiten zunächst einmal kennen und „können". Möglicherweise haben Chefs mit solchen Reaktionsmustern einfach nur eine geringe Methodenkompetenz.

Vielleicht kann man so gesehen eine moderne Führungskraft in unserer Branche mit einem Klemptner vergleichen. Wird ein Klemptner zu einem Wasserrohrbruch gerufen, müssen zwei Dinge gegeben sein, damit er die Situation „meistern" kann:

1. Er braucht einen Koffer voller Werkzeuge. Je mehr Werkzeuge sich in seinem Koffer befinden, desto höher die Chance, dass er auch mit ganz „verzwickten" Situationen umgehen kann.

2. Er muss genau das für die erforderliche Situation notwendige Werkzeug aus seinem Koffer herausholen. Möchte er beispielsweise das Wasser abstellen und greift dazu nach einer Rohrfeile, dann wird er Probleme haben, sein Ziel zu erreichen. Dazu braucht er nun einmal eine Rohrzange.

Das Ziel in diesem dritten Kapitel besteht also darin, Ihren „Werkzeugkoffer" für den Führungsalltag so gut wie möglich aufzufüllen und dann auch immer zu verdeutlichen, in welcher Situation welches Werkzeug seine volle Wirkung entwickelt. Das bedeutet im Umkehrschluss auch, dass man Werkzeuge nicht von Situationen trennen kann. Kein Klemptner würde auf die Idee kommen, seine teure Rohrfeile wegzuwerfen, weil er damit das Wasser nicht abstellen konnte. Sollte also das eine oder andere Werkzeug in Ihrem gastronomischen Führungsalltag nicht funktionieren, fragen Sie sich bitte auch, ob Sie klug in Ihrem Werkzeugkoffer gewählt haben.

3.1 Die tägliche Einstimmung

Bei uns steht der Gast im Mittelpunkt ...
... und damit eigentlich im Weg!

Autor unbekannt

Wenn also Führungsinstrumente nicht vom verwendeten Kontext zu trennen sind, können wir auch mit einer Problemsituation anfangen und von dieser Sicht aus auf ein Instrument schließen. Genau genommen möchte ich nun sogar zwei Fliegen mit einer Klappe schlagen und gleich zum Start eines der meines Erachtens (aus)wirkungsvollsten Instrumente für den Führungsalltag vorstellen: Wenn Sie drei bis fünf Minuten am Tag geschickt investieren, könnte es sein, dass sich viele der sonst üblichen kleinen „Energiefresser" in Luft auflösen ...

Eine Problematik im Alltag habe ich im Abschnitt 1.5 aufgezeigt. Stimmungen neigen dazu, frei nach dem Motto „mehr vom Gleichen", sich selbst zu bestärken bzw. sich „hochzuschaukeln". Das kann man vielleicht ganz gut mit einer Virusgrippe vergleichen. Mit Stimmung steckt man sich ganz schnell mal an. Das ist auch gar kein Problem, solange in Ihrem Betrieb die gute Laune „grassiert". Wie sieht das aber aus, wenn die Stimmung mal nicht so gut ist? Die zweite Problematik ist, dass oftmals gerade zum Dienstbeginn kleine Fehler und Missgeschicke passieren, die leicht vermeidbar wären und sogar gegen das sprechen, was das Team eigentlich längst kann. Da warten beispielsweise die ersten Gäste im Restaurant fünf Minuten, bevor sie überhaupt beachtet werden, es werden keine Tagesempfehlungen mehr ausgesprochen, am Empfang beim Auschecken nicht gefragt, ob der Gast zufrieden war, die Essen auf kalten Teller angerichtet usw. Interessanterweise ist es aber so, dass solche Fehler dann zur Hauptzeit im Serviceablauf meist nicht mehr passieren und der Betrieb wie ein Uhrwerk läuft. Lernen also Mitarbeiter einen Teil ihres Jobs jeden Tag aufs Neue?

Das ist natürlich Unsinn! Ihre Mitarbeiter wissen meist ganz genau, was zu tun wäre. Hier tritt aber eine der wenigen Situationen ein, in denen unser Gehirn tatsächlich mit einem Computer verglichen werden kann: Es gibt einen Unterschied, ob ich Informationen auf der Festplatte (etwas wissen) oder im Arbeitsspeicher (sich danach verhalten) habe! Aus den Ausführungen aus Abschnitt 1.4 über das Abspeichern und Abrufen von Informationen schließt sich eine gute Erklärung für den Punkt, dass gerade zum Arbeitsbeginn oftmals Leichtsinnsfehler passieren. Unser Gehirn lässt das Abrufen von erforderlichen Informationen erst in dem dazu passenden Kontext zu. Ihre Mitarbeiter müssen also zu Arbeitsbeginn erst von „Privat-Kontext" zu „Arbeits-Kontext" wechseln und damit zunächst das „Programm laden".

Das erste Führungsinstrument dreht sich also darum, Ihren Mitarbeitern diesen Übergang in den „Arbeits-Kontext" zu erleichtern und gleichzeitig für möglichst gute Stimmung zu sorgen. Dieses Instrument, das Ihre Mitarbeiter also auf „Betriebstemperatur" bringen soll, heißt: *Powerbriefing*. Ich verwende hier den Begriff, den mein Kollege Hans-Jürgen Hartauer auch in seinem gleichnamigen Buch verwendet. Das englische Wort „Power" beschreibt dabei, dass dieses Briefing etwas Energetisches, Bekräftigendes oder Bestärkendes hat. Der Wortteil „Briefing" (lateinisch: brevis = kurz) bezieht sich hingegen eher auf die Dauer dieses Instruments. Wir könnten hier auch *(Em)powerbriefing* sagen, weil damit der Prozess (englisch: empowerment = mit Energie versorgen, befähigen) am genauesten beschrieben wäre. Um es aber einfacher zu halten und weil es keinen vergleichbaren Begriff in der deutschen Sprache gibt, werde ich weiterhin das Wort *Powerbriefing* benutzen.

Konkret bedeutet dieses Instrument im Praxiseinsatz, dass Sie Ihre Mitarbeiter bei Dienstbeginn oder spätestens vor Servicebeginn zusammenrufen und kurz mit den erforderlichen Informationen für den kommenden Tag versorgen. Die Betonung liegt hier auf dem Wort „kurz". Ein Powerbriefing dauert im Regelfall zwischen drei und fünf Minuten. Chefs, die so ein Powerbriefing mit einem Vortrag, Monolog oder Meeting verwechseln, verbauen sich die Chance, die in diesem Instrument liegt, und entziehen ihren Mitarbeiter dann sogar eher die „Power", also die Energie. Ich treffe immer noch Vorgesetzte, die auf so ein Briefing verzichten. Die Begründungen hierfür sind vielfältig. Hier eine kleine Auswahl: „Dafür haben wir keine Zeit." – „Die Mitarbeiter haben aber unterschiedliche Dienstzeiten." – „Meine Mitarbeiter machen das schon seit Jahren und haben alle Informationen, die sie brauchen." – „Ich möchte meine Mitarbeiter nicht jeden Tag mit dem gleichen Text langweilen" usw. Für mich sagen aber solche Aussagen mehr über die Flexibilität des Sprechers aus als über dessen Mitarbeiter. Natürlich ist niemand gezwungen, ein Briefing zu halten. Ich zumindest kenne aber kein weiteres Instrument mit einer so weitgreifenden Wirkung. Zumindest bei einem professionellen, gut gemachten Powerbriefing. Ein unprofessionelles, schlecht gemachtes Briefing kann durchaus langweilig und öde sein. Wie gesagt, sollen mit diesem Instrument ja mehrere Fliegen „geschlagen" werden. Abgesehen von Stimmung und Informationsupdate, schafft ein solches Briefing aber auch ein Stück Gemeinsamkeit. Ihre Mitarbeiter stehen damit im wahrsten Sinne des Wortes, zumindest einmal am Tag, alle zusammen. Lassen Sie daraus eine tägliche Routine werden! Unterschätzen Sie nicht die Wirkung, die so ein Powerbriefing auf das ganze Team haben kann. Bevor ich nun näher darauf eingehe, wie man mit einem Briefing für gute Stimmung sorgt, hier zunächst eine Auflistung der möglichen Inhalte:

Führungsinstrument: Powerbriefing

Halten Sie zumindest einmal am Tag ein Briefing für Ihre Mitarbeiter. Ihr Briefing sollte nicht länger als drei bis fünf Minuten dauern. Arbeiten Sie folgende Inhalte in Ihr Briefing mit ein:

▶ Tagesziel setzen
▶ Feedback geben
▶ Aktuelle Informationen für den Tagesablauf
▶ Richtlinien bestimmen bzw. erneuern
▶ Aufgaben verteilen
▶ Fragerunde

Aktuelle Informationen
Was gibt es heute Besonderes im Ablauf? Haben Sie größere Reservierungen, spezielle Anreisen, Stammgäste mit speziellen Wünschen? Zu den Tagesinformationen zählen natürlich auch Dinge, die außerhalb des Betriebes stattfinden wie z. B. Verkehrssituation, Veranstaltungen usw. Sorgen Sie dafür, dass die Mitarbeiter das letzte „Update" an Informationen für den Tag haben.

Feedback geben
Was haben Ihre Mitarbeiter seit dem letzten Briefing gut gemacht, was können Ihre Mitarbeiter noch besser? Welche Ziele wurden (wieder) erreicht, welche verfehlt? Sagen Sie Ihren Mitarbeitern, wo sie gerade stehen.

Richtlinien bestimmen / erneuern
Welche Grenzen sind übertreten worden, an welcher Stelle wurden die vereinbarten Richtlinien nicht eingehalten. Was sind die kleinen Dinge, die sich wieder eingeschlichen haben? Jetzt ist der richtige Zeitpunkt, allgemein gültige Regelungen wieder in Erinnerung zu rufen.

Tagesziel vereinbaren
Was möchten Sie heute erreichen? Welche Herausforderung setzen Sie an sich und das Team? Mit einem Tagesziel bringen Sie wieder ein Stück Abwechslung in den Alltag.

Aufgaben verteilen
Wer ist für was im heutigen Tagesablauf zuständig und damit verantwortlich. Klarheit schafft Sicherheit!

Offene Fragerunde
Die Aussage: „Wenn es keine Fragen gibt, bin ich fertig!", ist kein angemessener Schluss eines Powerbriefings! Erst Fragen wie: „Wer hat

noch eine Frage?" oder: „Gibt es noch eine Frage, die ich gleich hier beantworten kann?", signalisieren Ihren Mitarbeitern, dass Sie tatsächlich bereit sind, noch Fragen zu beantworten.

Sie werden wahrscheinlich schon selbst bemerkt haben, dass Sie diese Punkte bereits aus dem letzten Kapitel kennen. Ihr Powerbriefing ist praktisch „die ganze Welt des Führens" in drei Minuten. Vielleicht werden Sie jetzt aber auch denken, dass diese sechs Punkte ganz schön viele Inhalte für drei bis fünf Minuten sind. Und Sie haben recht! Das wird Ihnen nur gelingen, wenn Sie sich perfekt auf Ihr tägliches Briefing vorbereiten. Tun Sie das nicht, laufen Sie Gefahr, die Zeit mit leeren Worthülsen oder Wiederholungen zu verplempern. Unterscheiden Sie sich bitte von Vorgesetzten, die sich hauptsächlich gerne selbst reden hören. Denken Sie daran: Man kann in drei Minuten alles sagen oder in fünfzehn Minuten gar nichts! Der Unterschied liegt in Ihnen und nicht im Instrument.

Unter Richtlinien oder Tagesziel im Powerbriefing empfehle ich Ihnen sehr, einen ganz besonderen Punkt in den Mittelpunkt zu stellen: den Gast! An mehreren Stellen im Buch habe ich bereits darauf hingewiesen, dass oftmals eher Prozesse im Arbeitsablauf in den Mittelpunkt gesetzt werden statt des Gastes. Die Gefahr besteht dann aber, dass Mitarbeiter vor lauter beispielsweise Auffüllen, Saubermachen und Organisieren ganz vergessen ihre Gäste zu begrüßen. Der Spruch zum Start dieses Abschnitts beschreibt diesen Umstand wieder einmal etwas boshaft. Das Wort „Orientierung" bezeichnet ursprünglich, dass man die Himmelsrichtung anhand der aufgehenden Sonne bestimmt. In unserer Branche stellt ja der Gast so gesehen die „aufgehende Sonne" dar. Gastorientierung bedeutet somit, dass Sie im Powerbriefing den Kompass Ihrer Mitarbeiter noch einmal auf Gäste einstellen und nicht auf Prozesse.

Praxistipp Nr. 31
Führen Sie Ihr Powerbriefing gastorientiert! Wenn Sie hauptsächlich Arbeitsprozesse in den Mittelpunkt stellen, haben Ihre Mitarbeiter eher Ablauftätigkeiten im Fokus als begeisterte Gäste.

Das zweite Hauptargument, das für ein Powerbriefing im Tagesablauf spricht, ist der damit mögliche Einfluss auf die Stimmung der Mitarbeiter. So gesehen ist der Titel „tägliche Einstimmung" gar nicht schlecht gewählt. Im Abschnitt 1.5 habe ich darauf hingewiesen, dass manche Chefs bezüglich des Stimmungsmanagements ihrer Mitarbeiter seltsame Vorgehensweisen pflegen. Diese Vorgesetzten haben es sich anscheinend zur Aufgabe gemacht, zum Arbeitsbeginn erst einmal für schlechte Stimmung zu sorgen. Mitarbeiter brauchen dann sozusagen nach dem ersten „Guten Morgen" vom Chef eine halbe Stunde um wieder in eine vernünftige Lage zu kommen, Gäste zu bedienen. Wie das geht? So wie das schon zu Beginn dieses Absatzes steht: Stimmung hat etwas Ansteckendes ...

Praxistipp Nr. 32
Sorgen Sie für möglichst gute Arbeitsstimmung. Gut gelaunte Mitarbeiter haben nicht nur mehr Spaß, sondern machen auch mehr Spaß.

Das Problem dabei ist nur, dass es für Sie als Führungspersönlichkeit wahrscheinlich leichter ist, aus gut gelaunten Mitarbeitern schlecht gelaunte Mitarbeiter zu machen als umgekehrt. Mit anderen Worten: Es ist viel leichter, einen strahlenden Mitarbeiter mit launischen Aussagen aus der Fassung zu bringen als einen launischen Mitarbeiter mit einem Strahlen zum Lächeln zu bringen. Wenn z. B. Ihre Mitarbeiter, noch müde vom anstrengenden Vortag, zum Dienst kommen und Sie dann wie von Drogen geputscht laut in die Menge rufen: „GEBT MIR EIN E WIE ERFOLG!!!", werden Ihre Mitarbeiter Sie ansehen, als kämen Sie vom Mars! So etwas sorgt zwar auch für Stimmung, aber eher für so eine, wie sie kurz vor der Meuterei auf der Bounty geherrscht haben muss. Ihr Briefing muss nicht unbedingt mit positiver Stimmung starten. Es muss aber mit positiver Stimmung enden. Genau hierin liegt aber auch die Herausforderung eines erstklassigen Powerbriefings. Sie werden den ganzen Effekt dieses Führungsinstruments nur nutzen können, wenn Sie fähig sind, dieses Briefing auch emotional passend zu halten. Das unterstreicht dann auch die Aussage, die ich an anderer Stelle bereits getroffen habe: Wenn Sie keine Emotionen bei Ihren Mitarbeitern auslösen, ist Ihr Tun nicht handlungsrelevant!

Wie Sie Mitarbeiter in angemessene, positive Arbeitsstimmung führen können, ist vom Ablauf nicht schwer. Genau genommen können Sie das auch schon bzw. haben das ganz sicher schon oft gemacht. Die Krux daran ist nur, dass Sie die psychologische Dynamik dahinter wahrscheinlich bisher nur intuitiv (also unbewusst) genutzt haben und das Gleiche nun bewusst machen sollen. Mein Lieblingsbeispiel, um diese Dynamik zu verdeutlichen, ist der intuitive Umgang mit Kleinkindern. Haben Sie schon einmal versucht, ein Baby zum Lachen zu bringen? Ich vermute, dass Sie das ohne Nachdenken in vier Schritten tun:

Als Erstes nehmen Sie nur Kontakt mit diesem Baby auf. Ihre Strategie dazu wird vor allem eine nonverbale sein. Sie werden dazu das Baby mit einem offenen Kontaktblick nur ansehen und darauf warten, dass das Baby in Ihrem Kontaktblick „hängen bleibt". Erst wenn dieser Kontakt auf nonverbaler Ebene besteht, werden Sie den zweiten Schritt wagen und mit einem kleinen Lächeln ausprobieren, ob das

Kind schon mit Ihnen mitlächeln mag. Ist dem nicht so, gehen Sie zum dritten Schritt über und gleichen Ihre Mimik, Ihre Körperhaltung dem des Babys an. Mit anderen Worten: Sie passen sich an und spiegeln dem Baby besonders in der Mimik dessen Ausdruck wider. Erst nach dieser psychologischen Kontaktverstärkung gehen Sie zum vierten Schritt über und wechseln langsam in ein Lächeln. Wenn Sie es gut gemacht haben, folgt Ihnen das Baby nun und lächelt ebenfalls. Die Erklärung, warum wir Menschen auf so eine Dynamik reagieren, ist wieder in unserer Historie zu finden. Wir reagieren als soziale Menschen eher auf „gleich" und „ähnlich" als auf „fremd" und „anders". Das stärkt die Verbindung zu unserer eigenen Gruppe und lässt uns bei Fremden vorsichtig sein. Ein Chef, der ganz anderer Stimmung ist als ich, ist demnach im wahrsten Sinne des Wortes zunächst befremdlich. Wie das eben genannte Beispiel zeigt, würde einem das Verhalten, sich emotional so zu distanzieren, bei Kleinkindern auch nie einfallen. Babys werden ganz intuitiv zunächst „abgeholt" und erst dann in die gute Stimmung geführt! Warum dann ein Gegenüber, in diesem Beispiel das Baby, dem Stimmungswechsel ins Lächeln folgt, ist auch leicht erklärbar. Ist der Kontakt zwischen Menschen über Blick und Angleichen erst einmal hergestellt, neigen beide Partner dazu, diesen guten Kontakt möglichst aufrechtzuerhalten. Wechselt mein Gegenüber die Stimmung, *muss* ich praktisch folgen um keinen Kontaktabbruch auf nonverbaler Ebene zu erzeugen.

Wenn Sie das nun auf Ihr Powerbriefing übertragen, bedeutet das, dass Ihr Briefing damit beginnt, dass Sie mit Ihren Mitarbeitern zunächst mit offenem, geraden Blick Kontakt aufnehmen. Dann sehen Sie auch, in welcher Stimmung sich Ihre Mitarbeiter gerade befinden. Gerne können Sie mit einem wohlwollenden Lächeln zeigen, dass Sie Ihren Mitarbeitern gegenüber positiv gestimmt sind. Dann ist es aber sinnvoll, auch Ihre Mitarbeiter in deren Stimmungslevel abzuholen. Ist die Stimmung eher neutral oder sogar negativ (müde, geschafft usw.), dann gleichen Sie sich in der Form an, indem Sie Ihr Briefing auch in neutraler Stimmungslage starten. Empfehlenswert ist auch, den Kontakt zum Start mit ein wenig Wertschätzung oder Verständnis zu festigen. Der Fachbegriff für diesen tiefen Kontakt mit Ihren Mitarbeitern auf nonverbaler, verbaler und emotionaler Ebene heißt „Rapport". Haben Sie das erreicht, können Sie im Briefing in die emotionale Führung gehen. Der Fachbegriff dafür heißt „Leading". Das bedeutet, dass Sie Ihre Mitarbeiter nicht nur inhaltlich vom einen Punkt Ihres Powerbriefings zum nächsten führen, sondern auch mit der dazu passenden Emotion. Während die Tagesinformationen durchaus sachlich und neutral gegeben werden können, muss ein Tagesziel beispielsweise eine entsprechend positive emotionale Färbung tragen. Eine neue Richtlinie hingegen muss emotional die dahinter stehende Ernsthaftigkeit widerspiegeln. Ein Regelbruch darf so gesehen dann auch durchaus ein Stück Ärger oder Betroffenheit nach sich ziehen, sonst spüren Ihre Mitarbeiter nicht, was ein Regelbruch bei Ihnen auslöst. Zusammengefasst kann man also sagen, dass Ihr Powerbriefing mit gutem Kontakt beginnt (Rapport) und dann eine emotionale Achterbahnfahrt darstellt, die mit einer positiven Emotion endet.

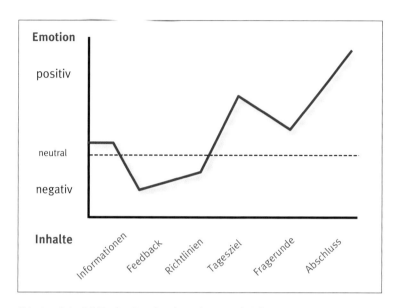

Abb. 3.1: Beispiel für eine Emotionskurve im Powerbriefing

In Abbildung 3.1 habe ich Ihnen ein Beispiel grafisch aufbereitet, wie Ihr Powerbriefing auf emotionaler Ebene aussehen könnte. Damit wird hoffentlich klar, dass dieses Führungsinstrument handwerklich nicht mehr mit „Petersilie hacken" vergleichbar ist, sondern eher mit „Gemüse tournieren". Das bedeutet, dass die ersten Versuche noch etwas grob und hölzern aussehen können, man es aber mit ein wenig Übung irgendwann einmal meisterlich beherrschen kann, sodass jedes Briefing so aussehen kann wie das letzte.

Abschließend zu diesem Absatz über das tägliche Einstimmen möchte ich noch verdeutlichen, warum es sinnvoll ist, dass Ihr Powerbriefing im Regelfall wirklich nicht länger als drei bis fünf Minuten sein sollte. Wenn man schon einmal so schön zusammensteht, könnte man doch noch länger über Dinge reden, die einem als Chef so richtig auf dem Herzen liegen, oder? Das Problem liegt nicht darin, dass Sie womöglich noch mehr Text hätten, sondern dass Ihre Mitarbeiter nicht mehr Text aufnehmen können.

An mehreren Stellen habe ich schon darauf hingewiesen, dass uns die Evolution mit einem Bewusstsein ausgestattet hat, das nicht dafür geschaffen ist, sich möglichst viel zu merken, sondern dafür, nicht ständig gegen Bäume zu laufen. Mit der Verarbeitungskapazität von Menschen hat sich der Psychologe George A. Miller Mitte des letzten Jahrhunderts befasst. Als Ergebnis seiner Studien ist die „Magische Zahl 7" oder: „Millersche Zahl" in die Psychologie eingegangen. Er stellte fest, dass unser Bewusstsein fähig ist, sich Aufgaben oder Informationen bis zu sieben Elementen bzw. Positionen ganz gut zu merken. Bei allem, was darüber liegt, scheitern die meisten Menschen. Sie können das gerne mit einem kleinen Test überprüfen:

Praxisübung

Überprüfen Sie Ihre eigene Merkfähigkeit: Decken Sie die nachfolgenden Zahlen mit einem leeren Blatt ab. Decken Sie von oben nach unten jeweils eine Zahl für 2 Sekunden auf und dann wieder ab. Schreiben Sie die Zahl dann auf das Blatt und überprüfen dann, ob Sie die Zahl richtig aus dem Gedächtnis abgerufen haben:

9803

74894

581320

1508364

03819439

482971397

6719739482

12365246060

Bis zu welcher Zahl gelingt Ihnen das ganz gut? Alles was bei 5 +/-2 Positionen liegt, ist normal. Liegen Sie darüber, dann herzlichen Glückwunsch. Über darunter spreche ich jetzt nicht.

Wenn Sie also unbedingt mehr Positionen in Ihrem Briefing unterbringen wollen, ist die Chance groß, dass einzelne Informationen einfach nicht mehr bei jedem Ihrer Mitarbeiter ankommen. Ich versuche selbst möglichst nach der Millerschen Zahl zu arbeiten. Sie können auch das gerne in diesem Buch überprüfen. Soweit nicht zwingend erforderlich, wird keine Aufzählung oder Aufgabe in diesem Buch diese Zahl überschreiten. (z.B.: fünf Führungsaufgaben, Top-7-Liste für Gastgeber, sechs Inhalte eines Powerbriefings …) Insoweit möglich, empfehle ich Ihnen das ebenfalls.

Sollten Sie also weitere Informationen haben, die Sie aufgrund der Millerschen Zahl nicht mehr in Ihrem Briefing unterbringen, dann müssen Sie die Strategie wechseln. Der einfachste Weg ist, wenn Sie weiterführende Informationen für den Tag beispielsweise auf einem Infoblatt zum Nachlesen verteilen. Ein guter Trick ist auch, wenn Sie im Powerbriefing einen Flip-Chart verwenden, auf dem Sie die wichtigsten Informationen noch einmal aufgeschrieben haben. Damit nutzen Sie einen Effekt, der bereits in Abbildung 1.5 im ersten Kapitel genannt wurde. Durch die Verbindung von Sprechen und Sehen, also durch Einbeziehen mehrerer Sinneskanäle, bleibt ein höherer Anteil der Informationen haften. Den gleichen Effekt erzielen Sie, wenn Sie Ihre Mitarbeiter beispielsweise das Tagesgericht im Briefing probieren lassen.

Vor allem aber brauchen Menschen, die sich mehr als sieben Dinge merken möchten, eine Unterstruktur. Sie selbst nutzen das, wenn Sie sich beispielsweise Telefonnummern merken wollen:

69 23 40 56

Durch die Unterteilung in Zweierschritte wird aus einer achtstelligen Telefonnummer wieder eine Information mit nur vier Elementen und ist somit viel leichter zu merken. Wenn Sie Ihr Briefing z.B. mit folgendem Satz starten: „Ich habe heute vier wichtige Informationen zu den Reservierungen für Sie", helfen Sie Ihren Mitarbeitern dabei, sich diese Informationen zu merken. Sie schaffen dadurch nämlich eine Unterstruktur und verbinden Neues mit Bekanntem. Möchten Sie noch ein letztes Beispiel dafür, wie Sie sich diese Funktionsweise des Gehirns im Briefing zunutze machen können? Hier eine Information für Sie:

Ein Jahr hat eine gewisse Anzahl von Monaten und Tagen, die jeweils eine gewisse Anzahl von Stunden, Minuten und Sekunden haben.

Das wussten Sie schon? Okay, aber ich wette, dass Sie sich ab jetzt die letzte elf-stellige Zahl aus der Praxisübung auf Seite 155 ohne Weiteres für immer merken könnten.

3.2 Der rote Faden im Mitarbeitergespräch

„Wenn dein einziges Instrument ein Hammer ist, musst du dich nicht wundern, wenn alle deine Probleme wie Nägel aussehen!"

Paul Watzlawick

Auf die Frage, wie manche Vorgesetzte mit Regelbrüchen oder Leistungsdefiziten von Mitarbeitern im Führungsalltag umgehen, kann man oftmals folgende Antwort hören: „Dann halte ich eben ein Mitarbeitergespräch!" Grundsätzlich ist diese Antwort ja richtig. Was wollen Sie denn auch sonst machen? Zumindest (und Gott sei Dank) sind alle anderen Methoden, Menschen zu einem gewissen Verhalten zu bringen oder zwingen, in unseren Breitengraden eher unüblich bzw. verboten. Genau genommen ist ja Kommunikation unser einziges Instrument in der Mitarbeiterführung. Mir persönlich ist diese Antwort aber viel zu allgemein. Das wäre das Gleiche, als wenn Sie mich fragen: „Wie machst du eine Schwarzwälder-Kirsch-Torte?", und ich darauf antworte: „Ich behandle dafür Lebensmittel." Selbstverständlich müssen Sie Mitarbeitergespräche halten. Die Frage ist doch, wie genau diese Gespräche aussehen, in welcher Situation Sie welche Gesprächsart benutzen und wie Sie die Wirksamkeit dieses Gesprächs dann sicherstellen. Um eine solche professionelle Aussage über ein Mitarbeitergespräch überhaupt treffen zu können, ist natürlich ein gewisses Wissen darüber notwendig, dass es unterschiedliche Mitarbeitergespräche gibt, die sich in Aufbau und Inhalten dramatisch unterscheiden: Da gibt es beispielsweise Korrekturgespräche, Kritikgespräche, Coachinggespräche, Zielvereinbarungsgespräche, Konfliktlösungsgespräche und dann auch noch ein paar Mischformen daraus. Führungspersönlichkeiten, denen dieses Wissen fehlt, geht es womöglich genauso, wie im Satz von Paul Watzlawick zum Start dieses Abschnitts beschrieben.

In meiner kleinen Aufzählung fehlt übrigens die Gesprächsform: „Anschiss". Das ist natürlich flapsig formuliert, trifft aber im Kern genau das, was manche Vorgesetzten in unserer Branche als Mitarbeitergespräch verstehen. Etwas gepflegter könnte man das natürlich auch „vorwerfende Kritik" oder „elterliche Rüge" nennen. Was ich davon halte, habe ich aber schon im Abschnitt 2.7 über Feedback geschrieben. Meines Erachtens ist diese Form der Mitarbeiterkommunikation meist ein Zeichen von Hilflosigkeit. Mit anderen Worten: Chefs, die zur vorwerfender Kritik neigen, haben meist gar keine Auswahlmöglichkeit anderer Gesprächsformen. Wenn wir dann schon bei „Hilflosigkeit" sind, möchte ich noch einen Punkt vorwegnehmen, auf den ich an anderer Stelle nicht mehr eingehen werde: Was ist dann mit einer Abmahnung? Sie ist in meinem Verständnis kein Instrument, um einen

Mitarbeiter zu führen, sondern um einen Mitarbeiter zu kündigen. Ich habe noch nie von einem Mitarbeiter gehört, der nach einer Abmahnung wieder lustvoll weitergearbeitet hat. Für mich ist eine Abmahnung deshalb eher eine Problemverschiebung und damit eine Bankrotterklärung an alle hier genannten Führungsinstrumente. Sollten Sie jemals zu einem solchen Mittel greifen müssen, empfehle ich Ihnen, vorher noch mal in Ihrem Werkzeugkoffer nachzusehen, ob der wirklich schon leer ist.

Die zwei wichtigsten Gesprächsarten leiten sich direkt aus Ihrer Führungsaufgabe „Richtlinien bestimmen" aus dem Abschnitt 2.5 ab: das Korrekturgespräch und das Kritikgespräch. Beide Gesprächsformen beziehen sich nämlich auf Ihre Regelungen und Richtlinien. Bevor ich Ihnen diese beiden Führungsinstrumente aber im Detail vorstelle, ist mir sehr wichtig, dass Ihnen klar wird, in welchem Kontext Sie die eine oder eben die andere Gesprächsform wählen. Schon von der Wortdefinition her ist ersichtlich, dass es einmal um eine Korrektur und ein anderes Mal um Kritik geht. Die Unterscheidung wird eigentlich schnell deutlich, wenn Sie sich einmal bewusst machen, wann Sie überhaupt dazu berechtigt sind, einen Menschen für sein Verhalten zu kritisieren. Vergleichen Sie dazu einmal folgende zwei Situationen:

Situation A
Sie treffen beim Shoppen zufällig einen alten Freund wieder. Sie freuen sich und machen deshalb folgenden Vorschlag: „Ich muss noch kurz etwas besorgen. Wollen wir danach gemeinsam noch einen Kaffee trinken? Lass uns später im Café im Zentrum treffen!" Dreißig Minuten später sitzen Sie im Café und warten auf Ihren Freund, der aber erst zwei Stunden später erscheint.

Situation B
Sie treffen beim Shoppen zufällig einen alten Freund wieder. Sie freuen sich und machen deshalb folgenden Vorschlag: „Ich muss noch kurz etwas besorgen. Wollen wir danach gemeinsam noch einen Kaffee trinken? Lass uns in einer halben Stunde im Café im Zentrum treffen! Passt das für dich?" Ihr Freund stimmt zu. Dreißig Minuten später sitzen Sie im Café und warten auf Ihren Freund, der aber erst zwei Stunden später erscheint ...

Aus meiner Sicht können Sie sich in Situation A gerne ärgern. Das ist dann aber Ihr Problem und nicht das Ihres Freundes. Für die Zukunft dürfen Sie nun aber natürlich eine Vereinbarung mit Ihrem Freund darüber treffen, wie Sie sich sein Verhalten vorstellen. Ihr Freund kann das dann entweder annehmen oder ablehnen. In Situation B sieht das anders aus. Hier haben Sie die Vereinbarung vorher getroffen. Ihr Freund hat zugestimmt, womit zwischen Ihnen und Ihrem Freund sozusagen ein „Vertrag im gegenseitigen Einvernehmen" geschlossen wurde. Bricht Ihr Freund diesen Vertrag, sind Sie auch dazu berechtigt, sein Verhalten zu kritisieren.

Praxistipp Nr. 33
Kritik ist nur dann legitim, wenn vorab konkrete Vereinbarungen über erwünschtes Verhalten getroffen worden sind.

Nehmen wir also einmal an, Sie erleben in Ihrem Führungsalltag beispielsweise eine der folgenden Situationen: Ihr Mitarbeiter steht beim Mittagsgeschäft vor der Tür beim Rauchen; ein Mitarbeiter steht mit Bluejeans an der Rezeption; ein Mitarbeiter fragt einen Gast nach mehr Trinkgeld; ein Mitarbeiter kommt erst zehn Minuten nach Dienstbeginn zur Tür herein; ein Mitarbeiter steht in seiner Servicestation und schreibt eine SMS usw. Dann hängt die Wahl Ihrer Gesprächsform davon ab, ob Sie das Verhalten bereits konkret geregelt haben oder nicht. Die Gesprächsform, um eine Regelung, einen Vertrag neu zu setzen oder zu erneuern, heißt *Korrekturgespräch*. Wird eine bestehende Regelung, ein bestehender Vertrag gebrochen, heißt die Gesprächsform *Kritikgespräch*. Meines Erachtens ist das Korrekturgespräch die wichtigere Gesprächsform und auch die, die bei vielen Vorgesetzten nahezu vollständig fehlt. Ein gut gehaltenes Korrekturgespräch macht nämlich die meisten Kritikgespräche überflüssig. Das ist auch eigentlich ganz logisch: Sag mir doch vorab, dass ich die Suppe umrühren soll und nicht erst dann, wenn sie überkocht oder anbrennt!

Jede Gesprächsform hat ein dazu passendes „Setting" (Anordnung). Das bedeutet, dass Sie die Bedingungen so bestimmen, dass die jeweilige Gesprächsform ideal stattfinden kann. Das ist aber für Sie sicherlich nichts Neues. Auf dem Schreibtisch, in der Servicestation, am Küchenarbeitsplatz, am Gästeempfang usw. ist es ja auch üblich, dass man sich zunächst Bedingungen schafft, die die dann folgende Tätigkeit perfekt unterstützen sollen. Es gibt meines Erachtens ein Grundsetting, das bei allen Gesprächsformen gleich ist:

Jedes Mitarbeitergespräch findet in *respektvoller* und *wertschätzender* Form statt. Auch bei Fehlverhalten *haben Menschen das Recht* auf eine *angemessene Tonlage,* auf *normale Umgangsformen* wie z.B. auf ein „Bitte" und „Danke". Jedes Gespräch findet unter dem *Gebot der Fairness* statt. Das bedeutet, dass Mitarbeiter nicht „vorgeführt" werden, die Möglichkeit der Stellungnahme haben und *nicht bloßgestellt* werden. In jedem Mitarbeitergespräch gelten weiterhin die in Abschnitt 2.7 genannten Kritikregeln! Dass bedeutet, dass auf *Vorwürfe genauso verzichtet wird wie auf Belehrungen.* Und abschließend bedeutet es auch, dass Mitarbeitergespräche in der Form *sachlich* geführt werden, dass *wahrgenommenes Verhalten* im Mittelpunkt steht und nicht der Mensch in seiner Gesamtheit.

Das Korrekturgespräch

Für alle Situationen, in denen Sie nun eine Richtlinie erneuern oder eine neue Regelung einführen möchten, ist ein Korrekturgespräch die richtige Wahl. Das Korrekturgespräch unterscheidet sich in der Form von Ihrer Führungsaufgabe „Richtlinien bestimmen" aus Abschnitt 2.5, dass Sie *jetzt gerade* ein unerwünschtes Verhalten von einem Mitarbeiter erleben und unmittelbar bzw. *sofort* eine Korrektur vornehmen möchten. Nehmen wir also beispielsweise an, Sie sehen, dass einer Ihrer Mitarbeiter gerade ein Glas frischen Orangensaft trinkt. Nehmen wir weiterhin an, in Ihrem Betrieb haben Sie eine Regelung, dass Kaffee und Wasser als Mitarbeitergetränk „frei" sind, frischer Orangensaft aber nicht. Sie erinnern sich, was nun noch als Prämisse gegeben sein muss: Sie haben mit diesem Mitarbeiter nicht schon an anderer Stelle eine Vereinbarung über „frische Orangensäfte" getroffen.

Das Korrekturgespräch ist zwar nicht schwer, aber dennoch anspruchsvoll. Damit diese Gesprächsform ihre ganze Wirkung entfaltet, müssen ein paar Feinheiten erfüllt werden. Eine Feinheit ergibt sich schon aus dem wichtigsten Merkmal des Korrekturgesprächs selbst. Da Sie ja eine *sofortige* Korrektur vornehmen möchten, muss dieses Gespräch auch sofort bzw. möglichst zeitnah zum unerwünschten Verhalten gehalten werden. In Ihr Setting für Korrekturgespräche muss deshalb noch eingefügt werden, dass diese im laufenden Arbeitsprozess stattfinden. Stellen Sie sich vor, dass Sie Ihren Mitarbeiter kurz „zur Seite" nehmen oder aus dem laufenden Arbeitsprozess „herauspflücken", indem Sie einfach gemeinsam einen Schritt zurückgehen, sodass Gäste und andere Kollegen nicht „Teilnehmer" dieses Korrekturgesprächs werden. Nach Ihrem Korrekturgespräch ist Ihr Mitarbeiter damit praktisch mit einem Schritt wieder zurück in seinem Arbeitsprozess. Aus psychologischer Sicht nutzen Sie damit eine wichtige Dynamik des Lernens. Unser Gehirn neigt dazu, Dinge miteinander zu verknüpfen, die zeitlich nahe beieinander liegen (Fachbegriff: Verankern oder Konditionieren). Dazu ein Vergleich: Wenn Sie z.B. mit einem Hund Gassi gehen und der sein Geschäft im Garten vom Nachbarn verrichtet, müssen Sie ja auch *jetzt* und *sofort* Ihren Unmut zeigen und nicht erst eine halbe Stunde später. Der Hund verknüpft dann den Nachbarsgarten mit Ihrem Unmut. Ihr Unmut erzeugt ein schlechtes Gefühl beim Hund, dass jedes Mal wieder auftaucht, wenn der Hund in die Nähe des Nachbargartens kommt. Eventuell braucht es noch ein oder zwei Wiederholungen. Aber das wissen Sie ja bereits aus dem Abschnitt 1.4 übers Lernen.

Keine Sorge, natürlich möchte ich Mitarbeiterführung ganz und gar nicht mit Hundeerziehung vergleichen. Im Gegenteil! Ein professionell gehaltenes Korrekturgespräch hilft Ihnen dabei, eben „nicht mehr auf den Hund" zu kommen.

Führungsinstrument Korrekturgespräch

Nehmen Sie sich einen Mitarbeiter *direkt* nach einem unerwünschten Verhalten im laufenden Arbeitsprozess zur Seite und führen Sie ein Korrekturgespräch in fünf Schritten:

1. Ist-Situation aus Ihrer Sicht
2. Rückfrage nach der Regelung
3. Regelung erneuern / bestimmen
4. Vereinbarung treffen
5. Beziehung wieder aufbauen

Ist-Situation aus Ihrer Sicht

Formulierungen wie z.B.: „Ich habe Sie gerade gesehen ..." oder: „Ich habe gerade wahrgenommen ...", erfüllen nicht nur die in diesem Buch genannten Kriterien über klare Kommunikation, sondern entsprechen auch den Ich-Botschaften aus den Kritik-Regeln. Achten Sie darauf, dass die Formulierung: „Ich habe von ... gehört", keine Wahrheit darstellt und deshalb als Auslöser eines Korrekturgesprächs ungeeignet ist. Wahrheiten aus dem Reich der Mythen und Sagen sind zunächst alle Informationen, die Ihnen zugetragen werden. Solche Informationen können ohne eigene Überprüfung nicht die Basis von Führungsinstrumenten sein. Wahr ist für Sie nur und ausschließlich, was Sie selbst wahrgenommen haben.

Rückfrage nach der Regelung

Mit einer Formulierung wie z.B.: „Kennen Sie die Regelungen über unsere Mitarbeitergetränke?", hinterfragen Sie den Wissenstand Ihres Mitarbeiters über Ihre Regelungen. Verzichten Sie bitte auf die Frage: „Warum machen Sie das?" Die Frage „Warum?" löst erfahrungsgemäß sofortige Rechtfertigungen bei Ihrem Gegenüber aus, aber keine Informationen, mit denen Sie wirklich arbeiten können.

Praxistipp Nr. 34

Verzichten Sie in allen Mitarbeitergesprächen möglichst auf die Frage nach dem „Warum". Die meisten Menschen neigen seit den Kindestagen dazu, sich bei Warum-Fragen nur zu rechtfertigen, statt mit Informationen zu antworten.

Regelung erneuern/bestimmen

Sprechen Sie dann klar und deutlich die Regelung aus, was Sie vom Verhalten Ihres Mitarbeiters erwarten. In unserem Beispiel könnte die Formulierung so sein: „Unsere Regelung über Mitarbeitergetränke ist …"

Vereinbarung treffen

Es ist ja schön, wenn Sie Regelungen bestimmen. Verbindlich werden diese aber erst, wenn Sie diese Regelungen dann auch mit Ihrem Mitarbeiter vereinbaren. Der Vertrag besteht erst, wenn Ihr Mitarbeiter mit einem „Ja" Ihren Regelungen zustimmt. Hier empfehle ich Ihnen eine geschlossene Frage: „Kann ich mich darauf verlassen?" Lassen Sie sich nicht abwimmeln. Fordern Sie von Ihrem Mitarbeiter eine klare Aussage ab: Ja oder Nein?

Beziehung wieder aufbauen

Sie erinnern sich, dass Instrumente nur ihre ganze Wirkung entfalten, wenn sie auch mit der entsprechenden Emotion verbunden sind. Ähnlich wie beim Instrument *Powerbriefing* lebt auch das Korrekturgespräch davon, dass Ihr Mitarbeiter fühlt, dass Sie die neue Regelung ernst meinen. Das bedeutet, dass Sie beim dritten Punkt über Ihre Regelung sehr ernst werden und Ihren Mitarbeiter damit in ein unangenehmes Gefühl führen müssen. Machen Sie das gut, dann hat Ihr Mitarbeiter ein „Erwischt"-Gefühl. Er könnte nun befürchten, dass die Beziehung mit Ihnen eine „Schramme" bekommen hat. Womöglich bindet das aber dann auch ein wenig seine Aufmerksamkeit für die nächste Zeit. Es macht überhaupt keinen Sinn, dass Ihr Mitarbeiter mit diesem Gefühl zurück an den Gast geht. Mit einem Lächeln, einer netten Geste, einem netten Wort oder womöglich einem wohlwollenden Anfassen am Arm senden Sie hier eine erleichternde Botschaft: „Ja, dein Verhalten war gerade nicht in Ordnung. Ich mag dich aber trotzdem!" In Abbildung 3.2 habe ich Ihnen visualisiert, wie ein Korrekturgespräch auf emotionaler Ebene ablaufen könnte.

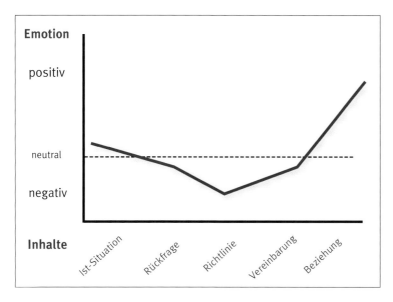

Abb. 3.2: Beispiel für eine Emotionskurve beim Korrekturgespräch

Was sich hier auf dem Papier lange anhört, dauert in der Praxis nicht mehr als eine bis maximal zwei Minuten. Für alles andere ist im laufenden Betrieb auch gar keine Zeit. Dieses Mitarbeitergespräch ist ja wie gesagt eine kurze, wohlwollende, aber klare und deutliche Korrektur. Das hat mit einer „Mitarbeiterdiskussion" nichts zu tun. Sollte es in eine Diskussion ausarten, dann ist das eher bezeichnend dafür, dass Ihnen der hier genannte Ablauf nicht gelungen ist. Wie gesagt, auch ein Korrekturgespräch ist anspruchsvoll und wird Ihnen nur sauber gelingen, wenn Sie emotional und inhaltlich ein gutes „Mise en place" hergerichtet haben. Fest steht aber, dass damit die meisten Kritikgespräche überflüssig werden.

Sollte es Ihnen übrigens passieren, dass sich im Punkt 2 bei der Rückfrage nach der Regelung herausstellt, dass Ihr Mitarbeiter die Regelung sehr wohl kennt, dann können Sie das Korrekturgespräch an dieser Stelle beenden. Hier ist jetzt ein Kritikgespräch angebracht. Ein wissentliches Fehlverhalten eines Mitarbeiters, das er auch noch offen zugibt, ist aber möglicherweise ein Warnsignal dafür, dass es zwischen Ihnen und Ihrem Mitarbeiter ein grundsätzlich(er)es Problem gibt. Darauf werde ich noch einmal im vierten Kapitel zurückkommen. Überprüfen Sie in so einem Fall den Kontakt zu Ihrem Mitarbeiter und insbesondere, ob vielleicht Mängel herrschen, wie Sie in Punkt 2.3 über „Klima schaffen" genannt wurden.

Das Kritikgespräch

Es mag unterschiedliche Gründe dafür geben, dass Mitarbeiter vereinbarte Regeln missachten und damit wissentlich „Vertragsbruch" begehen. Der häufigste Grund dafür ist meines Erachtens ein sehr natürlicher: Das Leben ist nun einmal am spannendsten an den Grenzen. Das kann man an jedem Fünfjährigen beobachten. Vielleicht kann man die Sache also grundsätzlich ein wenig sportlich betrachten. Beim Fußball gibt es auch Regeln, und dennoch werden diese Regeln gebrochen. Vielleicht hofft man manchmal darauf, dass es der Schiedsrichter nicht gesehen hat, oder man begeht ein Foul, weil man sich einfach nicht mehr anders zu helfen weiß. Wichtig ist, dass Ihre Mitspieler merken, dass im gastronomischen Alltag mit Ihnen als Schiedsrichter nicht mehr zu spaßen ist, wenn einmal ein Vertrag über Verhalten gebrochen worden ist.

Im Setting unterscheidet sich das Kritikgespräch vom Korrekturgespräch in der Form, dass es nicht mehr im laufenden Arbeitsprozess geführt werden kann. Bitten Sie Ihren Mitarbeiter z. B. ins Büro, in einen geschlossenen Restaurantbereich oder Ähnliches. Findet ein Korrekturgespräch noch unter vier Ohren statt, dann wird jetzt ein Vier-Augen-Gespräch daraus. Indem Sie dem Gespräch damit einen neuen Rahmen geben, unterstreichen Sie gleichzeitig auch die Ernsthaftigkeit. Achten Sie darauf, dass das Setting störungsfrei ist. Wenn jetzt dauernd das Telefon klingelt oder Sie ständig abgelenkt sind, senden Sie an Ihren Mitarbeiter vielleicht die Botschaft, dass Sie wichtig sind, aber nicht, dass Ihnen die Sache wichtig ist.

Führungsinstrument Kritikgespräch

Begeht ein Mitarbeiter einen Regelbruch, dann führen Sie ein Kritikgespräch unter vier Augen nach folgenden sieben Schritten durch:
1. Ist-Situation aus Ihrer Sicht
2. Rückfrage nach dem Grund
3. Gefühl / Emotion ausdrücken
4. Auswirkung des Verhaltens aufzeigen
5. Verweis auf das Ziel
6. Vereinbarung treffen
7. Beziehung wieder aufbauen

Da sich einige Punkte der Vorgehensweise im Korrekturgespräch ähneln, möchte ich hier nicht jeden Punkt neu auflisten, sondern anhand eines Beispiels verdeutlichen, wie der Ablauf in einem Kritikgespräch sein könnte. Im Anschluss werde ich noch ein paar Unterscheidungspunkte näher betrachten. Nehmen wir einfach wieder das Beispiel mit dem frischen Orangensaft von Seite 160. Sie haben eine Woche nach Ihrem Korrekturgespräch gesehen, wie der gleiche Mitarbeiter wieder ein Glas frischen Orangensaft trinkt, und ihn nach Serviceende in Ihr Büro bestellt:

Chef: „Ich habe Sie heute am Nachmittag gesehen, wie Sie entgegen unserer Vereinbarung von letzter Woche wieder ein Glas frischen Orangensaft getrunken haben. (1) Was hält Sie davon ab, unsere betrieblichen Vereinbarungen einzuhalten?" (2)

Mitarbeiter: „Es tut mir leid. Frischer Orangensaft wurde heute nur wenig bestellt, und ich dachte, wir schütten den Rest heute Abend eh weg."

Chef: „Okay, ich verstehe zwar, was Sie meinen, dennoch haben wir eine klare Vereinbarung über Mitarbeitergetränke getroffen. Wenn Sie so eine Vereinbarung dann eine Woche später wieder brechen, dann ärgert mich das. (3) Sie stellen sich damit über Ihre Kollegen, die sich an die Regelungen halten. Das kann und werde ich nicht einfach so akzeptieren. (4) Unser Ziel ist, für alle Mitarbeiter Bedingungen zu bieten, bei denen das Arbeiten Spaß macht. Mit Ihrem Verhalten stören Sie diese Bedingungen. Durch so ein Verhalten werden wir dieses Ziel womöglich nicht erreichen. (5) Kann ich mich darauf verlassen, dass Sie zukünftig unsere Vereinbarungen einhalten werden?" (6)

Mitarbeiter: „Ja, darauf können Sie sich verlassen."

Chef (mit einem Lächeln): „Vielen Dank! Dann können wir diese Geschichte einfach wieder vergessen, oder?" (7)

Im Kritikgespräch ist es für die meisten Führungspersönlichkeiten schwer, eine andere Frageform zu finden, als „Warum tun Sie das?" Weiter oben haben wir aber die Warum-Frage bereits ausgeschlossen. In diesem Fallbeispiel finden Sie schon einmal eine Ersatzvariante dafür. Eine weitere Formulierung könnte sein: „Wie begründen Sie Ihr Verhalten entgegen unserer Vereinbarung?" Oder: „Was ist passiert, dass Sie Ihrem Versprechen von letzter Woche nicht mehr nachkommen?" Ein Knackpunkt des Kritikgesprächs ist sicherlich der Punkt 3: „Emotionen ausdrücken". Die Wirksamkeit des Gesprächs wird dadurch erreicht, dass Sie Ihren Mitarbeiter in ein schlechtes Gefühl führen. Im oberen Fallbeispiel habe ich das Gefühl „Ärger" gewählt, weil es den meisten Führungspersönlichkeiten nicht schwerfallen wird, diese Emotion glaubhaft im Gespräch auszudrücken. So wird es dann auch für den Mitarbeiter spürbar, frei nach dem Motto: Wer nicht hören will, muss fühlen! Aber auch Sätze wie z. B.: „Das macht mich traurig, wenn ich mich auf solche Vereinbarungen nicht verlassen kann!", oder: „Ich bin enttäuscht, wenn Sie sich nicht an getroffene Vereinbarungen halten!" usw. können die gleiche Wirkung haben. Lassen Sie solchen Sätzen dann eine kurze Pause folgen, damit diese ihre ganze Wirkung entfalten können. Die Handlungsrelevanz nach so einem Kritikgespräch ergibt sich vor allem daraus, dass Ihr Mitarbeiter zukünftig vermeiden möchte, dieses schlechte Gefühl noch einmal bei einem Gespräch mit Ihnen zu erleben. Die Emotionskurve für ein Kritikgespräch habe ich Ihnen wieder in folgender Grafik visualisiert.

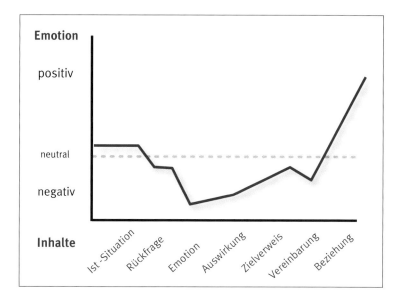

Abb. 3.3: Beispiel für eine Emotionskurve beim Kritikgespräch

Mir wurde einmal in einem Führungsseminar die Frage gestellt, wie oft man nun dieses Kritikgespräch führen „müsse", bevor man dann „Konsequenzen ziehen soll". Ich glaube, dass man dafür keine allgemeine Regel setzen darf. Fest steht aber, dass es ein zweites Kritikgespräch über die gleiche Sache eigentlich nicht mehr geben kann. Sie können nämlich davon ausgehen, dass Ihre Regelung sowie die Ernsthaftigkeit dahinter bei Ihrem Mitarbeiter angekommen sein muss. Wenn mir also jemand erzählt, dass er schon zwei Kritikgespräche über die gleiche Sache gehalten habe, dass aber immer noch keine Auswirkung zu sehen seien, dann stelle ich in Frage, ob es hier überhaupt um die Sache geht. Anders gesagt: Würde in oberen Beispiel der Mitarbeiter nächste Woche wieder frischen Orangensaft trinken, kann ich davon ausgehen, dass es wahrscheinlich nicht mehr wirklich um Orangensaft geht. Viel mehr sagt dieses Verhalten etwas darüber aus, wie dieser Mitarbeiter zu mir als Chef bzw. zum Betrieb steht. Das bedeutet, dass das nächste

Gespräch nicht mehr um Orangensaft geführt werden muss, sondern auf den Tisch muss, worum es eigentlich geht. Aus solchen Gesprächen entstehen dann meines Erachtens erst Konsequenzen bzw. neue Vereinbarungen.

Ich glaube nicht daran, dass in Ihrem Führungsalltag schärfere Instrumente bei Regelbrüchen erforderlich sind. Korrektur- und Kritikgespräche sind vergleichbar mit kleinen scharfen Gemüsemessern. Wenn Sie sich hingegen ein Hackbeil erwartet haben, werden Sie vielleicht enttäuscht sein. Bei Letzterem müssen Sie aber viel Kraft einsetzen, was gegen meine Überzeugung steht, dass es eben „nur leicht geht". Mitarbeitergespräche leben meiner Meinung nach von Klarheit und nicht vom Druck. Nicht, dass bei Ihnen nun der Eindruck entstanden ist, alles müsste in möglichst harmonischer Einheit stattfinden. Dann würde vielleicht auch noch fehlen, dass Sie nach einem Kritikgespräch ein paar Räucherstäbchen im Büro abbrennen lassen, um letzte „kosmische Störungen" zu vertreiben. Nein! Letzte Konsequenz bedeutet, dass Sie sich womöglich auch von Mitarbeitern trennen müssen, die nicht bereit sind, festgelegte Regeln einzuhalten.

Das Coachinggespräch

Glücklicherweise bezieht sich aber nicht jedes Mitarbeitergespräch auf Ihre Führungsaufgabe „Richtlinien bestimmen". Sie arbeiten ja nicht in einem sibirischen Strafgefangenenlager, sondern wahrscheinlich in einem Gastronomie- oder Hotelbetrieb. Aus anderen Führungsaufgaben wie Ziele definieren, Befähigen und Feedback geben leiten sich deshalb weitere Mitarbeitergespräche ab. Ein Teil dieser Aufgaben bezieht sich ja auf die Zukunft Ihrer Mitarbeiter. Oftmals ist es erforderlich, dass Sie Mitarbeiter entweder auf diesen Weg in die Zukunft bringen oder sie ein Stück auf diesem Weg begleiten.

Der Begriff *Coachinggespräch* (Englisch: coach = Kutsche) ist hierfür meines Erachtens die perfekte Wahl. Das Wort Coaching umschreibt im Führungskontext ja eine Art Wegbegleitung. Wenn Sie nicht nur Führungspersönlichkeit, sondern auch Coach sein möchten, gehen Sie damit einen sehr modernen und auch menschlichen Weg im Führungsalltag. Coaching ist aber nicht nur eine moderne Grundhaltung, sondern eine konkrete Methode, um mit Mitarbeitern zu kommunizieren. Im vierten Kapitel werde ich darauf noch näher eingehen. Das dazugehörige Coachinggespräch als Führungsinstrument möchte ich Ihnen aber jetzt schon vorstellen. Auch hierbei ist es wieder erforderlich, zu überlegen, in welchen Situationen ein Coachinggespräch die richtige Wahl ist. Hier eine leichte Auswahlregel: Immer wenn Sie sich ein anderes Verhalten von Ihrem Mitarbeiter oder für Ihren Mitarbeiter *wünschen,* eine Verhaltensänderung womöglich auch gerne vorschlagen möchten, Sie diese Änderung aber *nicht* mit einer Richtlinie bestimmen können, liegen Sie mit diesem Instrument richtig. Ich sage das an dieser Stelle noch einmal so deutlich, weil man dadurch auch ein „kleines Fragezeichen" hinter ein Coachinggespräch setzen kann.

Manche Chefs stellen Mitarbeiter zwar ein, zeigen dann aber tagtäglich, dass sie diese Mitarbeiter eigentlich doch lieber ganz anders hätten und deshalb ständig an ihnen „rumbohren" müssen. Ein Vorschlag (englisch: suggestion) hat natürlich immer etwas Suggerierendes und damit Manipulatives. Wenn Sie ein Coachinggespräch führen, weil Sie für Ihren Mitarbeiter etwas Gutes tun wollen, ist daran nichts Schlimmes. Wählen Sie dieses Instrument aber nur, um sich selbst etwas Gutes zu tun, dann würde ich das noch einmal überdenken. Wenn Sie ständig an sich arbeiten, um besser zu werden, dann ist das redlich und beachtlich. Das berechtigt Sie aber noch lange nicht dazu, an Mitarbeiter folgende Botschaft zu suggerieren: „Du bist auch nur okay, wenn du dich ständig verbesserst", und damit Ihr eigenes Weltbild auf die restliche Menschheit übertragen.

Vorausgesetzt, dass Sie diesen Punkt im Hinterkopf behalten, ist ein Coachinggespräch ein sehr schönes und wirkungsvolles Führungsinstrument. Hier ein paar Beispiele für passende Situationen: Eine Mitarbeiterin an der Rezeption ist Gästen gegenüber eher zurückhaltend oder schüchtern; ein Servicemitarbeiter bleibt mit seiner Leistung hinter den Kollegen zurück; ein Küchenmitarbeiter kommt nicht wirklich in guten Kontakt mit seinen Kollegen; eine Ausgabekraft hat einen Konflikt mit einer Kollegin; ein Veranstaltungsmitarbeiter hat Probleme damit, seinen Arbeitsablauf zu organisieren; der stellvertretende Restaurantleiter könnte zum Restaurantleiter aufsteigen usw.

Das Setting für ein Coachinggespräch kann, ähnlich wie bei einem Kritikgespräch, natürlich bei Ihnen im Büro stattfinden. Bedenken Sie aber, dass Sie in Ihrem Büro natürlich den „Vorsitz" haben, weil das Büro Ihr Hoheitsgebiet ist. Die Botschaft eines Coachinggesprächs ist ja, dass Sie wohlwollend hinter Ihrem Mitarbeiter stehen. Ein eher informelles Setting, beispielsweise bei einer gemütlichen Tasse Kaffee im Hoheitsgebiet Ihres Mitarbeiters oder auf ganz neutralem Grund würde diesen Gedanken noch mehr unterstreichen. Was sich noch im Vergleich zu den bisherigen Gesprächsarten verändert, ist der Redeanteil. Beim Coachinggespräch liegt der Hauptredeanteil beim Mitarbeiter und nicht mehr bei Ihnen. Schließlich wollen Sie Ihren Mitarbeiter ja nicht über-reden …

Führungsinstrument Coachinggespräch

Wenn Sie Mitarbeiter in der eigenen Entwicklung unterstützen möchten, dann starten Sie diesen Prozess mit einem Coachinggespräch nach folgenden sieben Schritten:

1. Ist-Situation aus Ihrer Sicht
2. Rückfrage nach dem Eigenbild
3. Einverständnis zur Veränderung
4. Alternativen erarbeiten
5. Hilfestellung anbieten
6. Einwände abfragen
7. Vereinbarung treffen

Ist-Situation aus Ihrer Sicht

Wie alle Mitarbeitergespräche beginnt auch das Coachinggespräch wieder mit Ihrer Sicht. Sagen Sie Ihrem Mitarbeiter, wie Sie ihn sehen, wo Sie glauben, dass Veränderungspotenzial vorhanden oder für Sie wünschenswert wäre. Eventuell können Sie diesen Punkt komplett mit einem Vier-Punkte-Feedback starten, wie das im Abschnitt 2.7 beschrieben ist.

Rückfrage nach dem Eigenbild

Eigenbild und Fremdbild unterscheiden sich oftmals dramatisch. Woran das liegt, wissen Sie bereits aus dem Abschnitt 1.1 über die verschiedenen Modelle der Welt. Für die weitere Vorgehensweise ist es aber unumgänglich, dass Sie auch das Eigenbild Ihres Mitarbeiters kennen und verstehen. Fragen wie z. B.: „Wie sehen Sie das?" oder „Sehen Sie sich in solchen Situationen genauso?" führen dazu, dass Sie etwas über das Eigenbild Ihres Mitarbeiters erfahren.

Einverständnis zur Veränderung

Wie bereits erwähnt, ist die entscheidende Frage nicht, ob Sie Ihren Mitarbeiter verändern möchten, sondern ob er oder sie das selbst möchte. Eine Grundregel des Coachings heißt, dass es ohne Auftrag kein Coaching geben darf. Wer also als Führungspersönlichkeit denkt, dass er als seine Mitarbeiter wüsste, was gut für sie ist, der braucht selbst ein Coaching. Folgende Formulierungen sind hier z. B. möglich: „Möchten Sie diesen Punkt denn verändern?" – „Möchten Sie denn an diesem Punkt arbeiten?" – „Möchten Sie in diesen Situationen denn besser werden?" Wenn Sie bei diesen Fragen ein eindeutiges Nein bekommen, dann ist das Coachinggespräch an dieser Stelle beendet.

Alternativen erarbeiten

Wer sein Verhalten verändern möchte, muss Alternativen zu seinem bisherigen Verhalten zur Verfügung haben. Die Frage ist also, was Ihr Mitarbeiter tun könnte, wie er sich ersatzweise verhalten könnte, um eine Situation XY zu verändern bzw. zu verbessern. Fragen wie z.B.: „Was tun Sie bisher?" und dann: „Was könnten Sie stattdessen tun, um die Situation zu verändern?" lösen diesen Prozess aus. Aber Vorsicht! Die Gefahr ist groß, dass Sie Ihren Mitarbeiter, Ihre Mitarbeiterin jetzt belehren und tolle Vorschläge für die Veränderung machen. *Die Vorschläge für Alternativen müssen aber von Ihrem Mitarbeiter kommen.* Sonst übernehmen Sie ja die Verantwortung dafür, ob die Veränderung klappt oder nicht. Halten Sie sich mit klugen Ratschlägen also zunächst lieber zurück! Lassen Sie Ihren Mitarbeiter ruhig zwischen drei und fünf Alternativen und Handlungsvarianten erarbeiten. Im Anschluss können Sie dann immer noch erzählen, wie Sie selbst mit solchen Situationen umgehen. Aber selbst das muss dann eher einen informativen als einen belehrenden Charakter haben. Entscheidet Ihr Gegenüber, dass er eine Ihrer Vorgehensweisen selbst einmal ausprobieren möchte, dann ist das wieder seine Sache.

Hilfestellung anbieten

Der Spruch „Bei uns werden Sie geholfen", darf ruhig bei irgendwelchen B-Prominenten bleiben. Natürlich unterstützen Sie Ihren Mitarbeiter. Aber auch das nur, wenn er das will. Ob und an welcher Stelle, muss also Ihr Mitarbeiter entscheiden. Die Frage: „Möchten Sie, dass ich Sie dabei unterstütze?" oder: „Wünschen Sie sich von mir Hilfestellung in diesem Prozess und wenn ja, wo?" drücken diesen Punkt aus. Wer gerne unbedingt Retter sein möchte, kann möglicherweise bei der Feuerwehr oder im Sozialdienst Erfüllung finden, aber nicht als Führungspersönlichkeit in Gastronomie und Hotellerie.

Einwände abfragen

Menschen sind in solchen Gesprächen oftmals bereit, schnell Zusagen zu machen, ohne sich ganz bewusst zu sein, welche Auswirkungen eine Verhaltensänderung sonst noch haben wird. Hat der Mitarbeiter beispielsweise nicht bedacht, dass er womöglich zukünftig eine halbe Stunde mehr Zeit für seine Arbeit aufwenden muss, dass sein neues Verhalten eventuell bei den Kollegen nicht gut ankommt, dass er durch einen Positionswechsel kein Trinkgeld mehr bekommt usw., dann könnte ihn das daran hindern, dass eine Verhaltensänderung trotz Zusage auch tatsächlich vollzogen wird. Mit folgender Frage helfen Sie Ihrem Mitarbeiter dabei, noch einmal seine Zusage zu überprüfen: „Gibt es denn in Ihrem Arbeits- oder privaten Umfeld Dinge oder Umstände, die Sie noch davon abhalten könnten, die von Ihnen gewählten Alternativen tatsächlich umzusetzen?"

Vereinbarungen treffen

Wie in den anderen Gesprächsformen bekommt auch das Coachinggespräch erst durch die gemeinsame Vereinbarung eine gewisse Verbindlichkeit. Wiederholen Sie die genannten alternativen Verhaltensweisen und einen konkreten Zeitpunkt, bis wann diese Verhaltensänderung vollzogen sein wird. Dieser „Vertrag" als Ergebnis eines Coachinggesprächs wird zu einer Zielvereinbarung. Folgende Formulierungen drücken diesen Punkt beispielsweise aus: „Ich habe das so verstanden, dass Sie also A, B, und C umsetzen werden, um die Situation XY zu verändern. Bis wann wird das neue Verhalten eingeübt, die neue Position eingenommen, die Situation für Sie geklärt sein?"

Eine Visualisierung der Emotionskurve ist bei dieser Gesprächsform überflüssig. Bei einem Coachinggespräch als wohlwollende unterstützende Maßnahme haben negative Emotionen nichts verloren. Gute Gefühle als Hinzu-Motivation bilden die psychologische Dynamik hinter diesem Instrument. Die sokratische Weisheit: „Wer fragt, der führt!", gewinnt übrigens für Sie als Führungspersönlichkeit speziell im Coachinggespräch eine wortwörtliche Wahrheit. Ich hatte ja bereits angekündigt, dass Ihr Gesprächsanteil in diesem Führungsinstrument eher gering ist. Wenn Sie sich die einzelnen Punkte des Coachinggesprächs noch einmal betrachten, wird Ihnen auffallen, dass Sie eigentlich nur Fragen stellen und Ihrem Mitarbeiter damit helfen, seine Situation selbst zu verbessern. Das ist im Kern der Punkt, der Sie in diesem Gespräch daran hindert, anderen Menschen eigene Lebensweisheiten zu suggerieren. Das ist ja auch nicht der Job eines Coachs, sondern der eines Gurus!

Damit haben Sie drei sehr wirkungsvolle Führungsinstrumente in Ihrem Werkzeugkoffer, mit denen Sie sehr geschickt steuern können. Natürlich dürfen Sie mit diesen Instrumenten auch spielen und eigene Varianten entwickeln. Roter Faden bedeutet ja, dass Sie kein Gespräch mehr nach „Versuch und Irrtum" führen, sondern strategisch vorgehen. Wenn in diesem Sinne beispielsweise in einem Ihrer Kritikgespräche der Punkt „Verweis aufs Ziel" einmal fehlen sollte, dann ist das nicht so schlimm. Die von mir vorgeschlagenen Muster sind Beispiele in „Reinform", die nicht alle möglichen Situationen im Führungsalltag abbilden können. Ich gebe aber zu bedenken, dass „Freeflow" oder besser „Freestyle" in Mitarbeitergesprächen mit Professionalität nichts zu tun hat. Das wäre das Gleiche, als würden Sie sich das erste Mal an ein Klavier setzen, auf die Tasten einhauen und dann sagen: „Das ist eben Jazz …" Meines Erachtens ist das kein Jazz, sondern Mist! Jazzmusiker sind Menschen, die ihr Instrument perfekt beherrschen.

3.3 Konflikte lösen

Weisheit entsteht erst aus der Fähigkeit, Dinge aus drei verschiedenen Positionen heraus zu betrachten!

Gregory Bateson

Speziell beim Punkt „Hilfe anbieten" im letzten Abschnitt ist klar geworden, dass „Retter" zu sein nicht zu den Aufgaben von Führungspersönlichkeiten zählt. Im Kapitel über Führungsaufgaben ist auch weder vom Retten noch von Erziehungsfunktionen die Rede. Erwachsene Menschen müssen ihre Probleme und Konflikte selbst lösen. Das bedeutet aber nicht, dass Sie Ihre Mitarbeiter mit deren Problemen und Konflikten im Regen stehen lassen sollen. Mit dem Coachinggespräch haben Sie ja bereits ein Instrument in Ihrem „Werkzeugkoffer", das praktisch eine „Hilfe zur Selbsthilfe" bietet, ohne Ihren Mitarbeiter aus der eigenen Verantwortung zu entlassen. Eine ähnliche Vorgehensweise empfehle ich Ihnen auch bei der Bewältigung von Teamkonflikten: Nicht Sie lösen Konflikte, sondern Sie unterstützen Ihre Mitarbeiter dabei, ihre Konflikte zu lösen.

Abgesehen vom Instrument Konfliktlösungsgespräch, das ich Ihnen in diesem Abschnitt vorstellen möchte, haben Sie noch eine zusätzliche Möglichkeit, auf Teamkonflikte unterstützend einzuwirken: Sie können Ihrer in Abschnitt 2.5 genannten Führungsaufgabe nachkommen und für die Konfliktgegner im Team eine neue Richtlinie bestimmen. Sagen Sie dazu, dass Sie offene Konflikte nicht akzeptieren werden und von den Partnern eine Lösung erwarten. Konflikte stören das ganze Team und binden unnötig Ressourcen!

Praxistipp Nr. 35
Behandeln Sie Ihre Mitarbeiter wie Erwachsene und nicht wie Kinder! Bieten Sie Hilfe an, ohne Ihren Mitarbeitern Probleme oder Konflikte und damit die Verantwortung abzunehmen.

Ich halte es für sehr sinnvoll, wenn Ihre Strategie zur Bewältigung von Teamkonflikten zwei Dinge berücksichtigt. Wenn z. B. im Restaurant irgendwo ein Nagel heraussteht, könnte es sein, dass Sie sich im Vorbeigehen eine blutende Wunde zuziehen. Dann werden Sie zwei Schritte unternehmen: Sie werden zum einen ein Pflaster über die Wunde kleben und zum zweiten hoffentlich den Nagel herausziehen, damit sich nicht der Nächste auch noch daran verletzt. Auch bei Teamkonflikten ist ja der eine oder andere schnell verletzt. Ich schlage deshalb vor, dass wir zunächst den „Nagel entfernen" und damit die Ursache bearbeiten und dann mit einem Konfliktlösungsgespräch ein Pflaster über die Wunden kleben.

Sehr tiefgreifend müssen wir an dieser Stelle nicht mehr nach den Ursachen von Konflikten suchen. Im Abschnitt 1.1 habe ich bereits die These aufgestellt, dass wohl die subjektive Wahrnehmung die „Mutter aller Konflikte" ist. Hier nur noch eine kurze „Auffrischung": Wir Menschen sehen die Welt nicht so, wie sie ist, sondern wir *konstruieren* uns unsere Welt. Jeder hat also eine eigene Weltsicht, die nicht nur getilgt, verzerrt und generalisiert ist, sondern auch noch von der Erziehung, den eigenen Erfahrungen und Erwartungen usw. abhängt. Der Begriff „wahrnehmen" sagt aber aus, dass Menschen ihre eigene Weltsicht für richtig und wahr halten. Sieht jemand dann etwas anders als ich, muss er es aus meiner Sicht demnach falsch sehen. Das Problem ist nur, dass dieser Umstand nicht nur Konflikte vorprogrammiert, sondern auch noch normal ist. So gesehen haben wir eigentlich ein Art „Grund-Nagel", der irgendwo heraussteht und an dem sich sehr viele Menschen ständig blutende Wunden zuziehen. Helfen würde sofort der kluge Satz von Gregory Bateson vom Beginn dieses Abschnitts. Ein einfacher Perspektivenwechsel würde dazu führen, dass wir die Welt nicht mehr nur ego-zentrisch (das Ich im Zentrum meiner Weltsicht) betrachten, sondern auch andere Wahrnehmungen zulassen. Die drei Perspektiven, die Gregory Bateson vorschlägt, sind übrigens Folgende:

▶ Wie sehe ich eine Situation? Wie stellt sich das für mich dar (Position 1)?

▶ Wenn ich mich nun in die Lage meines Gegenübers hineinversetze, wie sehe ich dann die Situation, praktisch durch seine Brille? Wie würde es sich für mich darstellen, würde ich das Leben meines Gegenübers führen (Position 2)?

▶ Wäre ich ein neutraler Beobachter, also ein Außenstehender, wie stellt sich die Situation dann für mich dar? Was passiert da gerade? Was würde ich den Kontrahenten in dieser Situation wünschen (Position 3)?

Die meisten Konflikte wären wahrscheinlich durch so eine Vorgehensweise sofort gelöst. Ein Blick in die Tageszeitung zeigt aber, dass wir Menschen von so einer Form des Miteinanders noch weit entfernt sind und dass, bis wir so weit sind, Konflikte wohl noch an der Tagesordnung bleiben müssen. Für Ihren Führungsalltag möchte ich Ihnen aber zumindest ein kommunikatives „First-Aid-Kit" ans Herz legen, das eine gute Basis in Ihrem Team schaffen könnte. Dazu aber erst ein Beispiel, das ich bei einem Auftrag in einem Restaurantbetrieb erlebt habe.

Ich wurde hinzugezogen, weil in diesem Team aufgrund vieler offener und unterschwelliger Konflikte ein vernünftiges Arbeiten nahezu nicht mehr möglich war. Um herauszufinden, was der Auslöser dieser Situation war, habe ich einen Tag in diesem Team gearbeitet und mir somit als neutraler Beobachter (Position 3) angesehen, wie im Team miteinander kommuniziert wurde. Dabei hat sich ein interessantes Muster herausgestellt: An vielen Stellen haben die Teammitglieder in drei wiederkehrenden Punkten miteinander kommuniziert. Aus diesem Grund habe ich diese Form der Kommunikation „*3-Punkte-Pattern*" genannt. Das Wort „Pattern" (englisch für: Muster) wird in der Psychologie übrigens verwendet, wenn es in Verhalten oder Kommunikation Punkte gibt, die sich ständig in gleicher oder ähnlicher Form wiederholen. Hier das 3-Punkte-Pattern:

1. Wahrnehmung
2. Schlussfolgerung
3. Verhaltensanpassung

Das sieht in der Praxis dann so aus: Ein Mitarbeiter sieht beispielsweise, dass sein Chef morgens zur Tür hereinkommt und ihn nicht anlächelt *(Wahrnehmung)*. Er deutet das so, dass der Chef ihn nicht mag *(Schlussfolgerung)*. Der Mitarbeiter beschließt, den Chef zukünftig auch nicht mehr anzulächeln *(Verhaltensanpassung)*. Dieses Spiel funktioniert natürlich auch untereinander: Der Mitarbeiter kommt morgens zum Dienst und stellt fest, dass der Spätdienst die Servicestation nicht aufgefüllt hat. *(Wahrnehmung)*. Das bedeutet wohl, dass die Kollegen keinen Bock haben und ihn ärgern wollen *(Schlussfolgerung)*. Der Mitarbeiter beschließt, zukünftig auch seinen Arbeitsplatz unvollständig zu verlassen *(Verhaltensanpassung)* ...

Wahrscheinlich können Sie sich schon ausmalen, dass es bei einem gelebten „3-Punkte-Pattern" nicht lange dauern kann, bis in solchen Teams die Konflikte eskalieren. Eine Lösung könnte hier frei nach dem Grundsatz: „Fehler zeigen auf, was fehlt!" erfolgen. An welcher Stelle fehlt in diesem Kommunikationsmuster etwas? Ich glaube, zwischen Wahrnehmung und Schlussfolgerung! Nachdem Wahrnehmung, wie schon weiter oben erwähnt, nicht die Realität abbildet, sondern subjektiv ist, kann auch die Schlussfolgerung nur eine subjektive Konstruktion sein. Mit anderen Worten: Die Schlussfolgerung ist in vielen Fällen einfach nur falsch. Bevor jemand also aufgrund seiner Wahrnehmung eine Schlussfolgerung zieht, wäre es doch geschickt, die Wahrnehmung noch einmal zu überprüfen. Wenn Sie den Punkt „Rückmeldung" dem oben genannten Pattern hinzufügen, ergibt sich praktisch ein „4-Punkte-Pattern".

Nehmen wir also noch einmal oben genanntes Beispiel über den Chef, der morgens reinkommt und den Mitarbeiter nicht anlächelt. Der Mitarbeiter müsste nach dieser Wahrnehmung zunächst eine Rückmeldung an den Chef geben wie z. B.: Sie lächeln morgens so selten, liegt das denn an mir?" Würde der Chef jetzt antworten: „Ja, ich mag Sie eben nicht!", könnte dieser Mitarbeiter immer noch seine Schlussfolgerung daraus ziehen und sein Verhalten entsprechend anpassen. Ich vermute aber, dass die Antwort vom Chef in der Realität ganz anders aussehen würde. Viel wahrscheinlicher würde er sagen: „Nein, natürlich liegt das nicht an Ihnen. Ich war gerade in Gedanken bei einer Problemlösung. Ich werde aber ab morgen darauf achten", und der Konflikt wäre sofort gelöst. Natürlich gibt es auch vielfältige Möglichkeiten, warum, wie im zweiten Beispiel, der Spätdienst die Servicestation nicht aufgefüllt hat. Das muss ja nicht daran liegen, dass die Kollegen „keinen Bock" haben. Die genaue Ursache kann man aber sofort mit einer Rückmeldung klären. Ich empfehle Ihnen, dieses Vier-Punkte-Pattern" anzuwenden und Ihren Mitarbeitern als Kommunikationsmuster ans Herz zu legen.

Führungsinstrument Vier-Punkte-Pattern

Bringen Sie Ihren Mitarbeitern konfliktfreie Kommunikation bei. Diese findet in vier Schritten statt:

1. Wahrnehmung
2. *Rückmeldung*
3. Schlussfolgerung
4. Verhaltensanpassung

Achten Sie darauf, dass es sich bei der Rückmeldung um eine Ich-Botschaft handelt und dass auch die eigenen Gefühle mit ausgedrückt werden.

Den konfliktfreien Charakter von Ich-Botschaften kennen Sie ja bereits aus Abschnitt 2.7. Es gibt aber einen weiteren Gedanken, der dieses Kommunikationsmuster noch verfeinert. Marshall B. Rosenberg schlägt in seinem Bestseller *Gewaltfreie Kommunikation* vor, in konfliktträchtigen Situationen die eigenen Gefühle auszudrücken. Das hilft dem anderen dabei, einen Perspektivenwechsel vorzunehmen und sein Gegenüber besser zu verstehen (Position 2). Bei oben genanntem Beispiel über die nicht aufgefüllte Servicestation könnte die Rückmeldung der Frühschicht demnach so aussehen: „Lieber Kollege XY, ich bin heute Morgen in den Dienst gekommen und habe eine leere Servicestation vorgefunden (Wahrnehmung). Bei mir hat das gleich beim Dienstbeginn zu Frust und Ärger geführt. Was hat denn gestern dazu geführt, dass du die Servicestation nicht mehr aufgefüllt hast?" (Rückmeldung mit Ausdruck der Gefühle)

Sie können mit diesem kommunikativen „First-Aid-Kit" zwar nicht alle Konflikte vermeiden, aber zumindest auf eine minimale Anzahl reduzieren. Kommt es dennoch zwischen Teammitgliedern zum Konflikt, gelingt es den Konfliktpartnern oftmals nicht mehr, eine gemeinsame Ebene herzustellen. Die Rolle der Führungskraft ist in so einem Fall dann nicht die des „Kindergärtners", sondern die des Vermittlers (Mediator). Das dazu erforderliche Instrument heißt Konfliktlösungsgespräch.

Führungsinstrument Konfliktlösungsgespräch

Besteht ein Konflikt zwischen zwei Parteien, dann führen Sie ein Konfliktlösungsgespräch nach folgenden sieben Schritten. Ihre Rolle in diesem Gespräch ist die des Vermittlers:

1. Ist-Situation aus Ihrer Sicht
2. Verhandlungsbereitschaft klären
3. Sichtweisen getrennt abfragen
4. Bisheriges Verhalten erfragen
5. Trennen von Verhalten und Absicht
6. Alternative Verhaltensweisen erarbeiten
7. Vereinbarung treffen

Das Setting für Konfliktlösungsgespräche muss berücksichtigen, dass diese unter Umständen auch einmal etwas länger dauern können. Stellen Sie sich dieses Instrument dazu wie eine „nicht-öffentliche Verhandlung" vor. Das bedeutet, dass das Gespräch unter Ausschluss von Unbeteiligten z.B. im Büro, im leeren Gastraum oder in einem Konferenzraum stattfinden muss. Achten Sie darauf, dass so eine Verhandlung in einem wertschätzenden Klima stattfindet. Damit vermeiden Sie, dass die Konfliktgegner im Gespräch „übereinander herfallen". Sollte das dennoch passieren, müssen Sie eine Ihrer Führungsaufgaben übernehmen und eine Richtlinie über die Art und Weise der Verhandlung bestimmen.

Ist-Situation aus Ihrer Sicht

Sagen Sie Ihren Mitarbeitern, wie Sie die Situation wahrnehmen. Machen Sie an dieser Stelle auch deutlich, welche Auswirkungen dieser Konflikt auf das restliche Team oder auf das Arbeitsergebnis hat. Insofern Sie noch nicht ausgedrückt haben, dass Sie solche Konflikte nicht akzeptieren werden, ist dies die richtige Stelle, das zu tun.

Verhandlungsbereitschaft klären

Hinterfragen Sie nun zunächst, ob beide Partner bereit sind, jetzt über diesen Konflikt zu verhandeln. Besteht gerade ein hohes negatives Emotionslevel, müssten Sie die Verhandlung womöglich vertagen. Unter Umständen sind die Konfliktgegner auch nicht bereit, die Verhandlung mit Ihnen als Mediator zu führen. In dem Fall müssten Sie diese Aufgabe an eine dritte Person delegieren.

Sichtweisen getrennt nachfragen

Fragen Sie die Konfliktgegner nacheinander nach deren Wahrnehmung, also danach, wie sich die Situation für jeden aus seiner oder ihrer Sicht darstellt. An dieser Stelle ist Ihr Geschick als Mediator gefragt. Oftmals neigen die Konfliktgegner jetzt dazu, sich gegenseitig Vorwürfe zu machen oder dem anderen die Verantwortung für den Konflikt zuzuweisen. Das verschlechtert aber nur das Gesprächsklima und hemmt die Lösungsbereitschaft. Unterbrechen Sie solche Vorwürfe deshalb wohlwollend, aber bestimmt.

Bisheriges Verhalten erfragen

Fragen Sie nun beide Konfliktgegner nacheinander, wie sie mit der Situation bisher umgegangen sind. Was waren also die Verhaltensanpassungen aufgrund des Konflikts. Wie war der Umgangston miteinander? Wie wurden Arbeiten ausgeführt, die direkt die Gegenpartei betroffen haben? Sind diese Informationen auf dem Tisch, dann fragen Sie jede Partei einzeln, was sie mit dem bisherigen Verhalten versucht hat zu erreichen.

Trennen von Verhalten und Absicht

Hier kommt der entscheidende Punkt in jedem Konfliktlösungsgespräch. Die Absicht der Konfliktgegner ist ja, dass mit der eigenen negativen Verhaltensanpassung versucht wird, die Gegenpartei dazu zu bringen, mit dem aus eigener Sicht unerwünschten Verhalten aufzuhören. Stellen Sie beispielsweise die Frage: „Erreichen Sie mit Ihrem bisherigen Verhalten denn, dass der andere abstellt, was Sie stört?" Oder: „Trägt Ihr bisheriges Verhalten dazu bei, die Situation zu verbessern oder zu verschlimmern?" An dieser Stelle wird dann jedem Konfliktgegner sehr schnell klar, dass mit der bisherigen eigenen Verhaltensstrategie die Absicht, also das Ziel, den anderen zu verändern, verfehlt wird. Erst mit diesem Schritt, also mit der Bankrotterklärung des bisherigen Verhaltens auf beiden Seiten des Konflikts, schaffen Sie Raum für Verhaltensalternativen.

Alternative Verhaltensweisen erarbeiten

Fragen Sie nun die beiden Parteien getrennt voneinander, was denn andere, geeignetere Verhaltensmöglichkeiten wären, um zukünftig mit der Situation umzugehen und um mit dem anderen wieder in guten Kontakt zu kommen. Hat der Koch z. B. dem Servicemitarbeiter bisher glühend heiße Teller in die Hand gedrückt, dann hat das sicher nicht dazu beigetragen, dass der andere die Essen künftig etwas früher abruft. Lassen Sie jede Partei ruhig drei bis fünf neue Verhaltensweisen entwickeln, auch wenn das ein wenig dauert. Immerhin muss man dafür auch ein bisschen nachdenken. Dummes Verhalten hingegen schafft man auch völlig gedankenlos ...

Vereinbarung treffen

Die Vereinbarung über alternative Verhaltensweisen muss nicht mit Ihnen, sondern unter den Konfliktpartnern getroffen werden. Fragen Sie also jeweils den anderen, ob auch für ihn die neuen Umgangsformen eine Lösung darstellen und ob dieser damit einverstanden ist. Die Vereinbarung, die beide Parteien mit Ihnen in Ihrer Rolle als Führungspersönlichkeiten treffen müssen, beantwortet nicht die Frage, *wie* der Konflikt gelöst wird, sondern legt lediglich fest, *dass* der Konflikt gelöst wird! Sie können an dieser Stelle auch eine Probezeit vereinbaren, nach der Sie sich noch einmal in dieser Runde treffen werden, um gemeinsam zu besprechen, welche Auswirkung dieses Konfliktlösungsgespräch auf den Alltag hatte.

Hört sich nicht so leicht an? Ist es auch nicht! So ein Konfliktlösungsgespräch geht aber auch weit darüber hinaus, dass Sie vor zwei Mitarbeitern stehen und sagen: „Jetzt ist es aber gut! Gebt euch mal die Hand und habt euch wieder lieb ..." So einfach funktioniert Problemlösung im gastronomischen Alltag nun einmal nicht. Diese Erfahrung haben Sie aber ganz sicher schon selbst gemacht.

Apropos Problemlösung. Wie sieht es denn mit Ihrem sonstigen Instrumentarium aus, um Probleme zu lösen? Viele Menschen scheinen ja frei nach folgendem Motto durchs Leben zu gehen: „Ich weiß zwar keine Lösungen, kann aber schön über Probleme diskutieren." Solche Menschen nennt man übrigens „Kläger".

3.4 Problemlösungen finden

Ein weiser Mann ritt auf seinem Kamel nach Medina. Unterwegs sah er eine kleine Herde von Kamelen; daneben standen drei junge Männer, die offenbar sehr traurig waren.
„Was ist euch geschehen, Freunde?", fragte er.
Der Älteste antwortete: „Unser Vater ist gestorben."
„Allah möge ihn segnen. Das tut mir leid für euch. Aber er hat euch doch sicherlich etwas hinterlassen."
„Ja", antwortete der junge Mann, „diese siebzehn Kamele. Das ist alles, was er hatte."
„Und was bedrückt euch so sehr daran?"
„Es ist so", erklärte der älteste Bruder. „Sein letzter Wille war, dass ich die Hälfte seines Besitzes bekomme, mein jüngerer Bruder ein Drittel und der jüngste ein Neuntel. Wir haben schon alles versucht, um die Kamele aufzuteilen, aber es geht einfach nicht."
„Ist das alles, was euch bekümmert, meine Freunde?", fragte der weise Mann. „Nun, dann nehmt doch für einen Augenblick mein Kamel, und lasst uns sehen, was passiert."
Von den nunmehr achtzehn Kamelen bekam der älteste Bruder die Hälfte, also neun Kamele; neun blieben übrig. Der mittlere Bruder bekam ein Drittel der achtzehn Kamele, also sechs; jetzt waren noch drei übrig. Und weil der jüngste Bruder ein Neuntel der Kamele bekommen sollte, also zwei, blieb ein Kamel übrig. Es war das Kamel des weisen Mannes. Er stieg wieder auf und ritt weiter und winkte den glücklichen Brüdern zum Abschied lachend zu.

Im Abschnitt 2.4 haben wir den Begriff „Problem" schon gegen den Begriff „Aufgabe" ausgetauscht. Was mag das für eine Sache sein, bei der schon allein das Wort so eine entkräftende Wirkung (Semantik, negative Bedeutungsanker) hat, dass man es am liebsten gleich ganz austauscht?

„Chef, wir haben ein Problem!", ist sicherlich eine Formulierung, die bei den meisten Führungspersönlichkeiten nicht wirklich Glücksgefühle auslöst. Ehrlicherweise muss ich zugeben, dass ich diese Formulierung auf meinem Berufsweg selbst oft genug verwendet und meine Vorgesetzten damit wahrscheinlich drangsaliert habe. Das mag aber eine ganz plausible Erklärung haben: Wir lernen in vielen Jahren Schulbildung vor allem zweierlei: Allgemeinwissen und komplexes rationales Denken. Schlüsselqualifikationen wie z.B. Konfliktlösung als Kompetenz, wie sie im vorherigen Abschnitt beschrieben wird, werden meines Erachtens unzureichend vermittelt. Eine Strategie, wie man Probleme lösen kann, hat zumindest in meiner schulischen wie beruflichen Ausbildung gefehlt. Die Aussage „Chef, wir haben ein Problem" war somit eine einfache Lösung für mich. Die meisten Vorgesetzten haben mir mein Problem sofort abgenommen und sich dann selbst die Köpfe zermartert, was zu tun wäre. Schlug die Strategie des Vorgesetzten dann auch noch fehl, dann konnte ich meine Hände sogar in Unschuld waschen.

Die Kompetenz, lösungsorientiert zu denken, habe ich erst entwickeln können, nachdem ich selbst Führungspersönlichkeiten erlebt habe, die die Probleme bei mir als Mitarbeiter gelassen haben. Schön finde ich dazu auch die Formulierung, die Kenneth Blanchard in seinem Buch Der Minuten Manager als Antwort auf die Aussage „Wir haben ein Problem", für Führungspersönlichkeiten vorschlägt: „Ja, genau dafür haben wir Sie eingestellt!"

Damit Sie aber mit einer solchen Aussage Ihre Mitarbeiter nicht im Regen stehen lassen, müssen Sie selbst ein paar Problemlösungsinstrumente kennen und vermitteln können. Einen Grundsatz der Problemlösung haben wir im ersten Kapitel schon mehrmals aufgegriffen: Wenn etwas nicht funktioniert, dann mach etwas anders! Viele Vorgesetzte scheinen bei Problemen zu Lösungen erster Ordnung zu greifen: mehr vom Gleichen! Ich komme z. B. bei meinem Mitarbeiter nicht an, also muss ich die Lautstärke erhöhen; ich bekomme keine Antwort auf meine E-Mails, also schreibe ich mehr E-Mails oder größere Buchstaben; die Gäste stellen sich immer von der falschen Seite an, also schreibe ich ein größeres Schild, wie ich mir vorstelle, dass sich die Gäste anstellen sollen ... Wir sind uns hoffentlich einig darüber, dass Lösungen erster Ordnung keine wirklichen Lösungen darstellen. Wir brauchen Lösungen zweiter Ordnung: Wenn etwas nicht funktioniert, dann mach etwas anders!

Um Probleme zu lösen, brauchen Sie also eine Strategie sowie Kreativität und Ideen, damit Sie neue Verhaltensmöglichkeiten überhaupt entwickeln können. Im Alltag ist es aber oftmals so, dass über Probleme nur diskutiert wird (Lateinisch: discusio = zerschlagen, abschütteln). Konkret bedeutet das, dass eher Meinungen über das Problem ausgetauscht werden, anstatt sinnvolle Lösungen zu generieren (entwickeln). Schon bleibt jedes Problem ein Problem, denn solche kraftraubenden Diskussionen führen direkt in eine schlechte Stimmung, was den Tod jeglicher Kreativität nach sich zieht. Für Kreativität als Ressource benötigt unser Gehirn nämlich völlig andere Bedingungen als Stress und Problemfokussierung. Eine sehr leichte und meines Erachtens geniale Lösungsstrategie stammt von Dale Carnegie, dem Vorreiter des „positiven Denkens" als psychologische Therapieform. Er plädiert dafür, in vier Schritten vom Problem zur Lösung zu kommen. Setzen wir dieses Modell in unsere Praxis um, dann wird daraus das Vier-Fragen-Modell:

Führungsinstrument: Vier-Fragen-Modell

Stellen Sie sich bzw. Ihren Mitarbeitern vier Fragen, um von der Problemfokussierung weg zu kommen und die Energie auf das Entwickeln neuer Lösungen zu richten.

1. Was ist das Problem?
2. Was ist die Ursache des Problems?
3. Was sind mögliche Lösungen?
4. Was ist die beste Lösung?

Was ist das Problem?

Bei Problemen wird oftmals eher über die vielfältigen Auswirkungen diskutiert, also um den heißen Brei herum, und nicht über das Problem selbst. Wenn beispielsweise das Kühlhaus ständig ausfällt, kann man stundenlang darüber diskutieren, wie ärgerlich das ist, wie viele Lebensmittel kaputt gehen, dass am Wochenende Gerichte ausgehen usw. Tatsache ist aber immer noch, dass das Kühlhaus ständig ausfällt. Mit der Frage: „Was (genau) ist das Problem?", zwingen Sie sich oder Ihr Gegenüber dazu, das Problem noch einmal auf den Punkt zu bringen. Das geht meist sogar in einem Satz!

Was ist die Ursache des Problems?

Diese Frage führt dazu, dass man sich vom Problem und den Auswirkungen ein wenig distanzieren muss und das Problem ganzheitlich im System betrachtet. Das erinnert damit an den Vergleich mit Nagel und Pflaster aus dem letzten Abschnitt. Die Problemlösung soll ja nicht nur eine „Symptombehandlung", sondern im wahrsten Sinne eine „Wurzelbehandlung" sein. Um beim Beispiel des kaputten Kühlhauses zu bleiben: Die Ursache könnte sein, dass das Kühlhaus nicht gewartet wird oder veraltet ist oder falsch von Mitarbeitern behandelt wird usw. Je nachdem, was die Ursache ist, werden auch die Lösungsmodelle unterschiedlich aussehen.

Was sind mögliche Lösungen?

Wenn Sie sich für eine Problemlösung entscheiden wollen, brauchen Sie zunächst ein paar Wahlmöglichkeiten. Machen Sie dafür eine wertneutrale Sammlung der Möglichkeiten. Die Frage ist hier nicht, was sollen Sie tun, sondern was können Sie alles tun, um das Problem zu lösen? Wertneutral bedeutet, dass auch „schräge Gedanken" hier Platz haben. Mit diesem Punkt schaffen Sie sich ja zunächst nur einen Überblick über Ihre Wahlmöglichkeiten. Sollte also beim Beispiel des kaputten Kühlhauses ein Mitarbeiter vorschlagen, zukünftig nur noch Bananen zu verkaufen, weil man die nicht kühlen darf, dann nehmen Sie das zu den Optionen dazu. Bei dieser Frage wird nicht bewertet!

Was ist die beste Lösung?

Erst wenn Sie einen guten Überblick über Ihre Wahlmöglichkeiten haben, können Sie eine Entscheidung treffen. Jetzt hilft sogar das Streichen einer schrägen Wahlmöglichkeit wie im zuvor genannten Beispiel dabei, noch einmal zu verdeutlichen, was Sie tatsächlich wollen. Wählen Sie selbst oder lassen Sie von Ihren Mitarbeitern auswählen, was die beste, sinn- oder zweckvollste Wahlmöglichkeit ist.

Mit der Realisierung Ihrer Auswahl ist das Problem dann gelöst. Wenn nicht, dann müssen Sie eventuell noch einmal durch diesen Prozess. Sie verhindern damit aber auch, dass Probleme zum Stillstand führen, wie das oftmals der Fall ist. Die Wirksamkeit dieses Instruments liegt in der klaren Trennung der einzelnen Schritte. Blockaden in Diskussionen entstehen ja oftmals daraus, dass Problem, Ursache, Auswirkung und Lösung sich so vermischen, dass klares Denken nicht mehr möglich ist. Ein beliebtes Spiel dabei ist das Zerschlagen jeder Idee mit einem „Ja, aber ..." Kennen Sie solche Diskussionen, in denen jeder Vorschlag so lange mit einer kritischen Bemerkung vom Tisch gewischt wird, bis keinem mehr etwas einfällt?

Dazu sollte man sich vielleicht noch einmal verdeutlichen, dass es ja das Kennzeichen einer Idee ist, dass noch nicht alle Details bedacht sind. Sonst wäre es ja ein Plan. Das 4-Fragen-Modell ist somit eine erste Strategie, die besonders durch die dritte Frage und durch den Verzicht auf Bewertung möglicher Lösungen allen Kritikern erst einmal das Gas am Herd abdreht. Erst eine solche Vorgehensweise macht oftmals möglich, dass Ideen zu Ende gedacht werden können, bevor sie einfach weggewischt werden. Das bedeutet übrigens nicht, dass man kritische Gedanken am besten vermeiden sollte. Ganz im Gegenteil! Lösungen müssen ja kritisch überprüft werden. Die Frage ist eher, an welcher Stelle diese kritischen Gedanken denn einsetzen müssen. Bei der Ideenfindung sind sie auf jeden Fall sehr störend und hinderlich.

Das zweite Problemlösungsinstrument, das ich Ihnen hier vorstellen möchte, dreht sich genau um diesen Punkt. Im Modell OSKAR wird der „Kritiker" sogar als wichtige Instanz mit aufgenommen, aber an der erforderlichen Stelle. Im Gegensatz zum 4-Fragen-Modell stellt OSKAR eine etwas komplexere Strategie vor, mit der auch größere Veränderungen geplant und realisiert werden können. Weil eine Strategieentwicklung Teil dieses Modells ist, könnte man OSKAR auch als „Meta-Strategie" bezeichnen und als Erweiterung der Zieleplanung aus Abschnitt 2.4 betrachten. Die OSKAR-Strategie wäre womöglich eine gute Wahl, wenn sie z.B. einen der in Kapitel 2 genannten betrieblichen Energiefresser abstellen möchten.

Führungsinstrument OSKAR-Strategie

Wählen Sie die OSKAR-Strategie um komplexere Problemsituationen zu lösen. Nehmen Sie dafür fünf unterschiedliche Positionen nacheinander ein:

1. Optimist
2. Stratege
3. Kritiker
4. Aktionist
5. Reflexion

Die Wirksamkeit der OSKAR-Strategie liegt darin, dass Sie die Positionen, die sich normalerweise bei der Problemlösung gegenseitig stören, einfach „personifizieren" und dadurch klarer voneinander trennen. Sind Sie oder eine Arbeitsgruppe gerade in der Position des Optimisten, dann hat der Kritiker so lange „Sendepause" und natürlich auch umgekehrt. Wenn Sie hier Positionen schon personifizieren, können sie den einzelnen „Personen" natürlich auch Eigenschaften zuweisen.

Optimist

Entwickeln Sie in dieser Position ein optimistisches, also ideales Zielbild. Wie würde das Zielbild, wie würde eine Problemlösung aussehen, gäbe es keine Einschränkungen? Der Optimist hat damit als Eigenschaft eine fast kindliche Sichtweise: Alles ist möglich.

Stratege

Was müsste jetzt passieren, damit Sie eine solche optimale Problemlösung erreichen? Welche Schritte müssten Sie wann einleiten, und wer müsste diese Schritte dann ausführen? Der Stratege hat mit hoher Kreativität und fast spielerischer Vorgehensweise eigentlich auch noch eher kindliche Anteile.

Kritiker

Erst jetzt können wir eine Position mit „erwachsenen" Anteilen dazu einladen, die entwickelte Strategie noch einmal auf Schwächen, Mängel und Hindernisse zu überprüfen.

Aktionist

Nachdem die Strategie dann noch einmal kritisch überprüft worden ist, wird eine planerische bzw. realisierende Position erforderlich. Wer konkret macht jetzt was und wann? Auch der Aktionist hat eher erwachsene Anteile. Hier geht es nicht mehr ums Wünschen, sondern ums Machen.

Reflexion

Strategien müssen überprüft werden. Die letzte Position überprüft die Realisierung regelmäßig im laufenden Prozess, um gegebenenfalls korrigierend einzugreifen. Diese Position ist klar, wach und fokussiert. Wahrscheinlich hätte man diesen Punkt auch „Kontrolleur" nennen können. Damit hätte die OSKAR-Strategie aber keinen Namen mehr, den man sich so leicht merken kann ...

Wenn es Ihnen zu abstrakt vorkommt, Probleme strategisch zu lösen, indem sie verschiedene Positionen nacheinander einnehmen, empfehle ich Ihnen, dieses Vorgehen trotzdem einfach einmal auszuprobieren und sich überraschen zu lassen, welche Ergebnisse so erzielt werden können. Die OSKAR-Strategie ist entstanden, indem man die Vorgehensweise eines Menschen zum Vorbild genommen hat, der damit ein Weltunternehmen gegründet hat: Walt Disney. Von ihm stammt auch das schöne Zitat: „Du kannst es träumen? Dann kannst du es auch machen!"

Abschließend dazu habe ich aber auch noch eine „Mischvariante" als Problemlösungsinstrument. Die MOST-Strategie hilft dabei, aus den Ergebnissen des 4-Frage-Modells eine handlungsrelevante Planung für Sie und Ihre Mitarbeiter zu machen:

Führungsinstrument MOST-Strategie

Wählen Sie die MOST-Strategie, um Ihre Problemlösung als handlungsrelevante Planung festzuhalten. Analysieren Sie Ihre Problemlösung dafür nach den folgenden vier Punkten und visualisieren Sie die Planung dann für alle Beteiligten:

1. Mission
2. Objectives
3. Strategy
4. Tactics

Mission

Was ist Ihre Mission? Formulieren Sie dazu das identifizierte Problem um in ein Ziel. Das heißt dann z. B. nicht mehr: „Das Kühlhaus fällt ständig aus!", sondern: „Bis zum XY muss unser Kühlhaus störungsfrei funktionieren."

Objectives (engl. für „Ziele")

In welche Zwischenziele lässt sich die Mission aufteilen? Gibt es mehrere Ursachen, die beachtet werden müssen, damit das Problem nachhaltig gelöst werden kann?

Strategy
Welche einzelnen Maßnahmen werden pro Zwischenschritt jetzt unternommen, um Einzel- und Gesamtziel zu erreichen?

Tactics
Wer ist für jede Maßnahme verantwortlich, und wann ist der Erfüllungstermin für jede Einzelmaßnahme?

Nachfolgend habe ich Ihnen eine Beispieltabelle erstellt, wie die MOST-
Strategie visualisiert aussehen könnte. Diese Vorgehensweise ist sehr
effektiv, um Problemlösungen zu finden. So lässt sich dann auch meist
ganz schnell sagen: Mission accomplished!

Bis zum XY funktioniert unser Kühlhaus störungsfrei

Situation	Ursache	Maßnahme	Verantw.	Termin
Wir haben keinen Wartungs-Vertrag	Wurde bei der Anschaffung nicht abge-schlossen, weil zu teuer	Angebot von Fremdfirmen einholen	Chef	23.09.
Die Lebens-mittel wer-den zu hoch gestapelt	Wir bekommen Gemüse nur einmal die Wo-che geliefert	Aufteilen der Lieferung auf zwei Tage	Karl und Heinz	23.09.
Der Lüfter wird von uns nicht oft genug entstaubt	Liegt hinter dem Kühlhaus und wurde bisher nicht beachtet	In den Reini-gungsplan mit aufnehmen	Markus	17.09.
Kühlung ist im Sommer oft überlastet	Kühlung muss ununterbro-chen nachküh-len, wenn die Tür öfter offen stehen bleibt	Schild an Kühlhaustür anbringen und Anweisung einmal die Wo-che ins Power-briefing mit aufnehmen	Karl und Christian	30.09
usw.	usw.	usw.	usw.	usw.

Jede dieser Problemlösungsstrategien kommt aber irgendwann einmal an den Punkt, dass Sie bzw. Ihre Mitarbeiter neue Verhaltensweisen entwickeln müssen. Ich verwende an dieser Stelle übrigens absichtlich nicht das Wort „erfinden". Lösungen müssen meines Erachtens in den meisten Fällen nicht neu erfunden, sondern nur noch „entwickelt" werden. Denn oft genug sind sie nur „verwickelt" in alten oder gewohnten Denkstrukturen. Gefragt ist hier eine unserer ursprünglichsten Ressourcen: Kreativität! Im wörtlichen Sinne bedeutet dies, dass Sie aus bestehendem Wissen und Erfahrungen „schöpfen" und beides neu kombinieren. Genau hierin liegt aber wieder einmal die Krux, mit der viele im Alltag zu kämpfen haben. Kreativität ist für viele Menschen wie eine Schatztruhe voll mit tollen Überraschungen, zu der man aber leider den Schlüssel verloren hat. Gewohnte Denkstrukturen kann man nun einmal nicht verlassen, indem man in alten Denkstrukturen darüber nachdenkt. Mit anderen Worten: Kreativität passiert, wenn ich nachdenke, ohne angestrengt darüber nachzudenken. Verwirrend? Dann sind Sie schon auf dem richtigen Weg ...

Unser Gehirn ist Spezialist darin, neu zu kombinieren und damit andere Wege und Lösungen zu entwickeln. Dazu braucht es aber einen gewissen Handlungsspielraum. Sonst ist das so, als würden Sie zu einem Drei-Sterne-Koch sagen, er soll Ihnen ein tolles Menü kochen, die erforderlichen Arbeitsmittel würden Sie aber so lange anderweitig benötigen. Angestrengtes Nachdenken bindet in unserem Gehirn so viele Arbeitsmittel, dass für Kreativität kein Spielraum mehr bleibt. Kinder haben damit noch kein Problem, wir rational gepolten Erwachsenen brauchen oftmals ein paar Techniken, um wieder Zugang zu unserer Kreativität zu bekommen. Nachfolgend habe ich Ihnen deshalb ein paar Kreativitätstechniken aufgelistet:

Brainstorming

Die bekannteste Kreativitätstechnik ist eine von Alex F. Osborn 1939 erfundene und von Charles Hutchison Clark weiterentwickelte Methode zur Ideenfindung, die die Erzeugung von neuen, ungewöhnlichen Ideen in einer Gruppe von Menschen fördern soll. Er benannte sie nach der Idee dieser Methode, nämlich „using the brain to storm a problem" (wörtlich: das Gehirn verwenden zum Sturm auf ein Problem). Oftmals wird auch der Begriff „Kopfsalat", „Denkrunde" und „Ideensammlung" verwendet. Das Brainstorming baut darauf auf, Ideenfindung und Kritik voneinander zu trennen. Menschen neigen dazu, Dinge sofort zu bewerten und dadurch Kreativprozesse durch Nachdenken bzw. Rationalisieren zu stören. Im ersten Schritt werden dazu zunächst alle Gedanken und Ideen zu einem Thema auf einem Flip-Chart gesammelt. Weder Sie noch die anderen Beteiligten dürfen während dieser Sammlung genannte Punkte bewerten oder kommentieren. Durch diese unbewertete Sammlung entsteht der gewünschte Flow praktisch als Domino-Effekt. Ein Gedanke ergibt den nächsten …

Mindmapping

Beim sogenannten Mindmapping oder auch nur Mindmap wird ein Gedankenbaum erstellt. Bei dieser Kreativitätstechnik werden, ausgehend von einem Thema/Wort, Verknüpfungen gebildet. Das Mindmapping nutzt den Umstand, dass unser Gehirn assoziativ aufgebaut ist. Wie schon in Kapitel 1 ausgeführt, kann man sich unser Gedächtnis buchstäblich als Netz vorstellen, in dem alle Informationen miteinander verknüpft sind. Das Mindmapping ist so gesehen eine kleine Visualisierung dieses internen Netzwerks. Der Effekt ist, dass durch das Aufzeigen von Verbindungen, neue Informationen besser ins Netzwerk aufgenommen werden bzw. Lösungen generiert werden können.

Kopfstandmethode

Die Kopfstandmethode funktioniert nach einem sehr simplen Schema: Die meisten Menschen können leichter die Aspekte benennen, die sie an einem Sachverhalt stören, als jene, die ihnen gefallen. Das lässt sich schön instrumentalisieren, wenn man eine „negative" Frage stellt. Die Antworten werden dann im zweiten Schritt ins Positive gedreht. Nehmen wir beispielsweise an, Sie möchten mit Ihren Mitarbeitern erarbeiten, mit welchen Methoden man Stammgäste gewinnt. Dann könnte die Aufgabe folgendermaßen lauten: „Was müssen wir tun, damit ein neuer Gast auf keinen Fall mehr zu uns kommt?" Jetzt lassen Sie Ihre Mitarbeiter die Ideen zu dieser Frage auf einem Flip-Chart oder auf einer Moderatorenwand sammeln. Geben Sie ihnen dafür fünf bis fünfzehn Minuten Zeit. Nach Ablauf der Zeit lassen Sie Ihre Mitarbeiter die Antworten ins Positive umdrehen und eine Liste der wichtigsten Punkte erstellen, wie man Gäste an den Betrieb bindet.

Gegenstand-Assoziation

Der Zufall kann ein großartiger Impulsgeber für Ideen sein, vor allem dann, wenn man Lösungen auf neue, nicht ausgetretene Wege lenken will. Bei dieser Technik dienen zufällige Assoziationen als Zündfunken für freies Denken. Dabei werden einfach Dinge, die eigentlich nichts miteinander zu tun haben, in Verbindung gesetzt. Das zwingt praktisch dazu, alte Denkrahmen zu verlassen. Klingt merkwürdig, aber nur für Erwachsene: Kinder machen das jeden Tag. Daraus entstehen Fragen wie: „Welches Tier wäre unser Gast?" – „Was wäre, wenn unsere Essen ein Gemälde wären, was würden sie ausdrücken?" – „Was wäre als Antrieb erforderlich, damit unser Restaurant fliegen könnte?"

KAWA-Technik (nach Vera F. Birkenbihl)

„K"=„Kreative"

„A"= „Analografie" (vergleichendes Denken mit einem Stift in der Hand)

„W"= „Wort"

„A"= Assoziation

Nehmen wir als Beispiel das Wort „Lösung". Jetzt suchen Sie zu jedem Buchstaben des Wortes Assoziationen, die mit diesem Buchstaben anfangen. Das heißt: Sie suchen Wörter, die mit L, Ö, S, U, N, G beginnen. Bei „L" fällt einem z. B. „Loslassen" ein. Was können Sie bei dem Problem zurzeit nicht loslassen (was hemmt)? Bei „Ö" könnte „Offenheit" einfallen (wofür wollen Sie offener sein) … Sie brauchen sich übrigens nicht an die Reihenfolge der Buchstaben zu halten. Wenn Ihr Auge über das Wort streift, könnte es sein, dass Ihnen zu „G" spontan „Geburt" einfällt. Bei „U" denken sie möglicherweise an „Unklarheit" (Welcher Aspekt des Problems ist Ihnen noch nicht ganz klar? Was müssten Sie klären?). Bei „S" könnte Ihnen „Sinn" einfallen. Hat das Problem einen besonderen Sinn für Ihr Leben oder Ihren Betrieb? Könnte es sein, dass diese Art von Problemen regelmäßig auftaucht? Ein KAWA kann helfen, in festgefahrenen Situationen neue Denkwege zu finden und den Sprachschatz zu erweitern. Ganz nebenbei schaut man sich dabei selbst beim Denken zu, und nach regelmäßiger Übung wird die Ausdrucksweise sogar noch wesentlich verbessert. Studien haben ergeben, dass die meisten Menschen nur 5 bis 10 Prozent des Wortschatzes ihrer Muttersprache aktiv einsetzen. Selbst wenn wir davon ausgehen, dass etwa 40 bis 50 Prozent dieser Wörter aus Fachvokabular bestehen, dann heißt das immer noch, dass wir nur einen eher kleinen Teil des verfügbaren Wortschatzes aktiv einsetzen. Nun sagen Sie vielleicht: „Wenn ich ausdrücken kann, was ich sagen will, dann reicht mir das." Aber das Traurige ist, dass Sie nie in vollem Maße wissen werden, was Sie sagen würden, wenn Ihr Vokabular Ihnen mehr Auswahl bieten würde!

Damit haben Sie als Führungspersönlichkeit ein paar sehr effektive und wirkungsvolle Strategien zur Problemlösung in der Hand und auch noch ein paar Kreativtechniken in Ihrem Werkzeugkoffer, die verhindern, dass es in diesem Prozess jemals zum Stillstand kommt. Ich habe oftmals die Erfahrung gemacht, dass strategische Problemlöser von den Mitarbeitern auch eine gehörige Portion Respekt bekommen. Ein Chef, der als Macher so souverän auch in schwierigen Situationen führt, sorgt für Sicherheit bei den Mitarbeitern. Ein Kläger hingegen verunsichert seine Mitarbeiter eher.

3.5 Vom Suchen und Finden der (richtigen) Mitarbeiter

„Natürlich ist uns die Zusammenstellung unseres Teams sehr wichtig. Ich nehme mir als Chef deshalb für jeden neuen Mitarbeiter bei der Einstellung mindestens fünfzehn Minuten Zeit, diesen auf Herz und Nieren zu prüfen!"

Aussage eines Betriebsleiters

Vor Kurzem habe ich in einem Stellenangebot für einen Restaurantleiter folgenden Satz gelesen: „Wenn Sie jemand sind, der Teams zusammenschweißt, sind Sie richtig bei uns!" Ich könnte mir gut vorstellen, dass der eine oder andere Servicemitarbeiter aus diesem Satz gerne ein „w" herausstreichen würde, damit dieser wieder mit der Realität übereinstimmt. Und ich kann gut verstehen, dass sich ein Unternehmer eine solche Fähigkeit von seinem Restaurantleiter wünscht.

Wie soll das aber konkret gehen? Damit aus mehreren Mitarbeitern eine Art gemeinsame „Task Force" wird, müssen Sie perfekte Bedingungen schaffen. „Schweißen" ist hier die falsche Metapher. Ich würde eher einen Vergleich mit Hefeteig wählen: Wenn Sie ein Team schaffen wollen, brauchen Sie die richtigen Zutaten und ein perfektes Klima. Dann geht das Ding von ganz alleine auf! Bei der Aussage, die oben genannter Betriebsleiter gemacht hat, bin ich mir nicht ganz sicher, ob er wirklich die richtigen Zutaten zur Verfügung hat ...

Inzwischen kennen Sie bereits die meisten Einflussfaktoren, damit aus mehreren Mitarbeitern ein Team entsteht: Sie müssen dazu selbst Teamplayer sein (Vorbild), Teamregeln aushängen (Richtlinien bestimmen) und für angemessene Stimmung sorgen (Klima schaffen). Das einzige, was jetzt noch fehlt, ist ein Instrument, das Ihnen dabei hilft, die Teammitglieder passend zusammenzustellen. Wie dieser Punkt in der Praxis oftmals gehandhabt wird, halte ich für zumindest bedenklich. Manche Chefs erzählen nur, dass sie ihr Team gezielt zusammenstellen würden. In der Realität wird dann aber entweder jeder eingestellt, der zwei Hände hat und bereit ist anzufangen, oder der, der dem Chef im Bewerberinterview am sympathischsten ist. Ein Fußballtrainer in der Bundesliga würde bei einer solchen Vorgehensweise die Hände über dem Kopf zusammenschlagen oder spätestens nach dem zweiten Spiel wieder entlassen werden. Viel sinnvoller ist es doch, sich über die erforderlichen Fähigkeiten und Eigenschaften eines neuen Mitarbeiters Gedanken zu machen, dann auf dem Markt nach solchen Mitarbeitern Ausschau zu halten und schließlich denjenigen einzustellen, der am besten ins Team passt. Richtig ist sicherlich, dass es auf dem Bewerbermarkt nicht leicht ist, immer die passenden „Mitspieler" zu gewinnen. Sollten Sie dieses Problem auch haben, empfehle ich Ihnen aber, lieber eines der im letzten Abschnitt genannten Lösungsinstrumente zu nutzen, als nur den einzustellen, den Sie „gerade bekommen". Bedenken Sie, dass in der Champions-League auch nur Premium-Spieler anzutreffen sind. Für Unternehmer, die sich hingegen in der Kreisklasse wohlfühlen, mag dieser Punkt nicht so wichtig sein.

Praxistipp Nr. 36

Betrachten Sie das Gewinnen neuer Mitarbeiter wie eine Marketingmaßnahme. Sie können dazu die gleichen Instrumente verwenden, mit denen Sie auch um neue Gäste werben.

Erfolgreiche Gastronomen und Hoteliers müssen bei der Mitarbeitergewinnung die gleichen Marketinginstrumente anwenden wie bei der Gästegewinnung. Der betriebswirtschaftliche Marketing-Mix beschreibt mit vier Punkten – Produkt, Preis, Promotion, Place (auch vier P´s genannt) –, was Sie bedenken müssen, um am Markt erfolgreich zu sein. Daran angelehnt, ergeben sich im übertragenen Sinn auch die vier P´s der Mitarbeitergewinnung:

Was bieten Sie als Betrieb, sodass ich als Top-Mitarbeiter gerade zu Ihnen kommen sollte? Kann ein Mitarbeiter bei Ihnen z. B. etwas Neues lernen oder sich verwirklichen *(Produkt)?* Bezahlen Sie ein Gehalt, das vergleichbar zur Konkurrenz ist? Verdient ein Bewerber bei gleichen Bedingungen und Anforderungen bei einem Konkurrenten etwa mehr *(Preis)?* Wie erfährt ein Bewerber überhaupt von einer offenen Stelle? Senden Sie Botschaften, dass Ihnen Ihre Mitarbeiter wichtig sind *(Promotion)?* Woher kommen Ihre Mitarbeiter? Müssen Sie eventuell in anderen Gegenden suchen, weil Mitarbeiter mit der gewünschten Qualifikation in Ihrem Umfeld eher rar sind *(Place)?*

Die vier P´s der Mitarbeitergewinnung

Checken Sie, wie bei einer Marketingmaßnahme, Ihre 4 P´s, um Mitarbeiter zu gewinnen:

1. Produkt: Was bieten Sie?
2. Preis: Was können Mitarbeiter bei Ihnen verdienen?
3. Promotion: Wie werben Sie um neue Mitarbeiter?
4. Place: Woher kommen Ihre Mitarbeiter?

Eine solche Vorgehensweise unterscheidet sich natürlich vom alten Gedanken, dass man am Bewerbermarkt nur „auszuwählen" braucht. Wer in Gastronomie und Hotellerie noch so denkt, ist wahrscheinlich noch nicht in der Realität angekommen. Viele Chefs blicken zunächst mit höchstem Anforderungsprofil auf den Bewerbermarkt und schrauben diese Anforderungen dann enttäuscht immer weiter nach unten. Eine hilfreiche Sofortlösung in dieser Situation könnte sein, die Einstellungskriterien in den Betrieben ein wenig herabzusetzen, Mitarbeiter verstärkt innerbetrieblich zu befähigen und dann das Anforderungsprofil im Alltag so weit heraufzusetzen, dass die Mitarbeiter immer stolz auf ihre eigenen Ergebnisse sein können.

Manche verwechseln übrigens Marketing mit Werbung. Werbung ist mit „Promotion" nur ein Teilbereich des Marketing-Mixes. Dennoch lohnt es sich, auch diesen Punkt bei der Akquise neuer Mitarbeiter zu beachten. Mit einer Zeitungsannonce wie z. B.: „Restaurant mit gehobener Küche sucht zuverlässigen Küchenchef", kann man heute wahrscheinlich keinen Top-Mitarbeiter mehr hinterm Ofen hervorlocken. Die großen Elektromärkte wären mit vergleichbaren Werbeanzeigen wie etwa: „Waschmaschine mit 1100 Umdrehungen wird von uns verkauft", wahrscheinlich längst in Konkurs gegangen. Welche Botschaft senden Sie mit einer „gewöhnlichen" Stellenanzeige? Dass Sie ein „außer-gewöhnlicher" Arbeitgeber sind?

Selbst wenn Sie aber mit einer klugen Marketingstrategie für neue Mitarbeiter auch eine tatsächliche Auswahl von Interessenten gewinnen konnten, bedeutet das noch lange nicht, dass Sie auch den richtigen Bewerber einstellen. Dazu muss man sich vielleicht noch einmal verdeutlichen, wie Menschen Entscheidungen treffen. Da lohnt es sich, an verschiedene Grundsätze aus dem Basiswissen in Kapitel 1 zu denken: Entscheidungen werden auf emotionaler Ebene getroffen. Unser Bewusstsein erklärt uns selbst erst im Anschluss die Entscheidung auf rationaler bzw. kognitiver Ebene. Damit diese Erklärungen widerspruchsfrei sind, verzerren wir durchaus einmal Wirklichkeiten. Als direkter Beteiligter (Kybernetik 1. Ordnung) kann ich meine tatsächlichen Beweggründe aufgrund des „blinden Flecks" oftmals nicht sehen. Das könnte nur ein externer Beobachter (Kybernetik 2. Ordnung). Mit anderen Worten: Wenn ein Chef sagt, dass er aufgrund seiner außergewöhnlichen Menschenkenntnis innerhalb von Sekunden erkennen kann, ob jemand „richtig" ist, bin ich zumindest misstrauisch. Das bin ich übrigens auch mir selbst gegenüber! Aus diesem Grund lasse ich meine eigenen Entscheidungen gerne einmal von anderen auf Sinnhaftigkeit überprüfen. Das Gleiche empfehle ich Ihnen speziell bei so einer wichtigen Entscheidung wie der Einstellung eines neuen Mitarbeiters. Wer hier die „externe Überprüfungsinstanz" sein könnte, ist eigentlich selbstverständlich: die anderen Teammitglieder!

Praxistipp Nr. 37

Lassen Sie potenzielle neue Mitarbeiter im Team zur Probe arbeiten. Sie überprüfen damit nicht nur Ihre eigenen Entscheidungskriterien, sondern auch, ob der Bewerber ins Team passen würde. Treffen Sie dann die letzte Entscheidung gemeinsam im Team.

Natürlich dürfen Ihnen potenzielle Mitarbeiter im Bewerberinterview auch sympathisch sein. Es gibt aber Führungsinstrumente, die verhindern, dass eine Mitarbeitereinstellung eine reine Sympathieentscheidung wird. Eine weitverbreitete Art ist das sogenannte „Assessment-Center" (englisch assess = einschätzen). Hauptsächlich in anderen Branchen nutzen viele Unternehmen ein solches Einstellungsverfahren, um sich die „Top-Performer" aus den Bewerbern auszuwählen. Vorstellen kann man sich das als erweitertes Probe-Arbeiten, bei dem die Bewerber zusätzlich verschiedene Tests zu absolvieren haben. Für Betriebe mit einem funktionierenden Marketing-Mix zur Mitarbeitergewinnung ist eine solche Vorgehensweise natürlich geschickt. Sie vermitteln einem neuen Bewerber damit die Botschaft, dass Sie nicht Hinz und Kunz einstellen, sondern auch einiges erwarten.

An dieser Stelle möchte ich aber ein anderes Instrument vorschlagen, das auf einfache Art und Weise dabei helfen kann, im Mitarbeiterinterview Ihren rationalen Entscheidungsanteil zu erhöhen. Dazu ist erforderlich, dass Sie zunächst ein Profil des zu besetzenden Arbeitsplatzes erstellen und dann Ihren Bewerber genau darauf typisieren. Ihr Bewerberinterview erhält damit einen sehr konkreten Soll-Ist-Vergleich. Erfüllt Ihr Bewerber eine gewisse Schnittmenge nicht, dann mag er zwar sympathisch sein, aber womöglich ungeeignet. Ich nenne diese Vorgehensweise deshalb „rationales Einstellungsverfahren".

Führungsinstrument Rationales Einstellungsverfahren

Stellen Sie in vier Schritten sicher, dass ein neuer Mitarbeiter tatsächlich zu Ihrem Betrieb und der Aufgabe passt:

1. Stellenprofil erstellen
2. KO-Kriterien definieren
3. Fragebogen zur Bewerbertypisierung erstellen
4. Soll-Ist-Vergleich der Punkte

Stellenprofil erstellen

Das Stellenprofil kann man grundsätzlich in zwei Unterpunkte unterteilen: in erforderliche Kenntnisse und Fähigkeiten (Fachkompetenz) sowie in Persönlichkeitsmerkmale und Charakterzüge (persönliche

Kompetenz). Oftmals werden hier Persönlichkeitsanteile als Schlüsselkompetenzen für alle Positionen verallgemeinert. Frei nach dem Motto: „Wir stellen nur gute Teamplayer ein." Wenn Sie aber einen Teamplayer als Nachtportier einstellen, wird er damit womöglich ziemlich unglücklich sein und den Job deshalb bald wieder kündigen. Hier wäre ein Singleplayer viel besser aufgehoben. Ob ein Persönlichkeitsanteil gut oder schlecht ist, bestimmt das Einsatzgebiet und nicht gesellschaftlich romantische Ansichten. Während ein Perfektionist als Servicekraft in einem Drei-Sterne-Restaurant ideal eingesetzt ist, kann ein Perfektionist als Restaurantleiter unter Umständen das ganze Team in den Wahnsinn treiben. Erstellen Sie ein Profil aus den fachlichen und persönlichen Kriterien, die Ihr Bewerber für die jeweilige Position braucht. Wenn Sie das inklusive der Verantwortung für ein Aufgabengebiet ausformulieren, haben Sie gleich eine professionelle Stellenbeschreibung.

K.O.-Kriterien definieren

Beachten Sie bitte, dass es leichter ist, fehlende Fachkompetenz durch Befähigen zu vermitteln, als persönliche Kompetenz. Natürlich dürfen Mitarbeiter durchaus in eine Position „hineinwachsen". Ein Mitarbeiter mit einem Aufmerksamkeitsrahmen nach innen als Persönlichkeitsmerkmal wird aber nie ein guter Teamleader sein. Unterscheiden Sie also in Ihrem Stellenprofil danach, was schön wäre, was Sie vermitteln können und was der Bewerber unbedingt mitbringen muss.

Fragebogen zur Bewerbertypisierung erstellen

Was für eine Farce, wenn Chefs im Bewerberinterview Sympathieentscheidungen treffen und die Bewerber ihrerseits genau die Antworten geben, von denen sie annehmen, dass die Chefs sie gerne hören möchten. So etwas nenne ich ein „Pseudo-Interview". Überlegen Sie sich vorher also einen Fragenkatalog: Was wollen Sie Ihren Bewerber fragen? Nur so bekommen Sie die erforderlichen Antworten. Stellen Sie dazu gezielte Fragen zu den einzelnen Punkten Ihres Stellenprofils. Vergessen Sie bei Ihren Fragen nicht, dass Ihnen Ihr Gegenüber das „Blaue vom Himmel" erzählen kann. Die geschlossene Frage: „Sind Sie Teamplayer, ja oder nein?", ist da ganz sicher ungeeignet. Erforschen Sie lieber mit offenen Fragen, wie der Bewerber in seiner Historie bisher mit diesen oder jenen Situationen umgegangen ist. Hinterfragen Sie also die Eigenschaften in einem konkreten Kontext. Erst auf diese Weise bekommen Sie Antworten, mit denen Sie wirklich etwas anfangen können.

Soll-Ist-Vergleich der Punkte

Vielleicht werden Sie dann bei einem Soll-Ist-Vergleich feststellen, dass der Bewerber, der Ihnen am besten gefallen hat, nicht wirklich passt. Sie müssen natürlich selbst entscheiden, ob Sie dann auf Ihr Bauchgefühl hören oder den Tatsachen „ins Auge blicken". Ich sehe aber auch ein, dass ein Bauchgefühl gegen alle Strategiemodelle die richtige Instanz sein kann. Auf jeden Fall empfehle ich Ihnen, diese Entscheidung dann noch einmal mit dem Team zu besprechen.

Das Thema der Typisierung von Menschen ist nicht neu. Der Mitbegründer der analytischen Psychologie, Carl Gustav Jung, hat Mitte des 20. Jahrhunderts angefangen, „Verhaltensmuster" von Menschen zu unterscheiden. Ihm ist zunächst aufgefallen, dass manche seiner Patienten eher extrovertiert und andere eben introvertiert waren. Das Entscheidende an dieser Erkenntnis war aber, dass ein solcher Anteil eben nicht stimmungs-, sondern persönlichkeitsabhängig war. Von ihm stammt auch das Modell der „Archetypen", mit dem er daraufhin Menschen in Grundkategorien inklusive eines dazugehörigen Verhaltensmusters einteilte. Die Weiterführung dieses Gedankens, Menschen ein „Etikett" zu geben (also einem bestimmten Typ zuzuordnen), hat es bis in moderne Management-Theorien geschafft. Ein sehr bekanntes Modell dazu ist das DISG-Modell oder das Vier-Farben-Modell. Das Ziel solcher Modelle besteht darin, eine Zuordnung zu einer Gruppe von Persönlichkeitsanteilen zu schaffen und dann entsprechende Verhaltensmuster zu bestimmen. So ist beispielsweise beim DISG-Modell jemand entweder eher dominant, intuitiv, stetig oder gewissenhaft (daher DISG). Dieses „Grundetikett" soll dann Rückschlüsse auf das zu erwartende Verhaltensrepertoire zulassen. Es hört sich verführerisch an, dass man nur noch einen von vier Typen herausfinden müsste, um einen Menschen beurteilen zu können.

Natürlich darf hierzu jeder seine eigene Meinung haben. Nach allem, was ich im ersten Kapitel aber über Menschen und Kybernetik aufgeführt habe, dürften Sie bereits erraten, wie ich zu solchen Modellen stehe. Ich glaube, dass Menschen viel zu komplex sind, als dass man ihnen ein solches Etikett aufkleben und daraufhin womöglich auch noch treffende Vorhersagen über ihr Verhalten machen könnte. Sollte sich ein solches Vorgehen jemals als richtig herausstellen, könnten Sie zukünftig auch die Persönlichkeitstests aus den gängigen Illustrierten für Ihre Bewerberauswahl nutzen ...

Viel hilfreicher finde ich den Grundgedanken von Carl Gustav Jung, dass man einzelne Anteile kategorisieren kann. Ein sehr hilfreiches Modell dazu kommt aus dem NLP (Neurolinguistisches Programmieren) und heißt „Meta-Programme". Der Begriff „Meta-Programm" ist aus dem Gedanken entstanden, dass es viele „Über-Programme" gibt, die jeweils einzelne Persönlichkeitsanteile bestimmen. Ein Teil dieser „Programme" lässt sich vielleicht so erklären, dass unser mentales System gewisse „Vorlieben" hat, wie es Informationen verarbeitet. So kann ein Mitarbeiter zum Beispiel eher „überblicksorientiert" wahrnehmen, während ein anderer Mitarbeiter eher „detailorientiert" wahrnimmt. Ich bin mir sicher, dass Sie diesen Unterschied schon selbst bei Ihren Mitarbeitern erlebt haben.

Dieses Modell bietet einige Vorteile. Zum einen wird nicht mehr versucht, aus einzelnen Persönlichkeitsanteilen ein „Grundetikett" zu definieren, zum zweiten geht es in diesem Modell nicht um Ja oder Nein, sondern um Mehr oder Weniger. So gesehen, könnte man sich die Persönlichkeitsanteile von Menschen eher wie ein Regal mit unzähligen Gewürzen vorstellen. Wenn Sie für ein facettenreiches Gericht nun mehrere Dutzend davon auswählen, werden Sie je nach Geschmack von diesem oder jenem Gewürz eine Prise mehr oder weniger benutzen. Daraus entsteht dann eine unendliche Vielfalt und nicht nur süß, sauer, bitter oder scharf.

Nach diesem kleinen Ausflug in die Psychologie möchte ich aber wieder darauf zurückkommen, wofür solche Typisierungen in Ihrem Führungsalltag gut und hilfreich sein könnten. Während die erforderliche Fachkompetenz für eine gewisse Position meist schnell definierbar ist, sieht das bei der persönlichen Kompetenz ungleich schwieriger aus. Ich glaube auch, dass dieser Punkt von vielen Führungspersönlichkeiten noch vernachlässigt wird. Wenn Sie eine kleine Auswahl wichtiger Persönlichkeitsmerkmale kennen, können Sie verschiedene Positionen viel feiner auf potenzielle Bewerber abstimmen. Das geht dann weit darüber hinaus, dass Sie Mitarbeiter nur nach oberflächlichen Kriterien wie „nett, freundlich und gastorientiert" auswählen.

Nachfolgend habe ich Ihnen eine kleine Auflistung von Meta-Programmen (Persönlichkeitsmerkmale) aufgelistet. Wenn Sie dieses Modell zukünftig bei der Bewerberauswahl einsetzen und Ihr Gegenüber danach einschätzen wollen, wird ein Vorstellungsgespräch eine Mischung aus genauer Beobachtung und gezielter Fragenstellung, während Sie gleichzeitig auch ein wenig Smalltalk halten. Das bedeutet auch, dass Sie zukünftig im Interview, wie beim Autofahren, mehrere Dinge gleichzeitig tun müssen. Damit Sie beim nächsten Einstellungsgespräch nicht wie ein Fahranfänger wirken, empfehle ich Ihnen, dass Sie zunächst für Ihre jetzigen Mitarbeiter ein Persönlichkeitsprofil nach diesem Modell erstellen. Jedes Meta-Programm drückt sich in Verhalten und/oder Sprache aus. Viel Spaß also beim Beobachten und Zuhören und bei dem Versuch, Ihre Mitarbeiter noch einmal auf ganz anderer Ebene kennenzulernen …

Motivationsrichtung

Sie wissen bereits, dass Motivation zwei Richtungen hat. Ist Ihr Gegenüber eher „hin zu"-motiviert oder „weg von"? Erledigt es Aufgaben eher, um etwas zu erreichen oder um etwas zu vermeiden?

Informationsverarbeitung

Ist Ihr Gegenüber eher detailorientiert oder eher überblicksorientiert? Braucht es eher viele Details, um sich ein Bild machen zu können oder reicht ihm ein Überblick?

Entscheidungsfindung

Trifft Ihr Gegenüber Entscheidungen vor allem als ein Ergebnis innerer Prozesse oder bezieht es andere Meinungen bei der Entscheidungsfindung mit ein?

Vorgehensweise

Geht Ihr Gegenüber prozedural oder optional an Aufgaben heran? Plant es Vorgehensweisen oder fängt es erst einmal an und reagiert dann auf Gegebenheiten?

Beziehungsrahmen

Wie setzt Ihr Gegenüber mehrere Informationen in Bezug zueinander? Achtet es eher auf Unterschiede oder auf Gleichheiten? Nimmt es damit eher wahr, was sich ähnelt oder was sich unterscheidet?

Begründung

Wie begründet sich Verhalten bei Ihrem Gegenüber? Bezieht es sich eher auf Möglichkeiten oder auf Notwendigkeiten, also auf „können" oder „müssen"?

Aufmerksamkeit

Ist Ihr Gegenüber mit seinem Aufmerksamkeitsrahmen eher bei sich selbst oder bei anderen?

Arbeitsstil

Ist Ihr Gegenüber eher Teamplayer oder Singleplayer? Kann es womöglich beides?

Stressverhalten

Wie reagiert Ihr Gegenüber in Stresssituationen? Wird es eher ruhig und rational oder eher erregt und emotional?

Zielerfüllung

Ist Ihr Gegenüber eher Perfektionist oder Optimierer? Versucht es bei der Erledigung von Aufgaben ein möglichst perfektes Ergebnis zu erzielen oder gibt es sich mit einem zweckmäßigen Ergebnis zufrieden?

3.6 Mut machen

Ich könnte mir gut vorstellen, dass Ihr Gefühl an diesem Punkt der Lektüre ambivalent ist. Ambivalenz bedeutet ja, dass man zu einem Thema eine doppeldeutige oder zwiespältige Beziehung hat. Mit anderen Worten: Man kann zu einem Thema gleichzeitig zwei entgegengesetzte Gefühle haben. So bezeichnen manche Mitarbeiter in Gastronomie und Hotellerie beispielsweise die Beziehung zu Gästen als „Hass-Liebe" ...

Nach diesem Kapitel über Führungsinstrumente haben Sie einen prall gefüllten Werkzeugkoffer für Ihren Alltag als Führungspersönlichkeit. Das mag einerseits zu einem guten Gefühl führen, also dazu, dass Sie sich sicher fühlen oder bestätigt, und dazu, dass Sie nun in unterschiedlichsten Situationen immer noch ein „Ass" im Ärmel haben. Andererseits könnte es aber auch wieder zu einem Stück Ernüchterung führen. Der Vergleich mit einem Werkzeugkoffer oder mit einem Klemptner mag ja nett sein und einfach klingen. Keines der hier genannten Werkzeuge lässt sich aber beispielsweise mit einem Hammer vergleichen. Mit einem Hammer hauen Sie sich vielleicht zweimal auf dem Daumen, dann wissen Sie ganz genau, was Sie tun müssen, um ihn zukünftig „unfallfrei" zu benutzen. So einfach und banal ist kein einziges der genannten Instrumente. Womöglich werden Sie Tage und Wochen benötigen, um das eine oder andere unfallfrei anzuwenden und sogar Jahre, bis Sie alle Instrumente meisterlich beherrschen.

Ich schlage deshalb vor, dass Sie das gute Gefühl mit einem kleinen Überblick über das letzte Kapitel noch einmal verstärken. Im Anschluss werde ich Ihnen dann einen ermutigenden Gedanken schenken, warum Ernüchterung nicht nur angemessen und richtig, sondern auch wichtig für Ihren Erfolg ist. Sie wissen ja: Ermutigung unterscheidet sich von Entmutigung oftmals nur in einem Gedankengang.

Hier aber zunächst die versprochene Zusammenfassung:

▶ Die Wirksamkeit aller Führungsinstrumente ergibt sich nur in Verbindung mit dem dazu passenden Kontext. Daraus ergeben sich zwei Forderungen an Sie: Sie müssen die Instrumentarien kennen und die passenden Situationen für den Praxiseinsatz unterscheiden können.

▶ Der Dienstbeginn ist der ideale Zeitpunkt, um Ihre Mitarbeiter einzustimmen. Das passende Instrument dazu heißt Powerbriefing. Haben Ihre Mitarbeiter dadurch das „Programm geladen" und sind sie auch noch positiv eingestimmt, lösen sich viele kleine Energiefresser in Luft auf.

▶ Teil der Einstimmung muss sein, dass die Mitarbeiter den Gast in den Mittelpunkt stellen. Das verhindert, dass hauptsächlich die Arbeitsprozesse im Fokus des Handelns stehen.

▶ Mitarbeitergespräche werden erst dann handlungsrelevant, wenn sie emotional geführt werden. Jedes Mitarbeitergespräch findet deshalb auf inhaltlicher *und* auf emotionaler Ebene statt.

▶ Menschen haben eine beschränkte Aufnahmefähigkeit für Informationen. Um mehr als sieben Informationen weiterzugeben, müssen diese in ein neues Raster unterteilt und damit strukturiert werden.

▶ Ob Sie bei unerwünschtem Verhalten ein Korrektur- oder ein Kritikgespräch halten, hängt davon ab, ob Sie über das erwünschte Verhalten schon eine konkrete Vereinbarung getroffen haben. Reine Erwartungen an das Verhalten eines Mitarbeiters haben keine Verbindlichkeit.

▶ Mitarbeiter können sich nur selbst verbessern. Bei Coachinggesprächen sowie bei Konflikt- und Problemlösungen ist der Redeanteil der Führungspersönlichkeit möglichst gering. Das Gespräch wird hauptsächlich durch Fragen geführt. Lösungen sollten bei diesen Führungsinstrumenten möglichst vom Mitarbeiter selbst kommen.

▶ Ein Vier-Punkte-Pattern in der internen Kommunikation führt dazu, dass viele Konflikte erst gar nicht auftreten. Der entscheidende Punkt ist, dass die eigene Wahrnehmung dabei durch eine Rückfrage überprüft wird.

▶ Ein Konfliktlösungsgespräch entfaltet seine ganze Wirkung in dem Augenblick, wenn jeder der Konfliktgegner erkennt, dass er mit seinem bisherigen Verhalten sein Ziel (Absicht) nicht erreicht. Erst wenn dadurch das bisherige Verhalten ad absurdum geführt wurde, ist Raum für Verhaltensalternativen.

▶ Für Problemlösung ist Strategie und Kreativität gefragt. Der Hauptpunkt aller Problemlösungsstrategien ist, dass der Kritiker, um nicht zu stören, von den anderen Positionen in der Strategie getrennt wird und einen gesonderten Platz erhält.

▶ Die Akquise neuer Mitarbeiter ist vergleichbar mit modernem Marketing. Im übertragenen Sinne können deshalb auch alle Marketinginstrumente verwendet werden, um Mitarbeiter zu gewinnen.

▶ Ein professionelles Bewerberinterview bedarf der professionellen Vorbereitung und Durchführung. Entscheidend ist dabei, dass zunächst ein konkretes Anforderungsprofil erstellt wird, wonach der Bewerber im Interview dann auch überprüft werden kann. Beachtenswert sind die für die Position erforderlichen Persönlichkeitsanteile. Schwächen in der Fachkompetenz sind leichter auszugleichen und zu vermitteln als Schwächen in der persönlichen Kompetenz.

Natürlich ist es schön und beruhigend, eine ganze Reihe von Instrumenten zur Verfügung zu haben. Das setzt allerdings voraus, dass ich jedes für sich auch richtig anwenden kann. Ich muss ehrlicherweise zugeben, dass auch mit dem nun abgeschlossenen dritten Kapitel das Thema Führung nicht unbedingt leichter geworden ist, sondern sogar noch ein ganzes Stück komplexer. Sollten Sie also an mancher Stelle das Gefühl von Ernüchterung oder sogar Entmutigung haben, dann ist das nicht schlimm, sondern normal. Das ist der Preis, den Sie für Erfolg zahlen müssen: Anstrengung. Wenn Sie etwas gewinnen möchten, müssen Sie Lotto spielen. Führungskompetenz muss man sich erarbeiten.

Die gute Nachricht ist aber, dass ein Gefühl der Ernüchterung auf dem Weg erfolgreicher Menschen wichtig ist. Das ist gut vergleichbar mit jemandem, der gerne Klavier spielen lernen möchte: Man hat meistens zuvor jemanden beobachtet, der bereits gut Klavier spielen kann, und denkt sich: „Das möchte ich auch können!" Dann nimmt man ein paar Klavierstunden und kommt genau an diesen Punkt: Ernüchterung. Erst jetzt stellt man fest, dass man ja ein paar Jahre lang jeden Tag üben muss, um es bis zu einer gewissen Klasse zu bringen. Ernüchterung ist also wie ein Stoppschild, bei dem man noch einmal stehen bleiben und überprüfen sollte, ob man tatsächlich weitergehen will und ob man bereit ist, so viel Energie in das Ziel zu investieren. Erst jetzt folgt der Punkt, der gute Klavierspieler von außergewöhnlichen Klavierspielern unterscheidet: das Maß der Anstrengung! Und wofür? Am Ende hat man wieder einen Schritt genommen, beherrscht etwas Neues und hat dann auch das Recht auf die Lorbeeren!

Der Lehrtrainer und Coach Klaus Grochowiak hat diese vier Schritte als Modell zusammengefasst und als „Erfolgsloop" bezeichnet. Erfolgreiche Menschen sind demnach von Natur aus neugierig. Sie sehen Dinge, die sie interessieren und die sie gerne selbst beherrschen möchten. Erfolgreiche Menschen überprüfen in einer Phase der Ernüchterung, ob sie den richtigen Weg gewählt haben, und sie belohnen sich, wenn sie wieder einen Schritt genommen haben. Ist das erledigt, kann man schon wieder neugierig in die Welt schauen. Da gibt es doch sicherlich noch etwas …

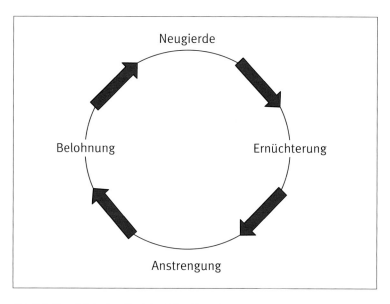

Abb. 3.4: Der „Erfolgsloop" erfolgreicher Menschen

Ernüchterung ist also ein Merkmal erfolgreicher Menschen. Und da Sie es bis an diese Stelle im Buch geschafft haben, vermute ich, dass Sie bereit sind, ein gehöriges Maß an Anstrengung zu investieren. Dann möchte ich Sie jetzt noch einmal einladen, gewöhnliche Wege zu verlassen. Das letzte Kapitel dieses Buchs wird wieder Sie selbst als Führungspersönlichkeit in den Mittelpunkt stellen. Sind Sie jemand, der nicht nur sich selbst ermutigen kann, sondern auch Mutmacher für die Mitarbeiter ist? Jemand, der andere inspiriert (lateinisch für: begeistert)? Das sind dann aber mehr die Eigenschaften eines modernen Coachs! Lust auf noch mehr Führung?

Wie lange dauert im Regelfall ein Powerbriefing und warum nicht länger?

....

....

Was besagt die Millersche Zahl?

....

....

Von welcher der fünf Führungsaufgaben leiten sich zwei unterschiedliche Gesprächsarten ab?

....

....

Warum sollte die Frage nach dem „Warum" im Mitarbeitergespräch vermieden werden?

....

....

Was genau beschreibt der Punkt „Beziehung wieder aufbauen"?

....

....

Was müssen Sie beachten, wenn Sie in einem Coachinggespräch alternative Verhaltensweisen erarbeiten?

....

....

Welchen Umstand kann man praktisch als „Mutter aller Konflikte" betrachten?

....

....

Was ist ein Vier-Punkte-Pattern und wodurch verhindert es Konflikte?

....

....

Welche Gefahr besteht bei der Erarbeitung von Lösungsvorschlägen,
wenn die Positionen nicht klar getrennt werden?

....

....

Was müssen Sie bei der Einstellung neuer Mitarbeiter beachten, wenn
Sie fachliche und persönliche Qualifikationen gegenüberstellen?

....

....

Vierter Teil – Führen & Coachen

4 Führungskraft oder Führungs- persönlichkeit?

Eigentlich habe ich mich als Mutter und ehemalige Grundschullehrerin dem Thema „Ermutigung" aus dem Bestreben heraus zugewandt, das Beste für die Kinder zu tun. Inzwischen ist mir klar geworden, dass die Fähigkeit zur Ermutigung, hast du sie erst einmal erworben, eine völlige Umkehr unseres bisherigen Miteinanders darstellt. Wir alle sind in einer „Entmutigungsgesellschaft" groß geworden. Nicht unser Potenzial, unsere Talente, unsere Stärken standen im Mittelpunkt unseres Wachsens und Werdens. Ganz im Gegenteil: Besondere Aufmerksamkeit bekamen alle unsere Unzulänglichkeiten, Schwächen und Fehler, weil man versucht hat, uns aus diesen hinauszutrainieren. „Gab es in dieser Klasse auch Einser?", lautete beispielsweise die Frage meines Vaters angesichts meiner vorgezeigten Note, eine Zwei. „Und warum hast du keine?" Jeglicher Vergleich entmutigt.

Als Grundschullehrerin habe ich zumindest in den ersten Jahren bei dieser Fehlersuche und -bekämpfung voll mitgemacht. Ich erinnere mich noch genau an so manches Kindergesicht angesichts eines „blutroten" Diktatheftes. Erst Jahre später konnte ich beobachten und spüren, was für einen Unterschied es ausmacht, ob unter einem Diktat steht „20 Fehler, Note 6" oder ob es heißt: „60 von 80 richtig!" Es ist einfach ein neuer Blick dafür notwendig und die Bereitschaft, mit dem Kampf aufzuhören.

Ebenfalls aus der Schulpraxis stammt das Beispiel eines Schulanfängers. Stolz kommt er mit einer Reihe noch sehr krumm geschriebener „A's" zu mir nach vorne. In der alten Version habe ich mit dem roten Lehrerstift alle A's berichtigt, die nicht exakt in der Reihe waren. Entmutigt ist das Kind dann wieder auf seinen Platz zurückgegangen. Manchmal wundere ich mich über die Kraft dieser Kinder, die trotz einer solchen Behandlung wieder von vorne anfangen! Jahre später, die gleiche Situation. Diesmal frage ich, „Wer ist der König deiner A's?" Zielsicher und ohne Zweifel zeigt er auf das am besten gelungene A. Über dieses malen wir eine goldene Krone, um es als König erkennbar zu machen. Auf dem Weg zurück läuft dieses Kind ganz andächtig, schaut gebannt auf seinen König, fühlt sich selbst gekrönt. Jedes Kind hat immer einen König! Nicht nur die zwei oder drei Klassenbesten. Ermutigung braucht der Mensch wie Fische das Wasser. Ermutigung hat nichts mit übertriebenem Lob zu tun. Es reicht, wenn wir sehen, wahrnehmen, anerkennen. „Aha, du hast ein Bild gemalt. Wohin möchtest du es denn hängen?" Das ermutigt. Mehr ist oft nicht nötig.

Jedem einzelnen von uns sitzt die erlebte Entmutigung in allen Knochen.

Wir entmutigen uns, unsere Partner, unsere Kinder, ohne es zu merken. Alles, was wir für einen anderen tun, das er selbst tun kann, bewirkt Entmutigung. Die halbe Arbeit haben wir schon getan, wenn wir Entmutigung vermeiden. Das bedeutet, dass wir wachsam werden für Kritik, Schimpfen, Nörgeln, Fordern, Bestrafen, etc. Wenn uns bewusst wird, dass wir alle störenden Verhaltensweisen durch diese besondere Zuwendung erst verstärken, wird uns klar, wie viele unserer Probleme wir selbst verursacht haben.

Finden wir die Stärken eines Menschen und unterstützen diese, ist es erstaunlich, wie schnell frühere Störungen zurückgehen. Die kleine, entdeckte Pflanze wird größer, wenn sie täglich gegossen wird, das Unkraut verkümmert ...

Von Regina Schalck

„Ich habe das Gefühl, dass ich nur noch von Idioten umgeben bin!" Erinnern Sie sich? Mit diesem Satz eines Küchenchefs habe ich dieses Buch begonnen. Sollte dieser Satz nicht schon am Anfang bei Ihnen für ein Kopfschütteln oder ein Stück Betroffenheit gesorgt haben, dann hoffe ich, dass das spätestens jetzt der Fall ist. Aus dem Abschnitt 1.2 wissen Sie ja bereits, dass solche Aussagen und Überzeugungen dazu neigen, sich selbst zu erfüllen, und aus Abschnitt 2.7 wissen Sie auch, dass jede Aussage einen Teil Selbstoffenbarung als Botschaft enthält. Das bedeutet, dass so eine Aussage sehr viel über den Sprecher aussagt und wenig über dessen Mitarbeiter. Ich vermute, dass diese Führungskraft deshalb viel Kraft im Alltag aufwenden muss, um die gewünschten Ergebnisse zu erzielen. Vor allem wird damit aber noch einmal sehr deutlich, dass das Grundwissen aus Kapitel 1, die Ausführung über die Aufgaben aus Kapitel 2 und die erforderlichen Instrumente aus Kapitel 3 nicht ausreichen, damit aus Führungskräften Führungspersönlichkeiten werden. Dafür bedarf es zusätzlich einer angemessenen und unterstützenden inneren Haltung.

Meines Erachtens besteht auch modernes Coaching genauso wie moderne Führung aus diesen drei Bausteinen: Grundwissen, Methodenkompetenz und innere Haltung. Nachdem wir uns ja bisher hauptsächlich mit Wissen und Kompetenz befasst haben, möchte ich in diesem Kapitel vor allem Ihr „persönliches Setting" stärken bzw. Sie dabei unterstützen, dieses zu überprüfen.

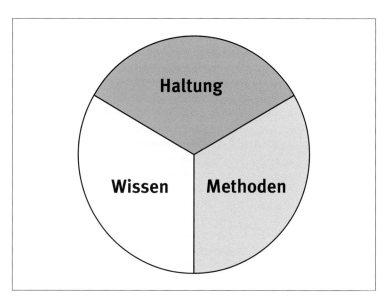

Abb. 4.1: Drei Bausteine für Führungspersönlichkeiten und Coaches

Die Eingangsgeschichte der Grundschullehrerin zeigt diesbezüglich zwei Dinge ganz deutlich: Zum einen werden nur durch eine kleine Veränderung der Grundhaltung viele Dinge plötzlich ganz einfach. Das entspricht damit dann auch einer der Kernbotschaften dieses Buchs: Es geht nur leicht! Zum anderen wird aus der Geschichte aber auch klar, dass oftmals entgegen besserem Wissen an alten Konventionen, alten Vorgehensweisen festgehalten wird. Frei nach dem Motto: „Das habe ich aber immer so gemacht!"

Dahinter liegt aber nicht unbedingt eine gewisse Ignoranz oder Borniertheit von Verantwortlichen, sondern eher eine Art „Bewusst-Losigkeit". Viele Vorgesetzte sind sich gar nicht bewusst, welchen Einfluss die eigene Haltung und das eigene Verhalten auf die Ergebnisse in (der) Wirklichkeit haben. Manchmal erkennt man dann, wie in der Geschichte der Grundschullehrerin, dass sogar genau das eigene Verhalten die Ursache von bisherigen Störungen war. Für viele Verantwortliche ist so eine Wahrheit aber so unbequem, also undenkbar, dass solche Wirklichkeiten lieber ausgeblendet, verzerrt oder verallgemeinert werden. Wirklich ist aber nun einmal, was wirkt, auch wenn das unbequem oder undenkbar ist. Hier ist also im wahrsten Sinne des Wortes oftmals ein Stück mehr Selbst-Bewusst-Sein gefragt ...

4.1 Das „Setting" von Persönlichkeiten

„Spieglein, Spieglein an der Wand! Wer ist die Schönste im ganzen Land?" Da antwortet der Spiegel: „ Geh bitte einmal zur Seite, ich seh' nichts..."

Otto Waalkes

Was berechtigt Vorgesetzte eigentlich dazu, Menschen zu führen? Um diese Frage zu beantworten, muss man sich die drei Formen der Kompetenz verdeutlichen: formelle Kompetenz, fachliche Kompetenz und persönliche Kompetenz. Falls Sie nicht selbst Gastronom, Hotelier oder vergleichbarer Unternehmer, also Eigentümer des Betriebs sind, brauchen Sie zunächst die formelle Kompetenz, um zu führen. Das ist in den meisten Fällen ein Arbeitsvertrag, in dem Ihre Führungsposition ausgewiesen wird. Sie brauchen also einen formellen Auftrag dafür.

Aus meiner eigenen Erfahrung kann ich an dieser Stelle allerdings bestätigen, dass der formelle Auftrag noch lange nicht dazu berechtigt, Mitarbeiter zu führen. Das haben die „mir unterstellten" Mitarbeiter in meiner ersten Führungsposition mir sehr schnell und deutlich zu verstehen gegeben. Wie sieht es dann mit der fachlichen Kompetenz aus? Ich stelle fest, dass sich hierbei oftmals die Geister scheiden. Viele Vorgesetzte halten ihre Fachkompetenz für die Kernberechtigung, um Mitarbeiter zu führen. Ich bin nicht dieser Überzeugung. Ich möchte damit eine hohe Fachkompetenz zwar nicht unterbewerten, aber auch nicht überbewerten. Ich glaube eher, dass hohe Fachkompetenz dazu berechtigt, Mitarbeiter zu befähigen, und noch nicht zwingend dazu berechtigt, diese auch zu führen. Vorgesetzte, die hauptsächlich mit hoher Fachkompetenz führen, werden sogar manchmal boshaft „Besserwisser" oder „Fachidioten" genannt. Ich bin der Überzeugung, dass die Berechtigung, Menschen zu führen, inklusive der zugehörigen beachtlichen Verantwortung, vor allem eine persönliche Kompetenz erfordert.

Denken Sie einfach an einen Vorgesetzten aus Ihrer eigenen Historie, der zwar die fachliche und formelle Kompetenz hatte, aber einen Mangel an Persönlichkeit. Fällt Ihnen da sofort jemand ein? Dann wissen Sie genau, was ich meine. Ihr Verhalten, Ihre Haltung und Ihre Überzeugungen haben einen nicht unerheblichen Einfluss darauf, ob es Mitarbeitern gut geht oder nicht.

Eine andere Bezeichnung für „Persönlichkeit" oder „persönliche Kompetenz" ist auch „natürliche Autorität" oder „Charisma". Diese Begriffe sind aber in der deutschen Sprache so verklärt und romantisiert, dass es kaum einer mehr wagt, sich solche Attribute selbst zuzuschreiben. Mit anderen Worten: Ich kenne zwar vielleicht natürliche Autoritäten oder charismatische Menschen, würde mich aber nie selbst so bezeichnen. Das griechische Wort „Charisma" mag ja in der Übersetzung so viel wie „göttliche Gabe" bedeuten. Ich selbst glaube aber weder an Gott, noch an Gaben, sondern eher an Persönlichkeitsanteile und Persönlichkeitsentwicklung. Natürliche Autoritäten haben meines Erachtens eher ein gewisses „Setting" in ihrer Persönlichkeit ausgeprägt bzw. entwickelt.

Statt den Ursprung dieser Eigenschaften also im Himmel zu verorten, sollten wir einen Blick auf das werfen, was dieses Setting konkret beinhaltet. Hier eine kleine Auflistung von sechs Anteilen, die meines Erachtens die meisten natürlichen Autoritäten gemeinsam haben. Diese Auflistung ist ein Ergebnis eigener Beobachtung und Erfahrung und spiegelt damit natürlich in erster Linie meine Sichtweise wider. Ich lade Sie aber dazu ein, selbst zu überprüfen, ob diese sechs Punkte Ihre eigenen Vorbilder vereinen:

Neugierde
Im „Erfolgs-Loop" aus dem dritten Kapitel wurde schon verdeutlicht, dass natürliche Neugierde ein Persönlichkeitsanteil erfolgreicher Menschen ist. Statt andere Menschen ständig zu be- und verurteilen, reagieren natürliche Autoritäten eher mit Neugierde und fragen: „Warum ist das so?" Durch diese Eigenschaft haben natürliche Autoritäten meist früh erkannt, dass die Welt nicht von einem einzigen Standpunkt aus erklärbar ist. Während viele Menschen an den Grenzen der eigenen Weltsicht eher mit Ablehnung und Angst reagieren, bleiben solche Persönlichkeiten neugierig und offen. Damit sorgt die eigene Neugierde nicht nur für sehr differenzierte Sichtweisen, sondern sie ist auch die Grunddynamik, die Stillstand verhindert.

Selbst- und Fremdreflexion
Der Beobachter kann sich selbst beim Beobachten nicht beobachten! Natürliche Autoritäten sind sich bewusst, dass der eigene „blinde Fleck" dazu führt, dass man die Tragweite des eigenen Verhaltens nicht immer selbst erkennen kann. Dieses Eingeständnis der eigenen Fehlbarkeit sorgt dafür, dass natürliche Autoritäten nicht nur selbstreflektiert sind, sondern auch aktiv Feedback von anderen einfordern, um sich ständig selbst zu überprüfen.

Integrität
Integrität bedeutet, dass Haltung und Verhalten übereinstimmen. Natürliche Autoritäten *erzählen* nicht nur, wofür sie stehen, sondern sie *verhalten* sich auch danach. Durch ihre Integrität sind solche Führungspersönlichkeiten nicht mehr „unberechenbar", sondern verlässlich. Das schafft Vertrauen und Sicherheit bei den Mitarbeitern. Integre

Persönlichkeiten lassen den Worten also Taten folgen, was sie im wahrsten Sinne des Wortes zu Vorbildern macht.

Selbstbewusstsein

Wahres Selbstwertgefühl kommt von innen! Für natürliche Autoritäten ist nicht mehr so wichtig, wie sie wirken, sondern was sie bewirken. Wer seinen Selbstwert aus dem Vergleich mit anderen zieht, für den sind andere erfolgreiche oder selbstbewusste Menschen eher gefährlich. Nur selbstbewusste Persönlichkeiten können deshalb selbstbewusste Mitarbeiter neben sich ertragen. Natürliche Autoritäten sind sich ihrer selbst und ihrer Fähigkeiten bewusst. Aus dieser Haltung heraus können Sie sich und anderen vertrauen und strahlen damit für sich und andere Sicherheit aus.

Präsenz

Natürliche Autoritäten haben eine gewisse Form des Auftretens. Ein Teil dieses Auftretens entspringt ganz sicher der Integrität, weil sich die Übereinstimmung auch nonverbal ausdrückt. Mit anderen Worten: Wer überzeugt ist, überzeugt auch! Charismatische Präsenz geht aber noch darüber hinaus. Das Wort „präsent" bedeutet ja schon vom Wortsinn her, ganz in der Gegenwart, also im Hier und Jetzt zu sein. Natürliche Autoritäten sind deshalb in Gesprächen nicht in sich, und damit vielleicht in der Zukunft oder in der Vergangenheit vergraben, sondern voll und ganz beim Gegenüber. Dadurch gewinnen natürliche Autoritäten eine viel tiefere Form der Empathie, des Kontakts und des Verständnisses für andere Menschen, als Gesprächspartner, die eher nur räumlich anwesend sind.

Machtlosigkeit

Der Begriff „natürliche Autorität" bedeutet ja, dass diese Autorität nicht durch eigenes Zutun bedingt wird, sondern eben „irgendwie von ganz alleine" kommt. Das hat mit dem Wort „autoritär" nichts mehr zu tun. Charismatische Persönlichkeiten brauchen keine „Machtspielchen" mehr, um ihr Selbstbewusstsein zu stärken, keine Dominanz mehr, um andere Menschen zu dominieren, und keine Macht, um sich anderer Menschen zu bemächtigen. Natürliche Autoritäten können machen, weil andere Menschen ihnen Macht verleihen. Das bedeutet mit anderen Worten, dass natürliche Führungspersönlichkeiten keine Macht einzufordern brauchen, sondern diese „natürlich" dadurch erhalten, dass sie von ihren Mitarbeitern voll und ganz angesehen und akzeptiert werden. Sie bekommen dadurch buchstäblich Ansehen.

Fallen Ihnen noch weitere oder andere Merkmale ein, die Sie bei natürlichen Autoritäten aus Ihrer eigenen Vergangenheit, also bei Ihren eigenen Vorbildern identifizieren können? Dann sind Sie genau auf dem richtigen Weg! Wir reden ja hier nicht von irgendwelchen „Übermenschen", die vom Himmel fallen, sondern von Persönlichkeiten, die man in Fleisch und Blut in der Praxis erleben kann. Die Frage ist ja, wie Sie selbst den einen oder anderen Punkt davon entweder integrieren oder verbessern können. Die Antwort darauf kennen Sie aber schon seit dem Abschnitt 1.4 über Lernen und Vorbilder. Demnach funktioniert auch Ihre Persönlichkeitsentwicklung in den gleichen drei Schritten wie bei allen Primaten, also durch Lernen am Modell: erkennen, verstehen, üben! Nur dass wir Menschen das sogar in Sprache übersetzen und damit viel effektiver arbeiten können.

Stellen Sie sich dazu einfach folgende Fragen: Was haben meine Vorbilder für Persönlichkeitsanteile, die mir besonders gefallen? Wie machen die das genau? Was davon kann ich selbst auch machen? Aneignen bedeutet, dass Sie sich etwas zu eigen machen. Also brauchen Sie nur noch mit dem Einüben anzufangen!

Fragen Sie sich jetzt, ob das wirklich so leicht geht? Darauf kann ich nur sagen: Ja und nein! Ja für: Das funktioniert tatsächlich so einfach, und Nein für: Es kann unbewusste Dynamiken geben, die Sie davon abhalten, Ihre Persönlichkeit tatsächlich in die gewünschte Richtung zu entwickeln. Wieder einmal könnte der schon oft genannte „blinde Fleck" Ihnen hier den Blick verstellen. Dazu ein kleiner Selbstversuch: Wie haben Sie sich eigentlich selbst erklärt, dass Sie Menschen führen möchten? Sie erinnern sich, dass Entscheidungen meist schon unbewusst getroffen werden und unser Bewusstsein uns unsere eigenen Entscheidungen erklärt. Was treibt also Menschen dazu an, dass sie sich dazu berufen fühlen, andere Menschen zu führen? Dazu gibt es natürlich eine Reihe rationaler Erklärungen: Möglicherweise haben Sie als Unternehmer gar nicht die Wahl oder Sie führen lieber, als dass Sie geführt werden. Vielleicht möchten Sie Ihre Erfahrungen weitergeben oder andere Menschen erfolgreich machen usw.

Das hört sich auch alles vernünftig an. Ich habe aber die These, dass solche Aussagen in den wenigsten Fällen als ganze Erklärung ausreichen. Viel häufiger kennen die meisten Menschen die dahinter liegenden emotionalen Beweggründe gar nicht, obwohl diese manchmal schon anhand der Berufswahl nicht so schwer zu erkennen sind. Warum wird z. B. jemand Politiker? Welche emotionalen Bedürfnisse möchte jemand damit womöglich befriedigen? Warum wird jemand Sozialarbeiter oder warum gerade Schauspieler oder Psychologe? Wenn Sie sich Mitglieder der jeweiligen Berufsgruppen ansehen, werden Sie ein paar Auffälligkeiten entdecken: Politiker haben häufig einen hohen Machtanteil, Sozialarbeiter ein stark ausgeprägtes „Helfer-Syndrom", Schauspieler leben und sterben für den Applaus vom Publikum, und erschreckenderweise gibt es unter Therapeuten auch Menschen mit dramatischen Persönlichkeitsdefiziten.

Mir ist es wichtig, zu betonen, dass ich hier keine Berufsgruppen über einen Kamm scheren oder gar diffamieren möchte. Es geht mir vielmehr darum, eine Dynamik zu verdeutlichen. Das bedeutet, dass hinter den rationalen Erklärungen zusätzlich auch noch die Erfüllung ganz banaler emotionaler Grundbedürfnisse steht, wie z. B.: Anerkennung, Liebe und Sicherheit. Der psychologische Fachbegriff für solche unbewussten emotionalen Beweggründe heißt „kompensatorischer Faktor". Kompensatorisch deshalb, weil damit versucht wird, einen Mangel auszugleichen. Auch das ist leicht erklärt. Wenn Ihnen z. B. Anerkennung ganz besonders wichtig ist, können Sie davon ausgehen, dass Sie Anerkennung irgendwann einmal als Mangel erlebt haben. Dominanz hingegen versucht einzufordern, was einem doch „irgendwie" zusteht.

So könnte die Frage, was Sie tatsächlich dazu antreibt, Menschen zu führen, unbequeme Wahrheiten ans Licht führen. Menschen zu führen, könnte so gesehen eine geschickte wie gefährliche Berufswahl sein. Sie verkörpern damit nämlich alle oben genannten Berufe ein wenig: Als „Politiker" sind Sie an der Macht, können Mitarbeiter als „Sozialarbeiter" retten oder als „Psychologe" therapieren und als „Schauspieler" auf Ihrer Bühne dafür auch noch den Applaus bekommen.

Aus dieser Dynamik heraus entstehen manchmal albtraumhafte, untragbare Beziehungen zwischen Vorgesetzten und Mitarbeitern. Chefs, die Mitarbeiter dominieren, weil sie ihnen zu wenig Anerkennung geben. Chefs, die ihre eigenen Schwächen in allen ihren Mitarbeitern suchen und diese dann mit Psychospielchen „therapieren" wollen. Chefs, die ihr Verhalten danach ausrichten, möglichst von ihren Mitarbeitern geliebt zu werden usw. Mit anderen Worten: Chefs, die Mitarbeiter missbrauchen, um eigene Mängel zu kompensieren. Solche Chefs sind tickende Zeitbomben. In dem Augenblick, in dem sie von ihren Mitarbeitern eben nicht Liebe, Anerkennung und Sicherheit erhalten, gehen solche Vorgesetzten nicht nur sprichwörtlich „hoch".

Praxistipp Nr. 38
Überprüfen Sie Ihren kompensatorischen Faktor! Welche emotionalen Bedürfnisse versuchen Sie durch Ihre Tätigkeit als Führungspersönlichkeit zu befriedigen?

Aber richten wir den Blick weg von möglichen Albträumen zwischen Mitarbeitern und Führungspersönlichkeiten und hinein in den Führungsalltag. Ein gewisser kompensatorischer Faktor ist ganz normal und auch nicht schlimm. Hier geht es nicht um Ja oder Nein, sondern um Mehr oder Weniger. Um das rechte Maß also. Wie können Sie nun herausfinden, ob Ihr kompensatorischer Faktor im grünen Bereich ist oder zu Beziehungsstörungen führt? Ein gutes Maß finde ich, wenn Sie Ihr eigenes Reaktionsmuster überprüfen. Wenn Sie z. B. besonders wütend oder sogar dominant werden, sobald Sie wenig anerkennendes Feedback von Ihren Mitarbeitern bekommen oder wenn Sie traurig oder unsicher werden, sobald einmal die Harmonie zwischen Ihnen und den Mitarbeitern gestört ist, dann könnten das Warnsignale sein. Bevor Sie jetzt etwas anbrennen lassen, wäre es empfehlenswert, dieses Reaktionsmuster von einem externen Coach überprüfen zu lassen.

Das Ziel dieses erneuten kleinen psychologischen Ausfluges ist, dass Sie eine gewisse Selbstreflexion als Führungspersönlichkeit auf einer Ebene betreiben, wie es für jemanden angemessen ist, der Menschen führt. Wie gesagt: Sie tragen als Vorgesetzter (Mit-)Verantwortung dafür, ob es Mitarbeitern womöglich gut oder schlecht geht. Je besser Sie Ihren blinden Fleck kennen, desto leichter und unbefangener können Sie Ihre Persönlichkeit entwickeln und stärken, sowie Fehlentwicklungen frühzeitig erkennen.

4.2 Führen oder Coachen?

Kleines Nachtgebet für Servicemitarbeiter:
Ich wünschte, mein Chef erwischt mich nicht nur,
wenn mir gerade ein Missgeschick oder Fehler passiert,
sondern auch, wenn ich gerade stolz auf meine Arbeit bin.
Ich wünschte, dass er mir öfter zeigt,
welche meiner Stärken er schätzt,
statt mich nur auf meine Schwächen anzusprechen,
die ich meist selbst schon lange kenne.
Lass ihn auch mal nachsichtig sein,
wenn ich an manchen Tagen weder ihn noch meine Kollegen,
meinen Job oder meine Gäste mag,
und erkennen, dass ich mich eigentlich
an solchen Tagen selbst nicht mag.
Sodass ich genau dann eher Ermutigung brauche als Kritik.
Lass meinen Chef tolerieren,
dass ich ein Mensch mit eigener Meinung, Zielen und Werten bin,
sodass ich mich nicht verstellen muss,
um akzeptiert zu werden.
Damit ich letzten Endes über mich hinauswachsen kann
und so werden kann,
wie ich mich selbst am liebsten sehen würde.
Von einem Seminarteilnehmer

Die Welt vieler Führungskräfte, so wie ich diese zu meiner Zeit in der Küche erlebt habe, war ziemlich schnell erklärt: „Macht ein Mitarbeiter nicht das, was wir uns vorstellen, hat er eben keinen Bock!" Kam es zu einem unerwünschten Verhalten bei einem Mitarbeiter, wurde also vor allem seine Motivation oder *Leistungsbereitschaft* infrage gestellt.

Das ist aber nur ein Aspekt von Verhalten. Spätestens aus dem Abschnitt 2.6 wissen Sie, dass für ein bestimmtes Verhalten auch die entsprechende Fähigkeit erforderlich ist. So kommt also *Leistungsfähigkeit* als Aspekt dazu. Leistung und Verhalten haben aber noch einen dritten Aspekt, den Sie als Führungspersönlichkeit beachten müssen, wenn Sie beides verstehen bzw. beeinflussen möchten. Die Erklärungen über den „kompensatorischen Faktor" aus dem letzten Absatz oder über Glaubenssätze aus Absatz 1.2 zeigen auf, dass Leistung und Verhalten manchmal von inneren Strukturen abhängig sind, auf die weder Sie, noch Ihre Mitarbeiter so einfach Einfluss nehmen können. Anders gesagt: Manchmal hat man zwar genügend Motivation, also Bereitschaft und auch die Fähigkeit zur Veränderung, schafft es aber dennoch nicht. Hier ist die Frage, ob man gerade in dieser konkreten Situation überhaupt die Möglichkeit hat, sich zu verändern.

Der dritte Aspekt beschreibt also die *Leistungsmöglichkeit.* Das entspricht ganz sicher auch der Erfahrung, die Sie selbst schon in Ihrem Führungsalltag gemacht haben. Manchmal scheint eine gewünschte Verhaltensänderung Ihres Mitarbeiters für Sie denkbar einfach, für den Mitarbeiter hingegen schier unmöglich. Vielleicht haben Sie auch schon festgestellt, dass Sie in solchen Situationen mit Aussagen wie: „Mach doch mal!" nicht weiterkommen. Genau hier kommen die gewöhnlichen Führungsinstrumente an ihre Grenzen, und es werden außergewöhnliche Vorgehensweisen erforderlich. Genau hier beginnt also Coaching …

Da ich die Begriffe Führungspersönlichkeit und Coach manchmal nebeneinander verwendet habe, ist an dieser Stelle eine konkretere Unterscheidung sinnvoll, um für mehr Klarheit zu sorgen. Meines Erachtens ist „Coachen" kein Synonym für „Führen" oder „Trainieren", sondern eine zusätzliche Führungsmethode nach gewissen Kriterien. Am häufigsten wird Coaching als Begriff und Methode im Sport verwendet. Was macht eigentlich der Coach eines Spitzensportlers? Er spornt seinen „Schützling" dazu an, Höchstleistungen zu erzielen. Er ermutigt, wenn es einmal nicht so leichtfällt, und hilft dem, den er betreut, dabei, dass er alle seine Fähigkeiten und Eigenschaften genau dann abrufbar hat, wenn er sie braucht, um zu gewinnen. Klar ist aber, dass ein Sportler, der olympisches Gold holen will, selbst laufen, springen oder schwimmen muss. Daraus leitet sich eine schöne Definition von Coaching inklusive der Kriterien ab:

Coaching ist eine ressourcenstärkende Begleitung, die einen anderen Menschen dabei unterstützt, die eigenen Ziele zu erreichen. Der Coach nimmt dem anderen dabei weder Aufgaben noch Problemlösungen ab. Coaching setzt die Einwilligung und damit einen klaren Auftrag des anderen voraus.

Während also beispielsweise im Fußball ein Trainer versucht, in seine Spieler etwas „hineinzutrainieren" mit der Absicht, seine Spieler genau so zu befähigen, wie er sie braucht, ist ein Coach derjenige, der versucht, aus seinen Spielern das Beste „herauszuholen". So gesehen, werden Sie in Ihrem Führungsalltag wahrscheinlich mal die eine, mal die andere Rolle einnehmen. Scheitert es an der Leistungsfähigkeit, sind Sie Trainer, scheitert es an der Leistungsmöglichkeit, sind Sie Coach. Als Coach dürfen Sie gerne weiterhin einige der bereits genannten Führungsaufgaben ausführen: Klima schaffen, Feedback geben und Ziele vereinbaren. Die anderen Führungsaufgaben wie „Mitarbeiter befähigen" und „Richtlinien bestimmen" haben dabei aber nichts verloren: Sie können ein Coaching nicht erzwingen oder regeln, es geht nämlich um ein Ziel Ihres Mitarbeiters. Daraus ergeben sich die zwei goldenen Regeln für Coaching:

1. Kein Coaching ohne klaren Auftrag!
2. Keine Lösungsvorschläge und Belehrungen vom Coach!

Praxistipp Nr. 39
Coaching ist Hilfe zur Selbsthilfe! Unterstützen Sie Ihre Mitarbeiter dabei, eigene Ziele zu erreichen, ohne Lösungen vorzugeben oder sie zu belehren.

Die erste Coaching-Regel ist eigentlich wieder eine der „unbequemen Wahrheiten": Es kann gut sein, dass Sie den einen oder anderen Ihrer Mitarbeiter gerne coachen möchten. Natürlich dürfen Sie dann auch fragen, ob Ihr Mitarbeiter das möchte, bzw. ein Coaching anbieten. Egal aber, ob Ihr Mitarbeiter *sagt,* dass er das nicht möchte oder ob Sie das nur an seiner Reaktion *bemerken:* Sie haben als Vorgesetzter nicht das Recht, einen Mitarbeiter gegen seinen Willen zu coachen.

Die zweite „goldene Coaching-Regel" hingegen hat wieder einige Vorteile für Sie. Oftmals höre ich von Führungspersönlichkeiten den Wunsch, dass Mitarbeiter doch eigenständiger denken sollten. Wie Sie aber schon wissen, gehören Wünsche unter den Weihnachtsbaum und nicht in den Führungsalltag. Bevor Sie sich das also womöglich als neues Ziel setzen, möchte ich hier eine Vermutung äußern, warum wohl viele Mitarbeiter lieber den Chef nach Lösungen fragen, anstatt selbst nachzudenken: Das ist viel einfacher! Außerdem ist es meines Erachtens eine „Unart" vieler Führungskräfte, Mitarbeitern das eigene Denken über die Jahre hin „abzugewöhnen". Mit anderen Worten: Mitarbeiter sind oftmals gewohnt, dass das Chefdenken eigenes Denken ersetzt bzw., dass eigenes Denken gar nicht gewünscht wird. Keine Lösungsvorschläge mehr zu geben, ist also nicht nur für Sie als Führungspersönlichkeit ziemlich erleichternd, sondern für Ihre Mitarbeiter auch eine Erziehungsmaßnahme in Sachen Eigenständigkeit.

Bevor ich Ihnen nun zwei sehr wirkungsvolle Coachinginstrumente vorstelle, will ich aber noch einige Grundhaltungen klären. Erfolgreiches Coaching setzt zum einen den sehr vertrauensvollen Kontakt zwischen Ihnen und Ihrem Mitarbeiter voraus. Ihr Mitarbeiter wird sonst nicht bereit sein, seine wirklichen Beweggründe, seine Gedanken, seine Schwächen und Limitierungen vor Ihnen auszubreiten. Darüber hinaus setzt diese Methode aber auch einige unterstützende Überzeugungen und Glaubenssätze bei Ihnen voraus. Das erklärt sich aber fast von selbst. Wer beispielsweise aus Menschen das Beste herausholen möchte, muss glauben, dass da auch „etwas drin" ist. Sonst wäre die Methode ja sinnlos.

So hat auch Coaching ein gewisses „Setting". Hier fünf Überzeugungen, die ein Coaching als Prozess überhaupt erst möglich machen:

Veränderung ist immer möglich
Oftmals treffe ich Vorgesetzte, die über einzelne Mitarbeiter sagen: „Die werden sich eh nicht mehr verändern!" Eine solche Aussage und Überzeugung behindert jegliche Veränderung und betont den Status. Gerade einschneidende Erlebnisse im Leben zeigen, dass Menschen sich manchmal sogar innerhalb von Minuten ändern können. Schon deshalb ist eine solche Übergeneralisierung von Seiten des Vorgesetzten falsch. Die Frage ist lediglich, was passieren muss, damit Veränderung für Ihren Mitarbeiter (wieder) möglich ist. Die gute Nachricht ist aber, dass Sie diese Frage aufgrund der zweiten „goldenen Coaching-Regel" nicht selbst beantworten müssen.

Mein Gegenüber trägt alle erforderlichen Ressourcen in sich
Ressourcen sind praktisch die „Betriebsmittel", um Veränderungen vorzunehmen. In diesem Buch war schon an mehreren Stellen die Rede davon. Ressourcen (lateinisch: hervorquellen) sind z.B. Kraft, Ausdauer, Kreativität, Ruhe, Motivation, Gelassenheit usw. Die Übersetzung sagt schon aus, dass diese Mittel bereits in uns liegen und praktisch

nur „hervorquellen" müssen. Aussagen wie z. B.: „Der ist völlig ideen-
los!", „Der kann das nicht lösen!" oder „Dafür hat der die Ruhe nicht!"
sprechen gegen diesen Punkt. Wie gesagt: Wenn Sie aus Ihren Mitarbeitern das Beste herausholen möchten, müssen Sie auch glauben, dass
„was drin" ist. Richtig ist natürlich die Aussage, dass Menschen nicht
immer guten Zugang zu allen ihren Ressourcen haben. Im Punkt 3.4
über Kreativtechniken haben wir sogar festgestellt, dass man manchmal ein paar Tricks braucht, um wieder Zugang zu den inneren Quellen
zu bekommen. Die Frage ist also, welche Ressourcen ihr Mitarbeiter zur
Veränderung braucht und wie er guten Zugang zu diesen Ressourcen
bekommt. Auch hier geht es für Sie nicht darum, die richtige Antwort zu
finden, sondern um die richtige Frage. Die Lösung liegt eben in Ihrem
Mitarbeiter und nicht bei Ihnen! Selbst die Frage, welche Ressourcen
erforderlich sind, können Sie nicht beantworten. Sie könnten nur beantworten, welche Ressourcen *Sie selbst* brauchen würden, wollten Sie
etwas an sich verändern. Diesbezüglich dann kluge Ratschläge zu geben, spricht aber wieder gegen die zweite goldene Coaching-Regel.

Menschen können jedes Ziel erreichen, wenn man die Aufgabe in „mundgerechte" Stücke teilt

Wie möchten Sie jemanden dabei unterstützen, seine Ziele zu erreichen, wenn Sie sein Ziel in Frage stellen? Kommentare wie z. B. „Ich
glaube nicht, dass Sie das noch schaffen!", oder: „Das ist doch kein
vernünftiges Ziel!", haben im Coachingprozess nichts verloren. Menschen, die meinen, genau zu wissen, was andere Menschen erreichen
können oder eben nicht, sind keine Coaches oder Führungspersönlichkeiten, sondern Gurus! Meines Erachtens ist es sogar sehr anmaßend,
anderen Menschen deren Ziele auszureden oder etwa nach eigenem
Weltbild zu „korrigieren". Sie dürfen durchaus hinterfragen, wie Ihr
Mitarbeiter plant, diese oder jene Hürde auf dem Weg zu seinem Ziel
zu nehmen (Fachbegriff: Supervision). Es steht Ihnen aber nicht zu,
die *Ziele* eines anderen in Frage zu stellen. Welchen Vorteil es hat, ein
großes Ziel in kleine Schritte zu teilen, haben Sie bereits bei der MOST-
Strategie im Abschnitt 3.4 erfahren. Große oder „knackige" Ziele brauchen also eher einen längeren Zeitraum und viele kleine Schritte. Ein
Mitarbeiter z. B., der mit seiner Leistungsfähigkeit weit hinter seinen
Kollegen liegt, wird den Anschluss irgendwann einmal schaffen, wenn
er jeden Monat nur um 5 Prozent Arbeitsleistung besser wird.

Jeder trifft die beste Wahl, die ihm zum jeweiligen Zeitpunkt zur Verfügung steht

Coaching ist meines Erachtens nicht möglich, wenn Sie Ihr Gegenüber nicht verstehen können. Wenn Sie Ihre Mitarbeiter irgendwo hin
„kutschieren" möchten, müssen Sie diese zunächst auch irgendwo
abholen. Mit anderen Worten: Sie müssen verstehen lernen, was die

bisherigen Beweggründe waren, was für Ihr Gegenüber bisher möglich war und was nicht. Das verlangt nicht nur ein gewisses Maß an Empathie (Einfühlungsvermögen), sondern auch, dass Sie sich in Ihr Gegenüber buchstäblich eindenken. Und das wird Ihnen nicht gelingen, wenn Sie das Verhalten und die Beweggründe Ihres Gegenübers immer mit Ihrem eigenen Modell der Welt, also mit Ihrer eigenen Sichtweise vergleichen. Daraus würde sich nämlich ergeben, dass Sie das Verhalten Ihres Gegenübers nach Kriterien wie vernünftig oder unvernünftig bewerten. Hier ist also wieder ein Perspektivenwechsel erforderlich. Dazu sollten Sie wissen, dass Menschen immer die beste Wahl treffen, die ihnen im Moment der Entscheidung zur Verfügung steht. Das bedeutet rückwirkend nicht, dass es womöglich bessere Wahlmöglichkeiten gegeben hätte. Denken Sie einmal an einen Mitarbeiter, dessen Verhalten Sie bisher oftmals als „schräg" oder sogar für ihn limitierend betrachten. Wenn also auch er mit seinem Verhalten die *für ihn* beste Wahl trifft, bedeutet das, dass er keine bessere Wahlmöglichkeit kennt bzw. andere Wahlmöglichkeiten für noch schlechter hält. Wenn Sie also bisher bei solchen Mitarbeitern gedacht haben, dass diese oder jene Verhaltensalternative doch eigentlich naheliegend wäre, heißt das nur, dass diese Alternative für *Sie selbst* naheliegt, nicht aber für Ihren Mitarbeiter. Man kann also sagen, dass Coaching ein Prozess ist, bei dem Sie Ihren Mitarbeitern dabei helfen, entweder neue Verhaltensalternativen zu entwickeln oder bisher ausgeschlossene Möglichkeiten ins „richtige Licht" zu rücken.

Praxistipp Nr. 40
Jeder trifft die beste Wahl, die er verfügbar hat! Verhält sich ein Mitarbeiter für Sie unverständlich, kennt er entweder keine Alternative oder er hält mögliche Verhaltensalternativen für schlechter.

Die Grundintention jedes Verhaltens ist positiv
Der letzte Punkt, der im Coachingprozess für mehr Verständnis sorgt, ist die Überzeugung, dass die Grundintention jedes Verhaltens positiv sein muss. Das ist zwar eigentlich selbstverständlich, in der Praxis aber nicht immer auf den ersten Blick klar. Jeder Mensch verhält sich so oder anders, um für sich ein positives Ergebnis zu erzielen, und nicht, um sich selbst zu schaden. Das bedeutet aber auch, dass hinter für Sie „schrägem" Verhalten irgendwo eine positive Absicht liegen muss. Dieser Punkt gilt übrigens *immer!* Selbst wenn ein Mitarbeiter beispielsweise im Extremfall einen seiner Kollegen schlägt, ist dieses Verhalten zwar keinesfalls akzeptabel oder tragbar, gründet sich aber trotzdem auf eine positive Absicht. Womöglich versucht dieser Mitarbeiter damit einen Konflikt zu lösen. Mir ist klar, dass Sie auf so eine Situation wahrscheinlich nicht mit einem Coaching reagieren würden. Dennoch ist dieses Beispiel gut, um sich die Tragweite dieses Punktes

noch einmal zu verdeutlichen. „Schräges" Verhalten bezweckt nicht, etwas Schlechtes zu erreichen, sondern ist womöglich nur keine gute Wahl, um die positive Absicht zu erreichen. Sie müssen also zunächst die positive Absicht Ihres Gegenübers hinterfragen und diese dann in Relation mit seinem bisherigen Verhalten bringen. Wie bei der Konfliktlösung im Abschnitt 3.3 schafft oftmals erst die „Bankrotterklärung" bisherigen Verhaltens den notwendigen Raum für Verhaltensalternativen.

Nutzen Sie die fünf genannten Punkte dafür, sich selbst bzw. Ihre Einstellungen zu überprüfen. Es kann durchaus sein, dass Sie hinter den einen oder anderen Punkt ein Fragezeichen setzen, weil Sie sich das entweder nicht vorstellen können oder in Ihrer bisherigen Führungsarbeit eine andere Erfahrung gemacht haben. Sollte das der Fall sein, dann ist der Begriff „Überzeugungen" natürlich unglücklich gewählt. Fest steht aber, dass Mitarbeitercoaching keinen Sinn macht, wenn Sie diese fünf Punkte nicht zumindest akzeptieren. Ein Weg dazu könnte im Zweifelsfall auch sein, den Begriff „Überzeugung" durch „Annahme" zu ersetzen und diese fünf Punkte damit als Grundhaltung einfach anzunehmen.

Ist diese Grundvoraussetzung dann gegeben, können Sie gemeinsam mit einem Mitarbeiter in einen Coachingprozess eintreten. Nach den letzten Absätzen ist hoffentlich klar geworden, dass dieser Prozess hauptsächlich in Ihrem Gegenüber stattfindet. Da Sie ja laut der zweiten Coaching-Regel keine Lösungen vorgeben dürfen, können Sie diese Prozesse nicht auslösen, indem Sie Antworten geben, sondern dadurch, dass Sie die richtigen Fragen stellen. Ich nenne diese Fragen deshalb „Prozessfragen". Dabei handelt es sich um offene Fragen (wer, wie , was, weshalb, usw.), die sich in zwei Richtungen aufteilen: Klärung der Ist-Situation und Entwicklung von Verhaltensalternativen. Aus dem Abschnitt 3.2 wissen Sie bereits, dass die Frage „Warum machst du das?" keine Prozesse, sondern Rechtfertigungen auslöst. Um Prozesse in einem Coaching in Gang zu bringen, ist eine andere Fragestellung erforderlich.

Praxistipp Nr. 41
Wer fragt, der führt! Coaching bedeutet nicht, die richtigen Antworten zu geben, sondern die richtigen Fragen zu stellen. Lösen Sie durch geschickte Fragen Prozesse in Ihren Mitarbeitern aus.

Klärung der Ist-Situation
Durch geschicktes Hinterfragen der Ist-Situation erhalten Sie nicht nur mehr Informationen über die Beweggründe und Absichten Ihres Gegenübers. Um Ihre Fragen zu beantworten, muss Ihr Gegenüber

zunächst einmal nachdenken und sich sein Verhalten, seine Absichten und Begründungen bewusst machen. Hier eine Auswahl von Prozessfragen zu Klärung der Ist-Situation:

- ▶ „Was versuchen Sie mit Ihrem Verhalten zu erreichen?"
- ▶ „Was beabsichtigen Sie mit Ihrem Verhalten?"
- ▶ „Was haben Sie bisher gemacht, um …?"
- ▶ „Was ist Ihr Ziel dabei?"
- ▶ „Wofür ist das gut?"
- ▶ „Was möchten Sie ändern?"
- ▶ „Was hält Sie bisher davon ab?"
- ▶ „Was fehlt Ihnen noch?"
- ▶ „Was vermissen Sie?"
- ▶ „Was brauchen Sie noch?"
- ▶ „Was unterscheidet diese Situation von anderen?"
- ▶ „Worauf begründet sich Ihre Meinung?"
- ▶ „Wie kommen Sie zu dieser Überzeugung?"
- ▶ „Was genau hat das bei Ihnen ausgelöst?"

Entwicklung von Verhaltensalternativen

Die Lösung liegt in Ihrem Gegenüber! Prozesse dauern aber länger als Rechtfertigungen. Ihr Gegenüber muss für eine Antwort oder eine Lösung eben erst überlegen. Lassen Sie Ihrem Gegenüber deshalb genügend Zeit für Antworten. Hier eine Auswahl von Prozessfragen zur Entwicklung von Verhaltensalternativen:

- ▶ „Was können Sie tun?"
- ▶ „Was müssten Sie eigentlich tun?"
- ▶ „Was würde passieren, wenn Sie xy tun?"
- ▶ „Was würde die Situation verändern bzw. verbessern?"
- ▶ „Was wären Alternativen dazu?"
- ▶ „Was haben Sie jetzt vor?"
- ▶ „Wie genau möchten Sie das erreichen?"
- ▶ „Wie sieht Ihr Plan aus?"
- ▶ „Was könnte Ihnen noch im Weg stehen?"
- ▶ „Was könnte Sie noch überraschen?"
- ▶ „Was hätte das für Auswirkungen?"
- ▶ „Welches Verhalten wäre jetzt am geschicktesten?"
- ▶ „Was müssen Sie noch bedenken?"

Mit diesem Wissen und der entsprechenden Grundhaltung haben Sie die perfekten Voraussetzungen, Ihre Mitarbeiter nicht nur zu führen, sondern zusätzlich auch noch zu coachen. Das ergänzt zum einen schon das in Abschnitt 3.2 genannte Coachinggespräch um kluge Fragestellungen und um eine angemessene Coach-Haltung. Darüber hinaus habe ich Ihnen aber noch zwei weitere Coaching-Instrumente versprochen. Das erste könnten Sie eigentlich aus den bisherigen

Informationen selbst „zusammenköcheln": Coaching ist eine Methode, um Menschen dabei zu unterstützen, ihre Ziele zu erreichen. Zum Thema Ziele haben Sie seit dem Abschnitt 2.4 einige Informationen. Demnach müssen ein paar Kriterien erfüllt sein, damit wir überhaupt über ein Ziel sprechen können. Wenn also Ihr Mitarbeiter beispielsweise seine Leistung steigern möchte, könnten Sie über seine Planung in der Weise „darüber schauen", dass Sie überprüfen, ob er oder sie dabei die SMART-Kriterien erfüllt. Der Fachbegriff für dieses „Darüber-Schauen" heißt Supervision.

Coaching-Instrument Supervision

Unterstützen Sie Ihre Mitarbeiter mit gezielten Fragen dabei, aus einer gewünschten Veränderung ein konkretes Ziel inklusive der erforderlichen Strategie zu erstellen:

1. Ist-Situation aus Sicht Ihres Mitarbeiters
2. Einverständnis zum Coaching abfragen
3. Gewünschtes Zielbild erfragen
4. Konkretisieren nach den SMART-Regeln
5. Zielführende Verhaltensmuster entwickeln

Ist-Situation aus Sicht Ihres Mitarbeiters

Im Gegensatz zum Coachinggespräch aus Abschnitt 3.2 kommt bei der Situation ein Mitarbeiter auf Sie zu und erzählt Ihnen, welche Situationen für ihn limitierend oder problematisch sind. Nutzen Sie diese Stelle in der Supervision dazu, mit Verständnis und Wertschätzung den Kontakt für den weiteren Prozess zu stärken.

Einverständnis zum Coaching abfragen

Fragen Sie Ihren Mitarbeiter jetzt ganz konkret, ob er sich von Ihnen tatsächlich Unterstützung dabei wünscht, die beschriebene Situation zu verändern. Diese Frage ist auch deshalb geschickt, weil Sie damit bereits einen kleinen Filter installieren, der Ihnen viele „Pseudo-Gespräche" ersparen wird. Sie dürfen ja nicht vergessen, dass es auch unter Ihren Mitarbeitern immer wieder Kläger gibt, die zwar gerne über Probleme diskutieren, aber selbst wenig ändern wollen. Mit einer Frage wie z.B.: „Möchten Sie, dass ich Sie dabei unterstütze, damit *Sie* das verändern können?" filtern Sie die „Kläger" in Ihrem Team heraus. Ein Kläger wird wahrscheinlich auch zukünftig noch einmal mit solchen Pseudo-Einladungen zu Ihnen kommen. Von allen anderen bekommen Sie jetzt den Auftrag, wie dieser in der ersten Coaching-Regel gefordert wird.

Gewünschtes Zielbild erfragen

Ab jetzt helfen Sie Ihrem Mitarbeiter mit gezielten Fragen dabei, Klarheit darüber zu finden, was er tatsächlich erreichen möchte. Folgende Prozessfragen beispielsweise *spezifizieren* das Zielbild Ihres Mitarbeiters: „Was genau möchten Sie gerne verändern?" oder: „Was soll Ihr Ergebnis sein?"

Konkretisieren nach den SMART-Regeln

Indem Sie sich dann praktisch fragend an den SMART-Regeln „entlanghangeln", helfen Sie Ihrem Mitarbeiter dabei, dieses Zielbild immer konkreter zu machen. Hier einige passende Prozessfragen:

▶ „Woran erkennen Sie, dass Sie Ihr Ziel erreicht haben?" *(spezifiziert)*
▶ „Woran messen Sie dann, dass sich die Situation verändert hat?" *(messbar)*
▶ „Was wird Ihr Gewinn an dieser Veränderung sein?"
▶ „Was konkret wird sich dann für Sie verbessern?"
▶ „Was wird im Alltag leichter?" *(attraktiv)*
▶ „Haben Sie den notwendigen Einfluss darauf?"
▶ „Was brauchen Sie für diese Veränderung noch?"
▶ „Ist Ihr Ziel von weiteren Punkten abhängig?" *(realistisch)*
▶ „Bis wann möchten Sie Ihr Ziel erreicht haben?"
▶ „Bis wann genau wird die Veränderung abgeschlossen sein?"
▶ „Was haben Sie sich als Frist gesetzt, um die Situation zu verändern?" *(terminiert)*

Zielführende Verhaltensmuster entwickeln

Nachdem das Ziel so konkret überdacht und ausformuliert wurde, muss das Ganze noch umgesetzt werden, um Wirklichkeit zu werden. Über das, was jetzt zu tun ist, müssen Sie sich nicht den Kopf zerbrechen. Selbst wenn Sie jetzt tolle Ideen haben, was man alles machen könnte, um die Situation zu verändern: Behalten Sie das (zunächst) für sich! Sie würden sonst an dieser Stelle Lösungen vorgeben und den gerade entstehenden Prozess abtöten. Zunächst muss Ihr Gegenüber nun liefern. Mit folgenden Prozessfragen lösen Sie das beispielsweise aus:

▶ „Was haben Sie vor?"
▶ „Was konkret werden Sie unternehmen, um Ihr Ziel zu erreichen?"
▶ „Was können Sie tun, um Ihrem Ziel Schritt für Schritt näher zu kommen?"
▶ „Wie sieht Ihr Plan aus?"
▶ „Was haben Sie bisher unternommen bzw. in vergleichbaren Situationen bereits ausprobiert?"

Ihr Mitarbeiter sollte mindestens drei bis fünf neue Verhaltensweisen entwickeln. Passiert das nicht, empfehle ich Ihnen eher, die Supervision jetzt zu unterbrechen und erst nach einem Tag Bedenkzeit für Ihren Mitarbeiter wieder aufzunehmen. Wenn Sie dann davon erzählen möchten, wie Sie selbst mit solchen Problemsituationen bisher umgegangen sind, ist dagegen nichts mehr einzuwenden. Sie wollen aber Mitarbeiter haben, die selbst denken …

Das zweite und letzte Coaching-Instrument, das ich Ihnen hier vorstellen möchte, ist wahrscheinlich von allen in diesem Buch genannten Instrumenten das leichteste! Sie werden nur ein wenig Übung brauchen, um es geschickt anzuwenden. Dafür verspreche ich Ihnen aber schon jetzt, dass Ihre Mitarbeiter dieses Instrument lieben werden! In diesem Buch war schon oft die Rede davon, dass das „Mutmachen" auch zu Ihren Aufgaben gehört. Eigentlich hätten wir es deshalb im Kapitel 2 mit zu den Führungsaufgaben zählen können. In der einfachen Form von „Mut zusprechen" finde ich Ermutigung aber zu anspruchslos und als ermutigendes Instrument zu anspruchsvoll, als dass es als normale Führungsaufgabe durchginge. Das Instrument dazu heißt „Reframing" und ist insofern anspruchsvoll, als Sie zur geschickten Anwendung ein wenig psychologisches Hintergrundwissen brauchen, um die Dynamik zu verstehen.

Wie schon erwähnt, gibt es in unserer Branche durchaus auch Vorgesetzte, die ihre Mitarbeiter eher entmutigen. Wenn Sie einige in diesem Buch genannte Punkte in Ihrem gastronomischen Alltag berücksichtigen, wird Ihnen das als Führungspersönlichkeit vermutlich nur selten passieren. Sie sollten im Übrigen wissen, dass Mitarbeiter nicht unbedingt Chefs, Gäste oder Kollegen brauchen, um entmutigt zu werden. Das können die Leute ganz alleine! Der Hauptverantwortliche für einen Großteil erlebter Entmutigung sitzt wahrscheinlich irgendwo im Kopf: Es ist die innere Stimme, die eigenen Gedanken, die dafür sorgen, dass viele Menschen sich oftmals selbst entmutigen. Wahrscheinlich ist es genau das, was die Bibel mit der Vertreibung aus dem Paradies beschreibt. Nachdem wir einmal vom Baum der Erkenntnis genascht haben, sind wir dazu verdammt, alles zu bewerten und zu beurteilen. Psychologisch ausgedrückt: Unser Gehirn zwingt uns dazu, anderen Menschen, allen Situationen, uns selbst, unserem Verhalten und unseren Fähigkeiten ständig eine Bedeutung zu geben. Der Linguist Alfred Korzybski hat Mitte des 20. Jahrhunderts festgestellt, dass diese Bedeutungsgebung bei uns Menschen eine innere, körperliche Reaktion, also Gefühle auslöst. Er hat dieses Phänomen „semantische Reaktion" genannt. Mit anderen Worten, je nachdem, welche Bedeutung wir uns, unseren Fähigkeiten und unserem Erleben zumessen, löst diese Bedeutungsgebung entweder gute und stärkende oder eben schlechte und limitierende Gefühle aus. Das ist übrigens der Grund dafür, dass wir Menschen wohl als einziges Lebewesen an unseren Gedanken erkranken können.

Jetzt könnten wir natürlich sagen, dass das tragisch sein mag, dass das Leben aber eben limitierende bzw. belastende Situationen mit sich bringt und dass unsere Fähigkeiten und unsere Eigenschaften eben so sind, ob uns das gefällt oder nicht. Das widerspricht aber dem, was in Abschnitt 1.1 über Modelle der Welt steht. Auch unsere Bedeutungsgebung ist demnach nur eine Konstruktion. Bedeutung liegt also nicht in den Dingen selbst. Wir *geben* den Dingen eine Bedeutung. Das hat auch einen sehr beruhigenden Aspekt: Ich kann zwar nicht immer die Wirklichkeit verändern, verändern kann ich aber die Bedeutung, die ich dieser Wirklichkeit zumesse. Anhand vieler Sprichwörter lässt sich dieser Punkt schön verdeutlichen. Es gibt z. B. ein Sprichwort, das sich auf die eigenen Fähigkeiten bezieht: „In jeder Schwäche liegt auch eine versteckte Stärke." Nehmen wir also beispielsweise an, jemand sagt, dass er sich nicht so auf Details konzentrieren könne. Dann kann diese vermeintliche Schwäche auch bedeuten, dass dieser Mensch eher den Überblick behält, was eine Stärke ist. Ob etwas eine Stärke oder Schwäche ist, hängt davon ab, in welchem Kontext oder Rahmen ich das Ganze betrachte. Es gibt eine Reihe weiterer Sprichwörtern, die mit gleichem Hintergedanken auf die Bedeutung von Lebenssituationen zielen, wie z. B.: „Was dich nicht umbringt, macht dich hart!" – „Es gibt nichts Schlechtes, was nicht auch etwas Gutes hat!" – „Krisen sind auch Chancen!" usw. Alle diese Sprichwörter zielen aber auf den Umstand ab, dass die Bedeutungsgebung, egal ob über Fähigkeiten oder über Lebenssituationen, eben eine Sache der Sichtweise ist. Ist also etwas tatsächlich limitierend oder doch stärkend? Das kann man so oder so sehen …

Wenn Sie jetzt denken, dass wir hier Dinge einfach „schönreden", irren Sie sich. Wir reden vielmehr über die Basis jeder psychotherapeutischen Arbeit. Menschen erkranken oftmals daran, dass sie sich selbst bzw. ihr Erleben in einen limitierenden, belastenden Rahmen setzen und es ihnen nicht mehr gelingt, diesen Rahmen zu verändern. Jede Gesprächstherapie bezweckt also eine Art von „Neu-Rahmung" (Fachbegriff: Reframing), also: dem anderen neue Denkmodelle anbieten, um sich selbst oder seinem Erleben eine andere Bedeutung zuzumessen. Vereinfacht gesagt heißt das, dass sich damit das innere Erleben, die emotionale Bewertung verändern kann, ohne dass sich die Situation an sich verändert hat.

Keine Angst, Sie sollen Ihre Mitarbeiter zukünftig nicht therapieren. Sie können aber Mitarbeitern, die sich mit belastender und limitierender

Bedeutungsgebung selbst entmutigen, einen neuen bzw. anderen „Bedeutungsrahmen" anbieten, also einen Rahmen, der eher stärkt und ermutigt. Sie sollten wissen: Entmutigung ist schwächend, und es wird Ihnen schwerfallen, Mitarbeiter zu coachen, die gerade geschwächten Zugriff auf ihre Ressourcen haben. Ermutigung ist im Gegensatz dazu ressourcenstärkend. Befinden sich Ihre Mitarbeiter in einem limitierenden oder belastenden Denkrahmen, dann fällt es Ihnen oftmals schwer, aus diesem Rahmen heraus eine andere Sichtweise zu entwickeln. So mag Ermutigung tatsächlich nur einen Gedanken weit weg sein, aber in einer ressourcenarmen Situation trotzdem praktisch undenkbar. Entwickeln Sie also ein Ohr dafür, wenn Mitarbeiter limitierende Aussagen machen, und bieten Sie dann direkt eine ermutigende Sichtweise an.

Coaching-Instrument Reframing

Helfen Sie Ihren Mitarbeitern dabei, belastende Dinge umzudeuten. Bieten Sie dafür ermutigende Sichtweisen in zwei unterschiedlichen Weisen an:

- ► Ermutigung bezüglich der Bewertung von Fähigkeiten und Eigenschaften *(Kontextreframe)*
- ► Ermutigung bezüglich der Bewertung von Lebenssituationen *(Bedeutungsreframe)*

Kontextreframe

Ihr Mitarbeiter bewertet eine eigene Eigenschaft oder Fähigkeit als negativ, also als Schwäche. Folgende Aussagen spiegeln das beispielsweise wider:
- ► „Ich bin zu oberflächlich."
- ► „Ich kann nicht so gut zuhören."
- ► „Ich kann mir keine Namen merken."
- ► „Ich habe keine schöne Handschrift."
- ► „Mir passieren lauter Fehler."

Ich bin mir sicher, dass Sie solche oder ähnliche Aussagen schon oft von Ihren Mitarbeitern gehört haben. Bei näherem Hinsehen sind natürlich alle diese Aussagen in dieser Form falsch. Es handelt sich um lauter Verallgemeinerungen. Oder haben Sie schon einen Menschen kennengelernt, der sich wirklich *keinen* Namen merken kann? Viel wahrscheinlicher ist, dass er oder sie sich nicht alle Namen merken kann und glaubt, dass andere das viel besser können. Jede Schwäche ist aber auch eine versteckte Stärke. Decken Sie diese Stärke auf, indem Sie die genannte Schwäche Ihres Mitarbeiters in einen Kontext setzen, in dem sie hilfreich und stärkend ist. Bieten Sie Ihrem Mitarbeiter dann diese Sichtweise an. Bei oben genannten Beispielen könnte sich das so anhören:

- ▸ „Sie haben dafür den Blick für das Große und Ganze!"
- ▸ „Sie sind auf jeden Fall jemand mit eigener Meinung."
- ▸ „Sie konzentrieren sich also lieber auf das Wesentliche."
- ▸ „Sie konzentrieren sich also lieber auf den Inhalt, als auf die Form."

Durch den Kontextreframe stehen also wieder die Stärken Ihrer Mitarbeiter im Mittelpunkt, und das sogar, wenn der Mitarbeiter diese momentan selbst nicht sehen kann. Das ermöglicht eine völlig neue Qualität der Ermutigung.

Bedeutungsreframe

Viele Situationen im gastronomischen Alltag werden von den Mitarbeitern als entmutigend wahrgenommen. Da passieren Missgeschicke, unglückliche Umstände, mit denen Mitarbeiter konfrontiert werden, die eigenen Ziele werden nicht erreicht, Gäste laden ihren Ärger bei einem ab usw. Folgende Aussagen spiegeln das wider:

- ▸ „Ich habe mich gerade mit meinem Kollegen gestritten."
- ▸ „Mir ist heute ein Tablett mit Gläsern im Restaurant heruntergefallen."
- ▸ „Der Gast hat mich gerade von oben herab behandelt!"
- ▸ „Ich habe es wieder nicht geschafft alle Gäste zufriedenzustellen."

Diese Beschreibungen sind deshalb entmutigend, weil sie den Fokus nur auf die negative Bedeutung legen. Hierbei wird vom Mitarbeiter ausgeblendet, dass diese Situationen nicht nur negative Auswirkungen haben müssen. Es gibt nichts Schlechtes, das nicht auch etwas Gutes hat. Decken Sie auf, welche positiven Auswirkungen so ein Erleben auch haben könnte. Bieten Sie Ihren Mitarbeitern dann diese Sichtweise an:

- ▸ „Endlich haben Sie den ersten Schritt gemacht, den Konflikt mit Ihrem Kollegen zur Sprache zu bringen."
- ▸ „Sie haben Ihren Gästen wohl heute einen unvergesslichen Abend bereitet."
- ▸ „Ich schätze ganz besonders an Ihnen, dass Sie sich nicht über Ihre Gäste stellen."
- ▸ „Sie haben heute also wieder einen Punkt entdeckt, wie Sie noch besser werden können."

Vielleicht denken Sie als „Chef" jetzt über die eine oder andere Situation bzw. vermeintliche Schwäche, dass hier eher Handlungsbedarf besteht, als dass Sie dem Mitarbeiter dabei helfen sollten, eine „angenehmere" Bewertung vorzunehmen. Das kann durchaus sein. Sie sollten aber wissen, dass jede Veränderung schwierig ist, solange Ihr Gegenüber in ressourcenschwacher Situation ist. Ich empfehle Ihnen deshalb: Zuerst ein geschickter Reframe und erst dann, ressourcengestärkt, der Start in einen Veränderungsprozess. Das kann dann durchaus ein Coaching sein …

4.3 Von Moral und Werten

Ein Philosophieprofessor nahm zu Beginn seiner Vorlesung ein großes, leeres Mayonnaiseglas und füllte es bis zum Rand mit großen Steinen. Anschließend fragte er seine Studenten, ob das Glas voll sei. Sie stimmten zu.

Der Professor nahm eine Schachtel mit Kieselsteinen, schüttete sie in das Glas und schüttelte es leicht. Die Kieselsteine rollten natürlich in die Zwischenräume der größeren Steine. Dann fragte er seine Studenten erneut, ob das Glas jetzt voll sei. Sie stimmten wieder zu und lachten. Der Professor seinerseits nahm eine Schachtel mit Sand und schüttete ihn in das Glas. Natürlich füllte der Sand die letzten Zwischenräume im Glas aus.

„Nun", sagte der Professor zu seinen Studenten, „Ich möchte, dass Sie erkennen, dass dieses Glas wie Ihr Leben ist: Die Steine sind die wichtigen Dinge im Leben: Ihre Familie, Ihr Partner, Ihre Gesundheit, Ihre Kinder – Dinge, die, wenn alles andere wegfiele und nur sie übrig blieben, Ihr Leben immer noch erfüllen würden. Die Kieselsteine sind andere, weniger wichtige Dinge wie z. B. Ihre Arbeit, Ihre Wohnung, Ihr Haus, Ihr Auto. Der Sand symbolisiert die ganz kleinen Dinge im Leben. Wenn Sie den Sand zuerst in das Glas füllen, bleibt kein Raum mehr für die Kieselsteine oder die größeren Steine. So ist es auch in Ihrem Leben: Wenn Sie all Ihre Energie für die kleinen Dinge in Ihrem Leben aufwenden, bleibt Ihnen nichts mehr für die großen. Achten Sie daher auf die wichtigen Dinge, nehmen Sie sich Zeit für Ihre Kinder oder Ihren Partner, achten Sie auf Ihre Gesundheit. Es wird noch genug Zeit sein für Arbeit, Haushalt, Partys usw. Achten Sie zuerst auf die großen Steine – sie sind es, die wirklich zählen. Der Rest ist nur Sand!"

*Nach dem Unterricht nahm einer der Studenten das Glas mit den gro-
ßen Steinen, den Kieseln und dem Sand – bei dem mittlerweile sogar
der Professor zustimmte, dass es voll war – und schüttete ein Glas Bier
hinein. Das Bier füllte den noch verbliebenen Raum im Glas aus, dann
war es wirklich voll. Und die Moral von der Geschichte? Egal, wie erfüllt
Ihr Leben ist, es ist immer noch Platz für ein Bier!*

Wir nähern uns dem Ende dieses Buches, und ich freue mich, wenn
ich Ihnen ein paar neue Seiten des Führers eröffnen konnte. Selbst
wenn Sie an mancher Stelle nur mit einer „anderer Brille" auf bekannte
Seiten geblickt haben, hat sich die Reise bis hierher gelohnt. Offensichtlich ist aber, dass hinter jedem Instrument, hinter jeder Aufgabe
genauso wie in meiner Zusammenstellung des Basiswissens, immer
auch eine weitere Botschaft mitschwingt: Wir arbeiten mit Menschen!
Das gibt dem Buch sozusagen eine Art „moralische Grundfärbung":
Aber es war mein Ziel, das Thema Mitarbeiterführung im wahrsten Sinne des Wortes Wert-voll zu machen. Damit wissen Sie jetzt also etwas
über mein Wertesystem.

Ich möchte dieses Buch aber nicht enden lassen, ohne dass Sie auch
etwas über Ihr eigenes Wertesystem und das Ihrer Mitarbeiter wissen.
Was ist eigentlich der Unterschied zwischen Werten, Ethik und Moral
und was bedeutet das für Ihren Führungsalltag? Keine Angst, ich möchte Sie jetzt nicht zu dem beliebten gesellschaftlichen Partyspiel „Lass
uns gemeinsam über den Werteverfall lamentieren" einladen. Ich
möchte viel lieber, dass Sie noch etwas über das erfahren, was man in
Menschen wohl als „wahre Triebfeder" für Verhalten und Entwicklung
betrachten kann, und verhindern, dass Sie Ihre Mitarbeiter mit launigen Unternehmensleitbildern langweilen.

Wer ist eigentlich glaubwürdig und authentisch? Psychologisch gesehen, würde ich behaupten, dass uns Menschen als glaubwürdig erscheinen, wenn sich in der Kommunikation mit ihnen keine Störgefühle
einstellen. Oftmals entstehen solche Gefühle, wenn wir auf bewusster
oder unbewusster Ebene Unstimmigkeiten wahrnehmen (Fachbegriff:
Inkongruenz). Umgekehrt wirken Menschen, die übereinstimmend
kommunizieren und handeln (Fachbegriff: *Kongruenz* oder auch *Kon-
sistenz*) auf uns glaubwürdig und authentisch. Handeln Menschen
übereinstimmend mit ihren eigenen Überzeugungen und Werten,
dann wird das als Integrität bezeichnet. Weiter oben habe ich bereits
aufgeführt, dass Integrität ein wichtiger Teil im Setting von Persönlichkeiten ist. Ihr Wertesystem als Führungspersönlichkeit trägt also entscheidend zu Ihrer Glaubwürdigkeit bei, vorausgesetzt, Sie verhalten
sich danach! Manche Vorgesetzte erzählen zwar, dass Ihnen Respekt,
Offenheit und Teamarbeit wichtig ist, behandeln dann aber Mitarbeiter

eher respektlos, zeigen ihren Unmut lieber mit einem abfälligen Blick statt mit Worten und treffen alle Entscheidungen selbst, ohne die Mitarbeiter mit einzubeziehen. Ich möchte jetzt aber gar nicht behaupten, dass solche Inkongruenzen immer einen boshaften Hintergrund haben. Manche Menschen „schmücken" sich mit Werten, die ein hohes gesellschaftliches Ansehen haben, ohne zu wissen, was tatsächlich für sie Wert hat. Das eigene Wertesystem ist nämlich zunächst unbewusst. Ihr wahres Wertesystem ist nicht an Ihren Aussagen, sondern an Ihrem Verhalten erkennbar.

Zunächst möchte ich aber verdeutlichen, was mit „Werten" überhaupt gemeint ist, und die Alltagsverwendung des Begriffes ein wenig differenzierter darstellen. Werte sind im normalen Verständnis zunächst nichts anderes als eine individuelle Bewertung von Eigenschaften, Dingen, Beziehungen usw. Anhand der semantischen Reaktion von Bewertungen, die ich im letzten Abschnitt beschrieben habe, kann man schließen, dass ein Wert immer mit einem Gefühl bzw. einer Emotion verknüpft ist. Selbst materielle Werte dienen dazu, darüber liegende emotionale Werte zu befriedigen. Ein Porsche z. B. stellt für seinen Besitzer einen nicht unerheblichen Sachwert dar. Darüber hinaus gibt es aber für den Besitzer wahrscheinlich noch einen emotionalen Wert, der viel höher angesiedelt ist, wie z. B. Anerkennung, Status, Prestige usw.

Werte beschreiben also, was uns wichtig ist, was bei uns gute oder schlechte Gefühle auslöst. Sie erinnern sich daran, dass sich Motivation grundsätzlich als Drang beschreiben lässt, entweder gute Gefühle zu erhalten oder schlechte Gefühle zu vermeiden? Dann liegt wohl hier die Triebfeder jeglichen Verhaltens, also die Grundlage aller Motivation. Ziele und Bedürfnisse sind so gesehen nichts anderes als die „kleinen Erfüllungshelfer" von darüber liegenden Werten. Sie können sogar davon auszugehen, dass niemand ein Ziel langfristig verfolgen wird, wenn es nicht mindestens von zwei oder drei Werten hinterlegt ist. Hat jemand beispielsweise das Ziel, seinen Lebensunterhalt zu bestreiten, und fängt deshalb als Servicemitarbeiter in Gastronomie und Hotellerie an, dann wünsche ich ihm, dass er noch ein paar weitere Werte hier zu erfüllen sucht, wie z. B. Anerkennung und Wertschätzung durch die Gäste, räumliche Unabhängigkeit, sinnlicher Genuss usw. Hat er das nicht, wird er diesen Beruf womöglich wieder aufgeben, sobald der Wert „Lebensunterhalt verdienen" erfüllt ist und andere Werte wie z. B. „Familie" und „Freizeit" oder „Ruhe" ins Spiel kommen.

Werte sind also zwar unbewusst, bestimmen aber Verhalten und sind deshalb handlungsrelevant. Solche handlungsrelevanten Werte können z. B. sein: Anerkennung, Beziehung, Ehre, Sicherheit, Freiheit,

Ernährung, Familie, finanzielle Sicherheit, Status, Gerechtigkeit, Gesundheit, Leben, Ordnung, Wahrheit, Respekt …

Zu beachten ist noch, dass es sich bei allen Werten um verbale Etikettierungen (Syntax) handelt. Um also die eigene tatsächliche individuelle Bewertung (Semantik) oder die von anderen herauszufinden, müsste man die Erfüllungskriterien hinterfragen. Wenn z. B. Respekt einer Ihrer Werte ist, stellt sich die Frage, woran Sie erkennen können (Referent), dass dieser Wert erfüllt ist. Handlungsrelevante Werte erzeugen auf jeden Fall bei der Erfüllung der Kriterien ein starkes positives Gefühl. Nehmen wir also wieder an, Respekt wäre Ihr individueller Wert, dann löst der Gedanke bzw. die Vorstellung daran, dass man respektvoll behandelt wird, sofort ein gutes Gefühl aus, und umgekehrt der Gedanke an Respektlosigkeit ein sehr schlechtes. Ich könnte mir gut vorstellen, dass Sie sich in den meisten oben genannten Beispielen über Werte wiederfinden. Nur weil Sie einen Wert „irgendwie gut finden", heißt das noch lange nicht, dass es auch einer *Ihrer* Werte ist. Zustimmung und Handlungsrelevanz sind zwei unterschiedliche Dinge. Wie können Sie dann herausfinden, was tatsächlich Ihr Wertesystem ist? Da dieses System ja unbewusst ist (implizit), aber dennoch Gefühle auslöst und Verhalten bestimmt, können Sie Ihr Wertesystem sehr einfach ermitteln: Überprüfen Sie Ihre Historie und machen Sie sich bewusst, was in Ihrem Alltag starke Gefühle auslöst.

Praxisübung

Ermitteln Sie Ihr eigenes Wertesystem, indem Sie Ihre emotionale Re-aktion sowie Ihr bisheriges Verhalten überprüfen. Stellen Sie sich da-für folgende vier Fragen und notieren Sie dann die „Top 5" Ihres Wer-tesystems:

1. Wofür geben Sie Geld aus?

2. Womit verbringen Sie Zeit?

3. Wofür investieren Sie Energie?

4. Was stört Sie bei anderen Menschen?

Mein individuelles Wertesystem:

1.: .... ( )

2.: .... ( )

3.: .... ( )

4.: .... ( )

5.: .... ( )

Setzen Sie nun die einzelnen Werte in Bezug zueinander. Kann es Situationen geben, in denen Sie einen der genannten Werte zuguns-ten eines anderen aufgeben würden? Ist das nicht der Fall, steht die-ser Wert hierarchisch über den anderen. Tragen Sie anschließend Ihre Rangordnung der fünf Werte in die Klammer hinter dem Wert ein.

Besonders die vierte Frage finde ich für Führungspersönlichkeiten sehr interessant. Oftmals sagt die Kritik am Verhalten anderer Menschen mehr über das Wertesystem des Kritisierenden aus, als über den Kritisierten!

Das Wissen über das eigene Wertesystem ermöglicht Ihnen jetzt nicht nur, das eigene Verhalten anhand dieser Kriterien zu überprüfen (Kongruenz, Integrität), sondern könnte zukünftig auch ungemein hilfreich dabei sein, Entscheidungen zu treffen. Wenn Sie vor einer Entscheidung „hin- und hergerissen" sind, beschreibt das in den meisten Fällen einen internen Wertekonflikt. Nehmen wir beispielsweise an, Sie müssen einem Mitarbeiter sagen, dass er unangenehm riecht. Dann prallen hier oftmals zwei Werte aufeinander: Offenheit und Respekt. Auf der einen Seite möchte man ja offen und ehrlich sein, den anderen aber nicht verletzen bzw. die Eigenständigkeit seiner Mitarbeiter respektieren. Interne Wertekonflikte hemmen!

Solche Konflikte entstehen, wenn Ihre Wertehierarchie unzureichend geklärt ist. Wenn Sie sich dafür die „Top 5" Ihres Wertesystems betrachten, gibt es eine zusätzliche Bewertung darüber, welcher dieser Punkte Ihnen wichtiger ist als der andere. Sie können also eine Hierarchie über die „Rangordnung" der Werte erstellen. Mit dem Wissen über Ihre Wertehierarchie fällt es natürlich viel leichter, auch bei Wertekonflikten eine Entscheidung zu treffen. Nur der Vollständigkeit halber möchte ich darauf hinweisen, dass es solche Wertekonflikte natürlich auch geben kann, wenn ein beruflicher Wert (z. B. Erfolg) und ein privater Wert (z. B. Familie) aufeinanderprallen. Auch hierbei wünsche ich Ihnen, dass Sie Ihre Wertehierarchie vorab sauber geklärt haben. Ob diese Klärung dann so aussieht, wie der Professor in der Geschichte zum Start dieses Abschnitts vorschlägt, muss natürlich jeder selbst entscheiden. Ich selbst hatte übrigens nie ein Problem damit, einem Mitarbeiter zu sagen, dass er unangenehm riecht. Ich habe das immer in respektvoller Form getan. In meinem eigenen Wertesystem steht aber Verantwortung über Respekt …

Wenn wir hier schon über Werte sprechen, müssen wir auch noch einen Blick darauf werfen, was in Unternehmen manchmal als „Wert" betrachtet wird. Gemeint ist damit eine Art „verallgemeinerte Gesinnung", also eine Kultur, die möglichst für alle Mitarbeiter eine gewisse Handlungsrelevanz haben soll. Solche Unternehmenswerte werden dann auch gerne in Form von Unternehmensleitlinien intern (z. B. schwarzes Brett, Mitarbeiterhandbuch) und extern (Internetauftritt, Presse) veröffentlicht, um das gemeinsame „Commitment" zu verdeutlichen und eine gewisse Verbindlichkeit zu erzeugen. Nachdem Sie aber nun etwas darüber wissen, wann Werte handlungsrelevant sind

und wann nicht, dürfte schon klar sein, warum solche Unternehmensrichtlinien oftmals sehr geringe Verbindlichkeit für die beteiligten Mitarbeiter haben. Damit möchte ich zwar nicht grundsätzlich das Modell der Unternehmensleitlinien ablehnen, zumindest aber klarstellen, was sie tatsächlich sind: Kommunikationswerte!

Um das zu verdeutlichen, müssen wir hier zwischen Kommunikationswerten, Normen und tatsächlich handlungsrelevanten individuellen Werten unterscheiden. Kommunikationswerte sind dazu gedacht, eine Gruppierung unter einem Dachetikett (gemeinsame Gesinnung) zu vereinen. So war in den Sechzigerjahren beispielsweise der Wert „freie Liebe" ein Kommunikationswert, der die Gruppierung zwar vereint hat, aber nicht von jedem Mitglied unbedingt bis in jedes Detail durchgeführt wurde. Oftmals werden Kommunikationswerte von Unternehmern oder Vorgesetzten erst entwickelt, dann bestimmt und als Marketinginstrument an mögliche Zielgruppen kommuniziert. Kommunikationswerte können also ein Gemeinschaftsgefühl erzeugen, haben aber eine geringe Handlungsverbindlichkeit bei allen Beteiligten. Ein Restaurant kann sich beispielsweise den Kommunikationswert „Auffallend anders" setzen und nach außen kommunizieren. Warum auch nicht? Dieses „Etikett" kann dann das ganze Team vereinen, genauso wie der Spruch „mia san mia" die Fans eines deutschen Fußballclubs vereint. Möglicherweise wird dieser Wert dann als „Schablone" bei der Auswahl neuer Produkte verwendet. Der Wert ist aber nicht unbedingt als Arbeitsanweisung an alle Mitarbeiter zu deuten.

Normen hingegen sind Werte, die man allgemein als Moral, Ethik oder individuelle Beschränkung bezeichnet. Genauer gesagt, handelt es sich dabei um kulturelle, soziale, religiöse Regeln, die ausgesprochen oder unausgesprochen das Verhalten in Gruppen regeln. Wer sich gegen diese Regeln und Normen verhält, gilt praktisch in der Gruppe als „a-sozial". Normen können sich von Kultur zu Kultur dramatisch unterscheiden. Pünktlichkeit kann man beispielsweise in unserer Kultur als Norm bezeichnen. Ist ein Mitarbeiter ständig unpünktlich, könte es sein, dass es einen internen Konflikt gibt zwischen betrieblichen Normen und seinen individuellen Werten. Eine gute Unterscheidungsmöglichkeit zwischen handlungsrelevanten Werten und Normen ist die Emotion bei der Erfüllung des Wertes. Das Erfüllen einer Norm erzeugt im Regelfall keine nennenswerte positive emotionale Reaktion. Das Erfüllen einer Norm ist ja auch „norm-al". Wie kommt es dann überhaupt, dass Menschen Werte entwickeln, die das eigene Handeln bestimmen? Das ist sehr gut erklärbar, wenn man es historisch betrachtet. Z. B. unsere gesellschaftliche Ordnung, also die Demokratie als Wert, ist während der französischen Revolution entstanden. Die dabei entwickelten Grundwerte Freiheit, Gleichheit und Brüderlichkeit sind noch heute tief gesellschaftlich verwurzelt und die Grundlage unserer gesetzlichen Regelungen. Wie kam es aber zu einer solchen Revolution? Sie können davon ausgehen, dass vor dem Jahr 1789 ein dramatischer Mangel an genau diesen Werte vorherrschte und dass dieser Mangel eine ganze Gesellschaft zum Handeln motiviert hat. Werte entstehen also erst aufgrund von Mangel. Möglicherweise liegt in dieser Dynamik auch der Ursprung aller Religionen.

Ähnlich ist das bei den individuellen Werten. Warum haben beispielsweise viel mehr Menschen „Respekt" ziemlich weit oben in ihrer Wertehierarchie und nicht so etwas wie „Ernährung"? Wir können doch davon ausgehen, dass ein Mangel am Zweiten viel eher dramatische Folgen haben wird als der Mangel am Ersten. Die meisten Menschen in unserer heutigen Gesellschaft haben aber keinen Mangel an Essen erlebt. Dieser Wert ist also so „übererfüllt", dass er nicht mehr als besonderer Wert empfunden wird. Was heute besonderen Wert hat, ist in der persönlichen oder engen familiären Historie möglicherweise als Mangel erlebt worden. Wer also Respekt in seinem Wertesystem ganz oben stehen hat, wird vielleicht irgendwann einmal in seiner Entwicklung sehr respektlos behandelt worden sein. Ähnliches gilt natürlich auch für die anderen Werte wie z. B. Anerkennung, Offenheit, Fürsorge usw.

Sie merken wahrscheinlich schon, dass man über das Thema Werte schnell überraschende Informationen über sich selbst bekommen kann. Bevor Sie jetzt aber anfangen „alte Kartoffeln" aus dem Keller Ihrer Familie, Erziehung oder Historie heraufzuholen, möchte ich lieber zurückkommen zur Ursprungsfrage, ob es überhaupt sinnvoll ist, Leitlinien als Unternehmenswerte zu entwickeln. Damit diese irgendeinen Einfluss auf das Verhalten Ihrer Mitarbeiter haben, gibt es nur zwei Chancen: Entweder es werden über konkretes Verhalten, das aus den Unternehmenswerten entsteht, Richtlinien bestimmt (wie in Abschnitt 2.5 beschrieben) oder die Formulierung Ihrer Unternehmenswerte beinhaltet, welche möglichen Mängel bei Nichterfüllung für alle Beteiligte entstehen. Die Motivationsrichtung, die Sie damit erzeugen, ist eine gewisse „Weg-von"-Motivation.

Praxistipp Nr. 43
Unternehmenswerte entwickeln nur dann eine gewisse Handlungsrelevanz für Mitarbeiter, wenn ihre Formulierung einen dahinter liegenden Mangel bei Nichterfüllung beinhaltet.

Leitlinien beschreiben oftmals nur die Leitmotive des Unternehmers oder der Vorgesetzten. Mit der Motivation der Mitarbeiter haben diese Leitlinien meist nicht viel zu tun. Mit anderen Worten: Bei einem

Unternehmenswert wie z. B.: „*Wir sind Gastgeber und sorgen dafür, dass möglichst jeder Gast glücklich unser Haus verlässt!*" bekommen nur Unternehmer und Vorgesetzte einen gewissen Glanz in den Augen, nicht aber die Mitarbeiter! Wenn also „Gastgeber" ein Unternehmenswert sein soll, wäre die erste Frage, welcher Mangel für die Mitarbeiter entsteht, würde dieser Mangel nicht erfüllt. Das eingearbeitet, könnte der Unternehmenswert eher so lauten: „*Als Gastgeber tun wir alles, damit unsere Gäste wiederkommen. Nur so können wir unser Unternehmen entwickeln und unseren Mitarbeitern einen sicheren Arbeitsplatz bieten.*" Das klingt dann zwar nicht mehr so werbewirksam wie der erste Satz, ist dafür aber ehrlich und könnte so zumindest eine gewisse Verbindlichkeit für Ihre Mitarbeiter bekommen.

4.4 Gestern Kollege, heute Chef ...

Gestern stand ich noch vor einem Abgrund!
Heute bin ich schon einen Schritt weiter ...

Unbekannt

In meinem Vorwort hatte ich erwähnt, dass ich an meiner ersten Führungsposition in jungen Jahren gescheitert bin. Ich bin aber nicht daran gescheitert, dass ich zu jung war, sondern daran, dass ich die Kompetenz zum Führen nicht hatte. Oftmals erlebe ich in Führungsseminaren junge Menschen, die befürchten, dass sie aufgrund ihres Alters als Vorgesetzte nicht ernst genommen werden könnten. Das würde aber umgekehrt betrachtet auch bedeuten, dass man dann ältere Vorgesetzte automatisch ernster nehmen müsste. Aus meiner Erfahrung kann ich diesen Umkehrschluss als falsch bezeichnen. Ich zumindest nehme auch ältere Chefs nicht ernst, wenn ihnen die entsprechende Kompetenz zum Führen fehlt.

In Gastronomie und Hotellerie werden oft fachkompetente Mitarbeiter befördert und nicht die mit der höchsten persönlichen Kompetenz. Der daraus entstehende Effekt wurde nach dem Psychologen Laurenz J. Peter als „Peter-Prinzip" bezeichnet. Demnach neigen in hierarchischen Systemen die Beschäftigten dazu, bis zur totalen Unfähigkeit aufzusteigen. Wer also heute von der Servicekraft zum Teamleader aufsteigt, soll zukünftig etwas tun, wovon er zunächst womöglich keine Ahnung hat. Ich kann ja beispielsweise auch nicht unbedingt Gäste bedienen, nur weil ich in meinem Leben schon öfter einmal selbst Gast war.

Wer also vom Kollegen zum Chef vor allem mit einem Arbeitsvertrag, statt mit Qualifikation befördert wird, geht ein gewisses Risiko ein, dass ihn die Beförderung direkt aus dem Team hinausbefördert. Mit anderen Worten: Steht jemand noch vor Abgründen, ist der Schritt vorwärts nicht unbedingt ein Gewinn. Außer vielleicht, es gibt jemanden, der ihm Brücken baut. Ich hoffe natürlich, dass diese kleine „Gebrauchsanleitung" dabei hilfreich sein kann und damit auch eine kleine Brücke darstellt, damit gerade auch für neue Chefs dem Aufstieg nicht gleich ein erster Absturz folgt ...

Abgesehen von der erforderlichen Kompetenz, gibt es aber gerade am Start ein paar „Stolperfallen", die dafür sorgen könnten, dass man von einer sehr schönen und auch gut gebauten Brücke haltlos herunterfallen könnte. Da Sie wahrscheinlich kein Bauingenieur sind, möchte ich das noch einmal gastronomisch verdeutlichen: Wenn Sie einen Liter Öl auf fünf Eigelb schütten und das Ganze dann mit einem Kochlöffel umrühren, ist das Ergebnis wahrscheinlich nicht Mayonnaise, sondern ... Mist. Die Masse wird im wahrsten Sinne „unverbindlich"! Sie müssen schon von Anfang an mit der richtigen Handhabe und der richtigen Dosis anfangen, damit daraus Mayonnaise wird. Auch wer heute Kollege ist und morgen Chef sein soll, könnte trotz der richtigen Rezeptur ein paar Anfangsfehler machen, die schwierig wieder auszugleichen sind. Ehrlicherweise muss ich zugeben, dass ich den einen oder anderen davon selbst begangen habe. Damit Ihnen das entweder selbst nicht passiert bzw. Sie andere vor solchen weitreichenden Anfangsfehlern bewahren können, habe ich Ihnen abschließend noch sechs der klassischen Stolperfallen aufgelistet, in die vor allem neue Führungspersönlichkeiten gerne einmal „tappen":

Freie Wahlen
Kurz den neuen Arbeitsvertrag unterschreiben, und schon ist man mit der Macht ausgestattet, den ehemaligen Kollegen Anweisungen zu geben. Endlich kann man die Fehler ausgleichen bzw. vermeiden, die einen bei den eigenen Chefs schon immer aufgeregt haben. Toll oder?

Der erste Stolperstein ist die Vorstellung neuer Vorgesetzter, dass „Weisungsbefugnis" mit Macht ausstattet. Der Gedanke: „Ich kann jetzt bestimmen", ist ein romantischer Irrglaube über die innerbetriebliche Machtverteilung. Natürlich hat die Anweisung eines Vorgesetzten eine andere Bedeutung als ein Verhaltensvorschlag vom Kollegen. Aber eben nur an der Oberfläche. Passend finde ich hier den Vergleich mit einem Staat: Unser Regierungssystem hat sich bereits bis in Restaurants, Hotels und auch allen anderen Betrieben herumgesprochen. Wir haben eine Demokratie! Das bedeutet zwar nicht, dass die Mitarbeiter alles selbst entscheiden, aber zumindest, dass sie „wählen" dürfen. Es mag zwar Chefs geben, die es auch schon mit Diktatur als Betriebsform versucht haben, bekanntermaßen führt das aber irgendwann zur Revolution.

Vorgesetzte sind so gesehen zunächst nur genau das, was das Wort aussagt: Den Mitarbeitern von einem anderen vor-gesetzt. Damit hat man Mitarbeiter aber noch lange nicht „im Griff". Mitarbeiter "im Griff" zu haben, würde diesen Menschen ja die eigene Entscheidungsfreiheit entziehen. Dann würden aus Mitarbeitern eben nur „Personal" oder „Erfüllungsmaschinen". Auch Mitarbeiter haben aber als eigenständige Menschen immer die Wahl. Und neue Vorgesetzte werden somit von den Mitarbeitern entweder gewählt oder abgewählt. In der Realität bedeutet „wählen", dass Sie erst dann eine Führungspersönlichkeit sind, wenn Sie die zustimmende Akzeptanz Ihrer Mitarbeiter erhalten. Akzeptanz bedeutet hier, dass Ihnen Ihre Mitarbeiter auch dann noch folgen, wenn Sie anderer Meinung sind.

„Abwählen" hingegen bedeutet natürlich nicht, dass die Mitarbeiter nicht mehr machen, was Sie sagen. Sie hätten ja dann als Vorgesetzter das Recht, arbeitsrechtliche Maßnahmen zu ergreifen. So ein Risiko gehen Ihre Mitarbeiter natürlich nicht ein. „Abwählen" zeigt sich meist viel subtiler: Ihre Mitarbeiter machen womöglich „Dienst nach Vorschrift" und lassen Sie damit auflaufen. Der Krankenstand steigt. Andauernde Widerstände aus dem Team sind ein eindeutiges Zeichen dafür, dass Sie momentan nicht „gewählt" werden; sie sind ein Warnsignal. Störungen haben Vorrang! Jetzt empfiehlt es sich sehr, die eigene Vorgehensweise noch einmal zu überprüfen oder auch, eine Frage ans Team zu stellen, wie z. B.: „Was stört gerade?" – „Was muss passieren, dass wir unsere Energie und Aufmerksamkeit wieder auf unsere Gästen richten können?" Möglicherweise machen Sie aber auch gerade einen der anderen „Anfängerfehler" ...

Schwarzer Peter
Sehr interessant ist auch, wie der erste Aufstieg vom Kollegen zum Chef manchmal in der Realität aussieht. Unternehmer, Inhaber oder andere „Chef-Chefs" treffen die Entscheidung, dass ein neuer Vorgesetzter aus dem Team bestimmt werden muss. So wird der Koch zum Chef de partie, der Servicemitarbeiter zum stellvertretenden Restaurantleiter oder die Ausgabekraft zum Teamleader. Feierlich findet dann die Übergabe eines neuen Vertrages statt, in dem sich Titel und Zahl verändert hat. Sonst aber passiert nichts! Eigentlich müsste eine Verschiebung von der „Operative" zur „Direktive" stattfinden. In der Praxis sollen dann aber die neuen Vorgesetzten ihren bisherigen Job, ihre bisherigen Aufgaben bitte auch weiterhin genauso ausführen und zusätzlich die Verantwortung übernehmen, wenn was „schiefgeht". Der zweite Anfangsfehler besteht darin, dass neue Vorgesetzte diesen Trick von Chefs nicht durchschauen und „blick-getrübt" vom ersehnten Aufstieg der zusätzlichen Verantwortung einfach zustimmen. Ich habe bereits darauf hingewiesen, dass sich „Führen" von „Ausführen" unterscheidet.

Praxistipp Nr. 44
Um Mitarbeiter zu führen, ist Zeit für die Planung und Durchführung von Führungsaufgaben und -instrumenten erforderlich. Die Dienstzeit von Vorgesetzten kann sich deshalb nicht nur nach der operativen Tätigkeit richten.

Wann sollen also neue Vorgesetzte ihre Führungsaufgabe übernehmen, wenn sie weiterhin auch alle ihre operativen Aufgaben erfüllen sollen? Alle in diesem Buch genannten Führungsaufgaben und Instrumente gehen nicht einfach so „nebenbei", sondern erfordern Zeit für Planung und Durchführung. Die „Chef-Chefs" müssen mit neuen Vorgesetzten also vereinbaren, wann diese die neuen Führungsaufgaben übernehmen können. Der Aufstieg vom Kollegen zum Chef darf sich also nicht darin erschöpfen, dass der „Schwarze Peter" weitergegeben wird, sondern er bedeutet auch, dass dieser neue Vorgesetzte einen Teil seiner bisherigen operativen Aufgaben abgeben muss.

Neue Besen kehren gut

Jede Veränderung bringt ein gewisses Maß an Unsicherheit mit sich. Der Aufstieg vom Kollegen zum Chef führt zunächst auch auf ungewohntes Terrain. Diese Unsicherheit beruht auf ein paar Befürchtungen: Was ist, wenn man dieser neuen Position nicht gewachsen ist? Wenn man von den ehemaligen Kollegen „abgewählt" wird? Wenn man die Erwartungen „von oben" nicht erfüllen kann? Um also wieder ein Stück Sicherheit zu bekommen, muss man auf diesem neuen Terrain zunächst einmal wieder „Boden gewinnen". Mancher neue Vorgesetzte meint es jetzt besonders gut und möchte den ehemaligen Kollegen und den Chefs von Anfang an beweisen, dass er oder sie der neuen Position gewachsen ist. Frei nach dem Motto „In Zukunft wird alles anders und damit besser!" wird dann angefangen, den Betrieb „umzumodeln". So mit gezogener Lanze in die Schlacht zu reiten, mag zwar auf den ersten Blick ritterlich anmuten, könnte die neue Führungskraft aber schnell vom Pferd werfen. Das gewisse Maß an Unsicherheit haben nämlich nicht nur die neuen Vorgesetzten, sondern auch die ehemaligen Kollegen. Auch die haben ja ein paar Befürchtungen: Was, wenn jetzt alles anders wird? Wenn der „neue Alte" mir nun alle meine lieb gewordenen Gewohnheiten nimmt? Wird jetzt wieder einmal alles über den Haufen geworfen? Neue Besen kehren deshalb gut, weil sie noch unverbraucht sind. Sie wirbeln womöglich aber auch jede Menge Staub auf, womit Sie alle Beteiligten zunächst eher verunsichern. Wer alles anders und neu machen möchte, läuft darüber hinaus Gefahr, vielen anderen auf die Füße zu treten. Irgendjemand ist ja auch für den bisherigen Status verantwortlich.

Praxistipp Nr. 45
Veränderungen sind immer mit einem gewissen Maß an Unsicherheit verbunden. Unternehmen Sie größere Veränderungen erst, wenn Ihre Mitarbeiter Vertrauen zu Ihnen und Ihrer Vorgehensweise gefasst haben.

Wie ein „Wirbelwind" also erst einmal alles in Frage zu stellen ist für neue Vorgesetzte hierarchisch weder nach oben noch nach unten eine geschickte Wahl. Viel sinnvoller ist es, sauber die in diesem Buch genannten Führungsaufgaben auszuführen. Haben sich dann alle Beteiligten in der neuen Konstellation ausreichend „beschnuppert" und als „ungefährlich" eingestuft, können neue Vorgesetzte immer noch Schritt für Schritt in Veränderungsprozesse einsteigen. Besonders am Anfang empfiehlt es sich für neue Vorgesetzte also, Veränderungen eher in homöopathischer Dosis zu verabreichen.

Kasperletheater
Der vierte und vielleicht wichtigste Anfängerfehler dreht sich darum, welche Vorstellung neue Vorgesetzte von ihrer eigenen Rolle haben. Wenn ich hier „Rolle" sage, meine ich das in einem buchstäblichen Sinne. In diesem Buch bin ich an vielen Stellen darauf eingegangen, was die Aufgaben einer Führungspersönlichkeit sind, welche Instrumente und Methoden sinnvoll sind und wie eine angemessene innere Haltung aussieht. An keiner Stelle habe ich aber davon gesprochen, dass man als Führungspersönlichkeit eine Rolle einnehmen soll. Der gastronomische Alltag ist ja kein Theaterstück, in dem jetzt einer die „Chefrolle" spielen soll. Die Gefahr ist sonst groß, dass dieses Theater bald einem Kasperletheater entspricht.

Oftmals fragen sich Vorgesetzte, die gerade vom Kollegen zum Chef aufsteigen, welche Außenwirkung sie denn nun haben müssten. Und da man ja selbst noch nie Chef war, wird einfach auf das zurückgegriffen, was allgemein unter „Chef sein" verstanden wird: Chefs müssen also eher distanziert, bestimmend, tadelnd, kritisch aber dennoch väterlich oder mütterlich wohlwollend wirken. In der Vorstellung dieser Vorgesetzten entsteht also zunächst ein Klischee, und in einem zweiten Schritt wird dann versucht, dieses Klischee in der Außenwirkung zu erfüllen. Wenn aber jemand in eine Rolle schlüpft, um eine gewisse Außenwirkung zu erzielen, ist die Chance hoch, dass diese Rolle eben genauso wirkt, wie sie es im Kern auch ist: aufgesetzt! Führungspersönlichkeit ist man nicht, weil man eine Rolle spielt, sondern weil man gewisse Aufgaben mit der richtigen inneren Haltung erfüllt. Ein Koch ist ja auch erst dann Koch wenn er eben kocht, und nicht, weil er sich eine Kochmütze aufsetzt. Wer vom Kollegen zum Vorgesetzten aufsteigt, erreicht das wahrscheinlich, weil er oder sie bereits eine gewisse Außenwirkung *hat,* sodass andere ihm oder ihr diese Position zutrauen.

Praxistipp Nr. 46

Führungspersönlichkeit zu sein bedeutet, Führungsaufgaben mit der richtigen inneren Haltung auszuführen, und nicht, eine Rolle einzunehmen. Solche Rollen wirken oftmals nicht authentisch, sondern aufgesetzt.

Neue Vorgesetzte sollen also möglichst so bleiben wie sie sind. Sich eine Rolle überzustülpen darf dabei keine Rolle spielen! Aus Sicht der Kollegen würde man so vielleicht zum „Deppen" aufsteigen und nicht zum Chef. Wenn aufgesetzte Chefs morgens zur Tür hereinkommen denken die alten Kollegen oftmals: „Tri-tra-trallala, der neue Chef ist wieder da ..."

Gib dem Affen Zucker

Vom Kollegen zum Chef aufzusteigen, ist für viele Mitarbeiter oftmals ein erster Schritt in eine neue berufliche Zukunft. Erfolgreich war man vielleicht schon vorher. Nun aber ist das die erste Sprosse auf der Leiter nach oben und das Ende ist noch gar nicht abzusehen. Das ist spannend und aufregend. Wer aber glaubt, dass ihn dabei dann nur die besten Wünsche seiner ehemaligen Kollegen begleiten, der irrt sich. Oftmals ist durchaus auch Neid dabei. Außerdem gehört man ja nun zu den „anderen" und wird deshalb eher misstrauisch betrachtet. Aus so einer Stimmung heraus können durchaus einmal Fallstricke aus den eigenen Reihen kommen. Die ehemaligen Kollegen können sogar ziemlich kreativ dabei sein, neuen Vorgesetzten in der Anfangszeit die Hölle heiß zu machen. Nach dem Motto: „Er ist aufgestiegen, dann soll er gefälligst auch alle Probleme lösen", wird alles, was einen als Mitarbeiter so stört, beim „Neuen" abgeladen. Gleichzeitig kann man den neuen Chef damit erst mal so intensiv beschäftigen, dass er einen nicht mehr stört.

Das sind Spielchen. Die Kollegen wissen ganz genau, dass der neue Chef nicht alle Probleme gleich lösen kann, und sie wissen auch, dass er gerade nach Möglichkeiten sucht, sich zu bewähren. Schnell hat er so einen Berg von Problemen vor sich, gepaart mit schlaflosen Nächten, während die ehemaligen Kollegen im wahrsten Sinne des Wortes „problem-los" sind. Dieser Anfängerfehler entsteht aus dem Irrglauben, dass man als Chef die Probleme der anderen lösen müsste. Aus dem Abschnitt 3.4 wissen Sie aber, dass das nicht die Aufgabe von Führungspersönlichkeiten ist. Damit sich also neue Vorgesetzte nicht gleich zum Affen machen, dürfen sie auch nicht jede entgegengestreckte Banane annehmen. Kommen die ehemaligen Kollegen gleich mit ihren Problemen, ist das oftmals nur eine „Spiele-Einladung". Es empfiehlt sich, sofort eine der genannten Führungsaufgaben zu übernehmen und eine Regel zu setzen: Probleme werden vom Vorgesetzten nur gemeinsam mit einem Lösungsvorschlag angenommen. Wenn also ein Kollege mit folgender Aussage kommt: „Chef, ich habe ein Problem!", dann wäre so gesehen auch folgende Antwort sehr angemessen: „Okay, was brauchen Sie von mir, damit Sie dieses Problem lösen können?"

Teddybär

An anderer Stelle habe ich schon darauf hingewiesen, dass Führungspersönlichkeiten, die von ihren Mitarbeitern geliebt werden möchten, es eher schwer haben. Aber auch ein gewisses Maß an Harmoniebedürfnis kann sie manchmal davon abhalten, genau die Entscheidungen zu treffen, die gerade angebracht und richtig sind. Unter Kollegen war es zwar früher auch nicht immer harmonisch, für den neuen Vorgesetzten kommt aber auch noch die Angst dazu, dass man in der neuen Position abgelehnt werden könnte. Manche Chefs richten ihr Verhalten deshalb danach aus, möglichst den harmonischen Kontakt von früher zu erhalten. Führung hat meines Erachtens aber nichts damit zu tun, möglichst immer die Harmonie untereinander sicherzustellen. Ganz im Gegenteil: Wie an vielen Stellen erwähnt, funktioniert Führung erst dann, wenn auch schlechte Gefühle ausgelöst werden. Auch aus alten Gewohnheiten rauszureißen, neue Wege zu gehen, funktioniert nicht, wenn man das Team möglichst nicht stören möchte. Mit anderen Worten: Die Harmonie zu stören gehört zu den Aufgaben von Vorgesetzten!

Dieser letzte Anfängerfehler besteht darin, es möglichst allen recht machen zu wollen, um eine harmonische Beziehung zu den Kollegen zu erhalten. Solche Vorgesetzte schrecken dann natürlich davor zurück, unpopuläre Entscheidungen zu treffen oder Aufgaben zu verteilen, die keinen Spaß machen. Mitarbeiter identifizieren so ein Zaudern, „Rumdrucksen" und nervöses Teddybär-Lächeln dieser Vorgesetzten sofort als Schwäche und legen womöglich zukünftig bei erforderlichen unbequemen Entscheidungen eine „Schippe" drauf, nach dem Motto: „Wenn du das jetzt sagst oder machst, bin ich aber nicht glücklich!" Da wird geschmollt oder gebockt, um den neuen Chef noch mehr zu verunsichern. So gesehen machen die Mitarbeiter genau das, was auch Kinder mit Eltern machen, die möglichst nicht die harmonische Beziehung zu ihren Kindern stören möchten.

Praxistipp Nr. 47
Führung funktioniert nicht, ohne auch mal die harmonische Beziehung zu den Mitarbeitern zu stören. Gastorientierte Entscheidungen müssen und können nicht immer populär sein.

Ich hoffe, dass diese sechs Punkte zum Abschluss gerade für neue Führungspersönlichkeiten hilfreich sind, um nicht an den klassischen „blutigen Anfängerfehlern" zu scheitern. Trotzdem muss ich zugeben, dass dieses Buch, wenn man es insgesamt betrachtet, für jemanden, der gerade die ersten Schritte in den Führungsalltag geht, ein gewisser Schock sein könnte. *„Das* soll ich alles bedenken und umsetzen? Das schaff ich nie ..."

Sollten Sie jetzt so einen Gedanken haben, dann empfehle ich Ihnen, diesen Gedanken noch einmal zu überprüfen. Wenn Sie von den vielen Methoden, Instrumenten und dem Basiswissen eher ein wenig eingeschüchtert sind, dann hat dieses Buch nämlich seinen Sinn erfüllt. Es wird dafür sorgen, dass Sie sehr respektvoll mit Ihrer Aufgabe umgehen werden. Und ich glaube, das ist die angemessene und richtige Einstellung für eine moderne Führungspersönlichkeit. Darüber hinaus wünsche ich Ihnen nur noch, dass Sie sich noch einmal daran erinnern, wie man einen Elefanten isst. Ja, ich weiß, dass man gar keine Elefanten essen soll! Das ist nur wieder eine Metapher, die ich an anderer Stelle verwendet habe. Die richtige Antwort also, „Stück für Stück", beschreibt nur, dass Sie lieber mit kleinen Häppchen anfangen sollen, statt vor der Größe zurückzuschrecken. Auch der weiteste Weg beginnt mit einem ersten Schritt ...

Was bedeutet das Wort Integrität und was kann integres Verhalten verhindern?

....

....

Nennen Sie drei Formen der Autorität:

....

....

Beschreiben Sie, was mit „kompensatorischer Faktor" gemeint ist:

....

....

Welche zwei „goldenen Grundregeln" müssen Sie als Coach unbedingt beachten?

....

....

Was unterscheidet einen Coach von einem Trainer?

....

....

Nennen Sie zwei Voraussetzungen in Ihrer Grundhaltung, die Coaching als Prozess erst möglich machen:

....

....

Was unterscheidet einen Kontextreframe von einem Bedeutungsreframe?

....

....

Was ist ein Wertekonflikt und wie können Sie mit solchen Konflikten umgehen?

....

....

Wann sind Werte überhaupt handlungsrelevant?

....

....

Was ist damit gemeint, dass Führungspersönlichkeiten keine Rolle einnehmen sollen?

....

....

Fünfter Teil –
Neue Welten entdecken...

5 Die letzten Worte …

Sind Sie startbereit? Bereit zum Aufbruch, um gemeinsam mit Ihren Mitarbeitern neue Welten zu entdecken? Bevor Sie den Blick nun nach vorne richten bzw. Ihre Mitarbeiter in die Zukunft führen, schlage ich vor, dass Sie kurz innehalten und sich noch einmal orientieren. Es ist ja durchaus sinnvoll, vor jedem Losgehen noch einmal die Richtung zu bestimmen. Nicht, dass Sie irgendwann an einen Ort kommen, an den Sie gar nicht wollten …

Für uns in Gastronomie und Hotellerie geht es bei Richtungen aber nicht nur um Möglichkeiten, sondern auch um Notwendigkeiten. Anders gesagt: Egal, welche Richtung Sie auch immer einschlagen, es sind wohl ein paar Schritte unvermeidlich. Vielleicht muss man sich dazu noch einmal verdeutlichen, woher diese Branche überhaupt kommt. Das Wort Gastronomie bedeutet so viel wie „Bauch-Gesetz" und damit etwa: „Hunger stillen". Der Gastwirt in diesem Sinne ist also ursprünglich jemand, der Reisende mit den Grundbedürfnissen wie Essen und Bleibe versorgt. Wir sind uns aber sicherlich einig darüber, dass Hunger und Sicherheit nicht mehr die Hauptprobleme in unserer „satten Gesellschaft" sind.

Sie können sich das auch gerne mit einem kurzen „Selbsttest" verdeutlichen: Wann haben Sie das letzte Mal in einem Restaurant einen Tisch reserviert, weil Sie gerade Hunger hatten? Haben Sie jemals ein Hotelzimmer gebucht, weil Sie müde waren oder sich vor Wind und Wetter schützen wollten? Ich habe beides zwar schon auf Abenteuerurlauben in fernen Ländern getan, mein normaler Alltag sieht aber anders aus. Das lässt natürlich die Frage aufkommen, welche Bedürfnisse die Gastronomie dann überhaupt noch befriedigen kann. Soziale Bedürfnisse vielleicht nicht (mehr) so sehr, da sich zeigt, dass der Gastronom als sozialer Mittelpunkt im Dorf eher an Bedeutung verliert. Ich vermute, dass auf jeden Fall Genuss und alle weiteren sinnlichen Erlebnisse, also „Sens-ationen", eine Rolle spielen werden und dass diejenigen am Markt erfolgreich sein werden, die diese sinnlichen Erlebnisse so zelebrieren können, dass sie damit das reizüberflutete Bewusstsein der Gäste und Kunden erreichen. Alle anderen bleiben den Gästen „bewusst-los". Erfolg ist zukünftig also in unserer Branche nicht nur sprichwörtlich eine Frage des Bewusstseins!

Gefragt sind in Gastronomie und Hotellerie somit nicht mehr Versorger, sondern viel mehr „Manager". Das Wort finde ich übrigens gut gewählt (lateinisch manus = Hand): Manager sind Menschen, die Dinge und Situationen geschickt handhaben. Dass ein moderner Gastronom und Hotelier als Unternehmer ein Manager ist bzw. sein muss, erklärt sich von selbst. Ich glaube aber, wir brauchen Manager quer durch alle Positionen! Wer heute das Bewusstsein der Gäste erreichen will, muss schon „Gast-Manager" sein. Mein Buch *Gebrauchsanleitung Gast* hat genau das in den Mittelpunkt gestellt und versucht zu verdeutlichen, was das im gastronomischen Alltag bedeutet. Ziel der *Gebrauchsanleitung Mitarbeiter* ist nun, auch bei Führungspersönlichkeiten Bewusstsein dafür zu schaffen, dass Mitarbeiterführung künftig noch viel mehr als „Mitarbeiter-Management" verstanden werden muss. Zusammengefasst kann man also wahrscheinlich sagen, dass „neue Welten entdecken" in unserer Branche nur ein Teamprodukt von „drei Managern" sein kann: Unternehmer, Mitarbeiter-Manager und Gast-Manager.

In vier Kapiteln habe ich versucht zu verdeutlichen, was es bedeutet, als Führungspersönlichkeit dieser „Mitarbeiter-Manager" zu sein. Ihnen wird vielleicht aufgefallen sein, dass ich die klassischen Führungsstile ganz weggelassen habe. Als klassische Führungsstile bezeichnet man eine Grundrichtung des Führens, also einen autoritären, kooperativen, laissez-fair- oder eben situativen Führungsstil. Das wäre aber ungefähr so, als würde der Manager eines Dax-Unternehmens über sich selbst sagen: „Ich leite großzügig oder eifrig." Sie werden mir zustimmen, dass solche Etiketten die Wirklichkeit im Führungsalltag nur unzureichend abbilden können. Um in Gastronomie und Hotellerie gemeinsam mit den Mitarbeitern in die Zukunft zu gehen, wird von Führungspersönlichkeiten der Branche ein anderes, viel differenzierteres Anforderungsprofil gezeichnet werden.

Führung ist handwerklich also eher mit dem Kochen auf Drei-Sterne-Niveau zu vergleichen, als mit „Convenience-Kochen" nach dem Motto: „Packung auf, Mitarbeiter fertig!" Trotz dieses enormen Anforderungsprofils und der Entwicklung in der Branche gibt es aber viele Chefs, die den Trend noch nicht erkannt haben. Chefs, die ihre Vorgehensweise bezüglich der Mitarbeiterführung seit Jahren nicht mehr überprüft haben, und Chefs, die über die Situation klagen und mit ihren Mitarbeitern im gastronomischen Alltag „Grabenkämpfe" um zentimeterweisen Raumgewinn führen. Wie Sie aber schon von mir wissen, glaube ich speziell beim Thema Führung nicht an Gewinn durch Kampf. Ganz im Gegenteil: *Es geht nur leicht.* In diesem Sinne soll dieses Buch, wie auch nicht anders zu erwarten, mit einer Geschichte enden:

Der Großvater sagte zu seinem Enkel: „Manchmal habe ich das Gefühl, dass in mir ein Kampf tobt – ein Kampf zwischen zwei Wölfen. Der eine Wolf ist böse. Er ist der Wolf des Zorns und Neids, der Sorge, des Vorwurfs, der Gier und der Arroganz, des Selbstmitleids, der Schuld, der

Ablehnung, der Minderwertigkeit oder Überlegenheit; der Angst vor der Heilwerdung von Körper und Seele, vor dem Erfolg und davor, dass das, was die anderen gesagt haben, wahr sein könnte; der Angst, in den Mokassins eines anderen zu laufen, um nicht mit seinen Augen sehen und seinem Herzen fühlen zu müssen, wie sich die Wirklichkeit aus seiner Sicht darstellt, sodass ich an hohlen Ausreden festhalten kann, die ich im Inneren längst als falsch erkannt habe. Der andere Wolf ist gut. Er ist der Wolf der Freude, des Friedens, der Liebe und Hoffnung, der Gelassenheit, Bescheidenheit und Güte; des Mitgefühls für jene, die mir geholfen haben, wenngleich ihre Bemühungen nicht immer perfekt waren; der Bereitschaft, mir selbst und anderen zu vergeben und zu erkennen, dass ich mein Schicksal selbst in der Hand habe."

Nachdem der Enkel eine Weile über die Worte seines Großvaters nachgedacht hatte, fragte er: „Sag mir, Großvater, welcher der beiden Wölfe wird nun gewinnen?" Der weise, alte Mann antwortete: „Der Wolf, den ich zu füttern beschließe."

Zusammenfassung der Praxistipps

Praxistipp Nr. 1   Seite 14
Denken Sie nur das Beste von Ihren Mitarbeitern! Ihre Denkhaltung
wirkt sich auf das Verhalten Ihrer Mitarbeiter aus und kann erwünschtes wie auch unerwünschtes Verhalten auslösen.

Praxistipp Nr. 2   Seite 19
Verändern Sie Ihre Vorgehensweise, wenn etwas nicht funktioniert! Erwarten Sie kein verändertes Ergebnis, wenn Sie das Gleiche tun wie
beim letzten Versuch.

Praxistipp Nr. 3   Seite 26
Akzeptieren Sie, dass Ihre Mitarbeiter Dinge, Situationen und Verhalten möglicherweise anders sehen als Sie selbst. Ihre Weltsicht ist nur
eine von vielen Möglichkeiten und hat deshalb keinen Anspruch auf
Richtigkeit.

Praxistipp Nr. 4   Seite 28
Wenn Sie sich ein gewisses Verhalten von Ihren Mitarbeitern erwarten,
dann treffen Sie eine Vereinbarung darüber. Unausgesprochene Erwartungen haben keine Verbindlichkeit für Ihre Mitarbeiter.

Praxistipp Nr. 5   Seite 31
Achten Sie darauf, dass Ihre Mitarbeiter möglichst stärkende und unterstützende Überzeugungen über sich selbst und die eigenen Fähigkeiten haben.

Praxistipp Nr. 6   Seite 37
Holen Sie sich Feedback! Prüfen Sie mit gezielten Rückfragen, ob Ihre
Mitarbeiter Ihre Anweisungen und Aussagen verstanden haben und
angemessen bewerten.

Praxistipp Nr. 7   Seite 39
Kommunizieren Sie möglichst klar und konkret mit Ihren Mitarbeitern.
Aussagen und Anweisungen sind konkret, wenn deren Sinn auch sinn-
lich wahrnehmbar ist.

Praxistipp Nr. 8   Seite 41
Sagen Sie Ihren Mitarbeitern, wie sie sich verhalten sollen, anstatt ihnen aufzuzeigen, wie sie sich nicht verhalten sollen. Wer unerwünschtes Verhalten aufzeigt, verstärkt dieses unerwünschte Verhalten.

Praxistipp Nr. 26 Seite 113
Erstellen Sie eine Liste mit fünf bis sieben Punkten, in der Sie zusammenfassen, was Sie von Ihren Mitarbeitern als Gastgeber erwarten. Visualisieren Sie diese „Gastgeber-Richtlinien" an verschiedenen Stellen im Betrieb.

Praxistipp Nr. 27 Seite 117
Befähigen Sie Ihre Mitarbeiter für möglichst alle Tätigkeiten aus dem jeweiligen Aufgabengebiet. Delegieren Sie dann Aufgaben inklusive der Verantwortung.

Praxistipp Nr. 28 Seite 119
Kritisieren Sie in jedem kritischen Mitarbeitergespräch nur das Verhalten Ihrer Mitarbeiter und nicht den Menschen selbst: Du bist okay, nur dein Verhalten nicht!

Praxistipp Nr. 29 Seite 122
Formulieren Sie Kritik an Ihren Mitarbeitern nach folgenden vier Kriterien: sachlich, vorwurfsfrei, ohne Belehrungen, mit Ich-Botschaften.

Praxistipp Nr. 30 Seite 137
Die Ausbildung von Jugendlichen erfordert nicht neue Instrumente, sondern eine engere Begleitung mit den gleichen Führungsaufgaben und Methoden, mit denen auch die anderen Mitarbeiter geführt werden.

Praxistipp Nr. 31 Seite 151
Führen Sie Ihr Powerbriefing gastorientiert! Wenn Sie hauptsächlich Arbeitsprozesse in den Mittelpunkt stellen, haben Ihre Mitarbeiter eher Ablauftätigkeiten im Fokus als begeisterte Gäste.

Praxistipp Nr. 32 Seite 152
Sorgen Sie für möglichst gute Arbeitsstimmung. Gut gelaunte Mitarbeiter haben nicht nur mehr Spaß, sondern machen auch mehr Spaß.

Praxistipp Nr. 33 Seite 159
Kritik ist nur dann legitim, wenn vorab konkrete Vereinbarungen über erwünschtes Verhalten getroffen worden sind.

Praxistipp Nr. 34 Seite 161
Verzichten Sie in allen Mitarbeitergesprächen möglichst auf die Frage nach dem „Warum". Die meisten Menschen neigen seit den Kindestagen dazu, sich bei Warum-Fragen nur zu rechtfertigen, statt mit Informationen zu antworten.

Praxistipp Nr. 35   **Seite 172**

Behandeln Sie Ihre Mitarbeiter wie Erwachsene und nicht wie Kinder! Bieten Sie Hilfe an, ohne Ihren Mitarbeitern Probleme oder Konflikte und damit die Verantwortung abzunehmen.

Praxistipp Nr. 36   **Seite 190**

Betrachten Sie das Gewinnen neuer Mitarbeiter wie eine Marketingmaßnahme. Sie können dazu die gleichen Instrumente verwenden, mit denen Sie auch um neue Gäste werben.

Praxistipp Nr. 37   **Seite 192**

Lassen Sie potenzielle neue Mitarbeiter im Team zur Probe arbeiten. Sie überprüfen damit nicht nur Ihre eigenen Entscheidungskriterien, sondern auch, ob der Bewerber ins Team passen würde. Treffen Sie dann die letzte Entscheidung gemeinsam im Team.

Praxistipp Nr. 38   **Seite 211**

Überprüfen Sie Ihren kompensatorischen Faktor! Welche emotionalen Bedürfnisse versuchen Sie durch Ihre Tätigkeit als Führungspersönlichkeit zu befriedigen?

Praxistipp Nr. 39   **Seite 214**

Coaching ist Hilfe zur Selbsthilfe! Unterstützen Sie Ihre Mitarbeiter dabei, eigene Ziele zu erreichen, ohne Lösungen vorzugeben oder sie zu belehren.

Praxistipp Nr. 40   **Seite 217**

Jeder trifft die beste Wahl, die er verfügbar hat! Verhält sich ein Mitarbeiter für Sie unverständlich, kennt er entweder keine Alternative oder er hält mögliche Verhaltensalternativen für schlechter.

Praxistipp Nr. 41   **Seite 218**

Wer fragt, der führt! Coaching bedeutet nicht, die richtigen Antworten zu geben, sondern die richtigen Fragen zu stellen. Lösen Sie durch geschickte Fragen Prozesse in Ihren Mitarbeitern aus.

Praxistipp Nr. 42   **Seite 226**

Negative Eigenbewertungen entziehen Energie! Führen Sie Ihre Mitarbeiter zunächst in eine ressourcenstarke Verfassung, bevor Sie in einen Veränderungsprozess gehen.

Praxistipp Nr. 43   **Seite 233**

Unternehmenswerte entwickeln nur dann eine gewisse Handlungsrelevanz für Mitarbeiter, wenn ihre Formulierung einen dahinter liegenden Mangel bei Nichterfüllung beinhaltet.

Praxistipp Nr. 44 Seite 237

Um Mitarbeiter zu führen, ist Zeit für die Planung und Durchführung von Führungsaufgaben und -instrumenten erforderlich. Die Dienstzeit von Vorgesetzten kann sich deshalb nicht nur nach der operativen Tätigkeit richten.

Praxistipp Nr. 45 Seite 238

Veränderungen sind immer mit einem gewissen Maß an Unsicherheit verbunden. Unternehmen Sie größere Veränderungen erst, wenn Ihre Mitarbeiter Vertrauen zu Ihnen und Ihrer Vorgehensweise gefasst haben.

Praxistipp Nr. 46 Seite 239

Führungspersönlichkeit zu sein bedeutet, Führungsaufgaben mit der richtigen inneren Haltung auszuführen, und nicht, eine Rolle einzunehmen. Solche Rollen wirken oftmals nicht authentisch, sondern aufgesetzt.

Praxistipp Nr. 47 Seite 241

Führung funktioniert nicht, ohne auch mal die harmonische Beziehung zu den Mitarbeitern zu stören. Gastorientierte Entscheidungen müssen und können nicht immer populär sein.

Literaturverzeichnis

Richard Bandler	Bitte verändern Sie sich... jetzt! (2009)
Richard Bandler, John Grinder	Reframing, 2010
Eric Berne	Spiele der Erwachsenen, 2003
Vera F. Birkenbihl	Der Birkenbihl Power-Tag, 1999
Kenneth Blanchard	Der Minuten Manager (2001)
Nathaniel Branden	Die 6 Säulen des Selbstwertgefühls, 2003
Dale Carnegie	Wie man Freunde gewinnt, 1963
Dale Carnegie	Sorge dich nicht – lebe! (2001)
Paul Ekman	Gefühle lesen, 2010
Heinz von Foerster	2x2 = grün, 1999
Klaus Grochowiak	Framing – NLP Wissen für Trainer, 2011
Klaus Grochowiak	Die Arbeit mit Glaubenssätzen (1997)
Elisabeth Haberleitner	Führen, Fördern, Coachen
Axel Hacke, Giovanni di Lorenzo	Wofür stehst du? (2001)
Thomas A. Harris	Ich bin O.K. Du bist O.K., 2002
H.-J. Hartauer, A. Grudda	Powerbriefing (2012)
Hans-Michael Klein	Psychologie – Vorsprung im Job (2005)
Stefan Klein	Zeit, der Stoff aus dem die Träume sind (2008)
Klaus Kobjoll	Wa(h)re Herzlichkeit (2007)
Dagmar Kohlmann-Scheerer	Gestern Kollege – heute Vorgesetzter (2004)
Joseph Ledoux	Das Netz der Gefühle, 2001
John C. Maxwell	21 irrefutable laws of leadership (2007)
G. Rizzolatti, C. Sinigaglia	Empathie und Spiegelneuronen, 2008
Marshall B. Rosenberg	Gewaltfreie Kommunikation, 2009
Antoine de Saint Exupéry	Der kleine Prinz (1946)
Friedemann Schulz von Thun	Miteinander reden: 1-3 , Allgemeine Psychologie der Kommunikation, 2008
Fritz B. Simon	Einführung in Systemtheorie und Konstruktivismus, 2011
Manfred Spitzer	Geist und Gehirn DVD 1-7, 2008
Reinhard K. Sprenger	Mythos Motivation (2000)
Michael Winterhoff	Persönlichkeiten statt Tyrannen (2011)

Frank Simmeth

„Hab Spaß am Job – und lass deine Gäste daran teilhaben!"

Der gelernte Koch nahm zwischen 1991 und 1998 Führungspositionen in der Gastronomie ein – mit Schwerpunkt Systemgastronomie. Bis 2003 war er gastronomischer Leiter der Käfer Messegastronomie und interner Trainer der Käfer Personalentwicklung. Seit 2003 ist der NLP-Trainer und zertifizierte Coach erfolgreich als selbstständiger Trainer für Gastronomie und Hotellerie tätig und begeistert in seinen lebendigen und abwechslungsreichen Seminaren Mitarbeiter wie Führungskräfte gleichermaßen. Servicewüste Deutschland? Mitnichten, ist Frank Simmeth überzeugt. Zumindest nicht in Gastronomie und Hotellerie. Wer seine „Hausaufgaben" gemacht hat, kann mit professionellem Auftreten sowie vor allem mit einem Tropfen Herzblut seine Gäste heute umso mehr überzeugen! Frank Simmeth weckt mit seinen praxisorientierten Seminaren die Lust, den Job neu zu entdecken und jede Menge Spaß dabei zu haben. Simmeth-Training bietet Training, Coaching und Beratung für Gastronomie und Hotellerie zu folgenden Themengebieten an: Kundenfokussierung, Kommunikation, Verkauf, Motivation und Führung. Seit 2006 schreibt Frank Simmeth die beliebte Kolumne „Der monatliche Servicetipp", die im bayerischen Gastronomie Report veröffentlicht wird.

Informationen und Kontakt und den monatlichen Servicetipp als Newsletter unter: www.simmeth-training.de

Fragen, Meinungen und Anmerkungen an: fs@simmeth-training.de